Anthropozän zur Einführung

Eva Horn / Hannes Bergthaller

Anthropozän zur Einführung

JUNIUS

Junius Verlag GmbH
Stresemannstraße 375
22761 Hamburg
www.junius-verlag.de

Umschlaggestaltung: Florian Zietz
Titelbild: Tara Donovan, Untitled (2015)
Photograph by Kerry Ryan McFate,
courtesy Pace Gallery
Satz: Junius Verlag GmbH
Printed in the EU 2019
ISBN 978-3-96060-311-5

Bibliografische Information der Deutschen Nationalbibliothek
Die Deutsche Nationalbibliothek verzeichnet diese Publikation in der Deutschen Nationalbibliografie; detaillierte bibliografische Daten sind im Internet über http://dnb.dnb.de abrufbar.

Zur Einführung …

… hat diese Taschenbuchreihe seit ihrer Gründung 1977 gedient. Zunächst als sozialistische Initiative gestartet, die philosophisches Wissen allgemein zugänglich machen und so den Marsch durch die Institutionen theoretisch ausrüsten sollte, wurden die Bände in den achtziger Jahren zu einem verlässlichen Leitfaden durch das Labyrinth der neuen Unübersichtlichkeit. Mit der Kombination von Wissensvermittlung und kritischer Analyse haben die Junius-Bände stilbildend gewirkt.

Seit den neunziger Jahren reformierten sich Teile der Geisteswissenschaften als Kulturwissenschaften und brachten neue Fächer und Schwerpunkte wie Medienwissenschaften, Wissenschaftsgeschichte oder Bildwissenschaften hervor. Auch im Verhältnis zu den Naturwissenschaften sahen sich die traditionellen Kernfächer der Geisteswissenschaften neuen Herausforderungen ausgesetzt. Diesen Veränderungen trug eine Neuausrichtung der Junius-Reihe Rechnung, die seit 2003 von der verstorbenen Cornelia Vismann und zwei der Unterzeichnenden (M.H. und D.T.) verantwortet wurde.

Ein Jahrzehnt später erweisen sich die Kulturwissenschaften eher als notwendige Erweiterung denn als Neubegründung der Geisteswissenschaften. In den Fokus sind neue, nicht zuletzt politik- und sozialwissenschaftliche Fragen gerückt, die sich produktiv mit den geistes- und kulturwissenschaftlichen Problemstellungen vermengt haben. So scheint eine erneute Inventur der Reihe sinnvoll, deren Aufgabe unverändert darin besteht, kompetent und anschaulich zu vermitteln, was kritisches Denken und Forschen jenseits naturwissenschaftlicher Zugänge heute zu leisten vermag.

Zur Einführung ist für Leute geschrieben, denen daran gelegen ist, sich über bekannte und manchmal weniger bekannte Autor(inn)en und Themen zu orientieren. Sie wollen klassische Fragen in neuem Licht und neue Forschungsfelder in gültiger Form dargestellt sehen.

Zur Einführung ist von Leuten geschrieben, die nicht nur einen souveränen Überblick geben, sondern ihren eigenen Standpunkt markieren. Vermittlung heißt nicht Verwässerung, Repräsentativität nicht Vollständigkeit. Die Autorinnen und Autoren der Reihe haben eine eigene Perspektive auf ihren Gegenstand, und ihre Handschrift ist in den einzelnen Bänden deutlich erkennbar.

Zur Einführung ist in der Hinsicht traditionell, dass es den Stärken des gedruckten Buchs – die Darstellung baut auf Übersichtlichkeit, Sorgfalt und reflexive Distanz, das Medium auf Handhabbarkeit und Haltbarkeit – auch in Zeiten liquider Netzpublikationen vertraut.

Zur Einführung bleibt seinem ursprünglichen Konzept treu, indem es die Zirkulation von Ideen, Erkenntnissen und Wissen befördert.

Michael Hagner
Ina Kerner
Dieter Thomä

Inhalt

1. Einleitung

Februar 2000, Cuernavaca, Mexiko. Bei der Jahrestagung des *International Geosphere-Biosphere Programme* platzte dem stellvertretenden Vorsitzenden der Kragen. Der Atmosphärenchemiker Paul Crutzen, 1995 für seine Arbeiten zum Ozonloch mit dem Nobelpreis ausgezeichnet, hatte sich den ganzen Tag die Vorträge der Kollegen über die tiefgreifenden aktuellen Veränderungen der Erde angehört. Korrekt sprechen sie dabei von der Gegenwart als dem Holozän. Irgendwann unterbrach Crutzen sie: »Stop using the word Holocene. We're not in the Holocene anymore. We're in the ... the ... the Anthropocene!« (Davies 2016: 42) Es folgte verblüfftes Schweigen, aber in der darauffolgenden Kaffeepause sprachen die Wissenschaftler von nichts anderem mehr. Zusammen mit dem Süßwasserbiologen Eugene Stoermer, der den Begriff schon vorher benutzt hatte, publizierte Crutzen kurz danach ein kurzes, programmatisches Paper, zwei Jahre später einen weiteren, viel zitierten Text in *Nature*. Darin beschrieben sie nicht nur ein Ende des Holozäns, sondern auch den Menschen als eine »geologische Kraft«, deren Effekte überall auf der Erde zu beobachten sind (Crutzen/Stoermer 2000, Crutzen 2002).

Crutzens Intervention kam zur richtigen Zeit und am richtigen Ort. Das *International Geosphere-Biosphere Programme* (IGBP) war 1987 gegründet worden, um die menschlichen Einflüsse auf die biologischen, chemischen und geophysikalischen Prozesse des Erdsystems zu untersuchen. Es war das wichtigste internationale Forum für die Entwicklung der jungen und sich schnell entwickelnden Erdsystemwissenschaften, gewidmet dem, was man damals noch in aller Unschuld *global change* nannte. Wenn es der Zweck des Programms war, einem gänzlich neuen Bild der Erde zur Entstehung zu verhelfen, so hatte es diesen, als es 2015 beendet wurde, bestens erfüllt. Aber die Diskussion, die in der Kaffeepause des Jahres 2000 begann, dauert an und zieht immer weitere Kreise.

Nicht nur die Verbreitung des Begriffs »Anthropozän« verdankt sich einer Unterbrechung – er selbst ist eine Unterbrechung. Er brachte etwas auf den Punkt, was in Grundzügen seit Jahrzehnten bekannt war, aber in der Kakophonie der Krisendiagnosen unterging: die Einsicht, dass der Mensch tiefgreifend und im globalen Maßstab die Ökologie des Planeten verändert. *Anthropozän* – das »Neue« (καινός), das der »Mensch« (ἄνθρωπος) hervorgebracht hat – fasst eine ökologische Schwellensituation zusammen, die sehr viele verschiedene Faktoren und Schauplätze umgreift: Sie reichen vom globalen Klimawandel und seinen Folgen über die Veränderung der ozeanischen und atmosphärischen Strömungssysteme, die Versiegelung von Böden und die Störung der Wasserzyklen, das rasante Schwinden der Artenvielfalt, die Anreicherung von Luft, Böden und Gewässern mit toxischen und nicht-abbaubaren Substanzen, die Störung wichtiger Stoffkreisläufe (wie Phosphor- und Stickstoffkreislauf) bis zu einer rasant wachsenden Zahl von Menschen und Schlachtvieh.

Weltweit werden durch menschliche Aktivitäten mehr Erde, Sand und Stein bewegt als durch alle natürlichen Prozesse (Wilkinson 2005). Plastik hat sich überall auf der Welt verbreitet, nicht nur in Form von wachsenden Mülldeponien, Plastikmüll in den Meeren und Flüssen, sondern auch als Mikroplastik in Böden, Gewässern und quer durch die gesamte Nahrungskette (Waters et al. 2016, Orb Media 2017). Seit der industriellen Revolution hat sich der CO_2-Gehalt der Atmosphäre um 44 Prozent erhöht, wodurch sich nicht nur das Klima unaufhaltsam erwärmt, sondern auch das Meerwasser immer saurer wird und die Lebensbedingungen aller Organismen im Meer gravierend verändert (Hönisch et al. 2012). Die Populationen wild lebender Fische, Vögel, Reptilien und Säugetiere sind in den letzten vierzig Jahren im Durchschnitt um 58 Prozent geschrumpft (WWF 2016), und es gibt viele Hinweise darauf, dass auch die Zahl der Insekten drastisch zurückgegangen ist (Hoff 2018). Wild lebende Tiere machen nur noch drei Prozent der Biomasse von terrestrischen Wirbeltieren aus, der Rest entfällt einerseits auf die Menschen (dreißig Prozent), andererseits auf seine Nutztiere (67 Prozent) (Smil 2012).

All dies summiert sich zu dem Befund, dass die Erde in einen »no-analogue state« eingetreten ist (Moore et al. 2001) – also einen Zustand, für den es in der Erdgeschichte keine Vorbilder gibt. Dabei ist das Wissen um viele Symptome dieser erdgeschichtlichen Schwellensituation alles andere als neu. Seit den 1960er Jahren häufen sich die Warnungen, dass es ›nicht mehr so weitergehen kann‹. Vom Klimawandel, der heute die meiste Aufmerksamkeit auf sich zieht, weiß selbst das Laienpublikum seit mehr als dreißig Jahren. Bei allen umweltpolitischen Eingriffen, die manche dieser Probleme lösen konnten, haben die letzten Jahrzehnte vor allem eines gezeigt: Es konnte eben doch so weitergehen. Unsere Gegenwart ist die Zukunft, vor der die Umweltbewegung immer gewarnt hat.

Das Anthropozän ist also nicht einfach eine Krise, die irgendwann wieder vorbeigeht, sondern ein Bruch; ein Bruch mit den ungewöhnlich stabilen ökologischen Verhältnissen des Holozäns: Umweltbedingungen, in denen alles entstanden ist, was wir als menschliche Zivilisation kennen, Sesshaftigkeit, Ackerbau, Städte, Handel, komplexe soziale Institutionen, Werkzeuge und Maschinen, aber auch die Schriftkultur und alle anderen Medien zur Speicherung, Weitergabe und Vernetzung von Wissen. War das Holozän die Wiege der Zivilisation, so fragt sich, was der Bruch mit diesen Bedingungen für den Menschen – seine soziale Organisation, seine Technologien, sein Verhältnis zu sich selbst und zur Welt – bedeuten wird. Das Anthropozän steht für eine Zukunft, deren Konturen wir gerade erst zu erahnen beginnen.

Wirklich ernst genommen wurde der Begriff in den Naturwissenschaften zunächst ausgerechnet von einer Disziplin, die ihren Blick in die tiefe Vergangenheit richtet: der Geologie. Wenn das Anthropozän geochronologisch das Holozän ablöst, müssen sich in den Schichten der Erdoberfläche entsprechende Marker auffinden lassen, die den Einfluss des Menschen auch stratigraphisch nachweisbar machen. 2009 wurde unter der Leitung des britischen Geologen Jan Zalasiewicz die Anthropocene Working Group gegründet, eine hochkarätig besetzte Forschergruppe innerhalb der Subcommission of Quarternary Stratigraphy, die die Bedingungen für eine Formalisierung des Anthropozäns als offizielle Epochenbezeichnung untersucht. Im August 2016 präsentierte sie der Internationalen Kommission für Stratigraphie (ICS) ihre Entscheidung, die sich für eine Formalisierung des Anthropozäns aussprach. Schon der Vorschlag, nicht erst im Abstand von Jahrtausenden, sondern *mitten in der Gegenwart* eine Epochenschwelle festzulegen, ist einzigartig. Er führte im Fach zu dem Vorwurf, die Geologie würde nun ihre Wissenschaftlichkeit aufgeben und sich der Politik oder – schlimmer noch – der »Popkultur« hingeben (Autin/Holbrook 2012, Finney/Edwards 2016). Einzigartig ist aber auch die interdisziplinäre Zusammensetzung der Anthropocene Working Group, die nicht nur aus Geowissenschaftlern (vor allem Stratigraphen und Sedimentologen) besteht, sondern auch aus Atmosphärenchemikern, Ozeanforschern, Biologen, Archäologen, Wissenschaftshistorikern, Umweltgeographen, Umwelthistorikern und Juristen.

Aber die Relevanz des Begriffes erschöpft sich nicht mit der Frage, ob er von den Geologen formalisiert wird. So wichtig die Naturwissenschaften sind: Es ist klar, dass das Anthropozän sehr viel mehr ist als ein Gegenstand naturwissenschaftlicher Fachdebatten. Es ist eine Gegenwartsdiagnose. Als solche wurde der Begriff in den letzten Jahren rasant populär. 2011 widmete der *Economist* ihm ein Titelblatt »Welcome to the Anthropocene«, und seither erscheint eine Flut an populären und fachwissenschaftlichen Publikationen zum Thema. Der Leitartikel des *Economist* beginnt: »Humans have changed the way the world works. Now they have to change the way they think about it, too.« (Economist 26.05.2011) Das bringt die Sache schön auf den Punkt: Es geht darum, unser Verhältnis zur Welt neu zu denken.

Damit kommt die Kultur ins Spiel – und hat diese Aufgabe mit Enthusiasmus angenommen. Kunst und öffentliche Debatten, die Geistes- und Kulturwissenschaften, aber auch Museen bescheren dem Begriff seit den 2010er Jahren eine erstaunliche Konjunktur. »Art in the Anthropocene« ist zu einem Schlagwort unter Kuratoren wie Künstlern geworden, davon zeugen nicht nur die erfolgreiche Anthropozän-Ausstellung in München 2014–2016, das *Anthropocene Project* 2013–2015 am Haus der Kulturen der Welt in Berlin oder auch die von Bruno Latour kuratierte »Gedankenausstellung« *Reset Modernity!* 2016 in Karlsruhe. Universitäten bilden eigene Netzwerke und Forschergruppen zum Anthropozän, wie etwa das *Vienna Anthropocene Network* der Uni Wien seit 2019. Seminare zum Anthropozän werden immer zahlreicher – in den Kulturwissenschaften, aber auch in Geographie, Rechtswissenschaft, Architektur und Wirtschaftswissenschaft.

Was Kunst, Wissenschaft und Politik in ihrer Auseinandersetzung mit dem Anthropozän verbindet, ist das Wissen, »auf einem beschädigten Planeten zu leben« (Tsing et al. 2017). Dipesh Chakrabarty hat dafür in seinen *Tanner Lectures* 2015 Karl Jaspers' Begriff des »Epochenbewusstseins« bemüht. Damit ist das Bewusstsein gemeint, »in einem Augenblick der Weltwende zu stehen, die nicht an einer der partikularen geschichtlichen Epochen der vergangenen Jahrtausende gemessen werden kann« (Jaspers [1931] 1971: 23). Es ist das Bewusstsein einer Gemeinsamkeit, die sich aus der globalen Bedrohung ableitet und deshalb kulturellen, politischen und ökonomischen Differenzen vorgeordnet ist (Chakrabarty 2015: 143–147). Es enthält keine Lösungsrezepte, sondern benennt eine ethische Herausforderung: »it is what sustains our horizon of action« (ebd.: 146).

Zum Epochenbewusstsein des Anthropozäns gehört, dass viele der Kategorien obsolet werden, in denen das Verhältnis zwischen Mensch und ökologischer Umwelt gefasst wurde. ›Nachhaltigkeit‹ oder ›Umweltschutz‹ waren politische Teilprobleme, die man getrost nachrangig behandeln konnte. Das Anthropozän fordert dagegen eine Neuordnung fundamentaler Begrifflichkeiten: Was ist Natur, wenn wir sie als wesentlich vom Menschen beeinflusst denken müssen? Was ist Kultur, wenn sie mehr als nur eine vom Menschen gebaute künstliche Umwelt ist, sondern wenn sie – in Form von Konsum und Technik – eine zunehmend unkontrollierte Eigendynamik entfaltet? Was ist der Mensch, wenn man ihn als eine Spezies betrachtet, die das gesamte Erdsystem fundamental verändert? Was bedeutet es, dass sein Bewusstsein ihn mit einer Macht ausgestattet hat, die sich jedoch bewusster Kontrolle entzieht? Und was kann Politik heißen, wenn die Regulierung von Konsum und technischen Verfahren – Dinge, die bislang kaum als politikfähig betrachtet wurden – in ihren Mittelpunkt rückt? Diese Einführung versucht, die wichtigsten Fragestellungen zu kartieren, samt den fortlaufenden Debatten und Kontroversen. Die Kartographie eines Gegenstands, der sich so rasant weiterentwickelt, gleicht allerdings der Vermessung einer abgehenden Lawine. Sie kann kaum mehr sein als eine Momentaufnahme – aber eine, die strukturelle Elemente erfasst und so Orientierung bietet.

Im Gegensatz zu vielen Büchern aus dem Umkreis der Anthropocene Working Group (Zalasiewicz 2009, Ellis 2018, Lewis/Maslin 2018a, Zalasiewicz et al. 2019) nimmt dieses Buch keine naturwissenschaftliche Perspektive ein, sondern dezidiert die der »humanities«, also der Geistes- und Kulturwissenschaften. Dabei verstehen wir die Einsichten der Naturwissenschaften als unverzichtbare Grundlage jedes adäquaten Verständnisses des Anthropozäns, die die Geisteswissenschaften nicht einfach ignorieren oder als technokratisch und hegemonial (z.B. Bonneuil/Fressoz 2016) ablehnen können. Ohne das Modell des Planeten als eines *selbstregulierenden*, in einem *dynamischen* Gleichgewicht befindlichen Systems, wie es von den Erdsystemwissenschaften ausformuliert wird, ist das Anthropozän nicht zu fassen. Die Kontroversen um die Startdaten des Anthropozäns sind auch für dessen historisches Verständnis essentiell. Und ohne Konzepte wie die »planetary boundaries« (Rockström 2009) oder ein Verständnis für Skalenprobleme in Biologie und Physik sind zahlreiche Debatten, die derzeit geführt werden, nicht nachvollziehbar.

Ein adäquates Verständnis des Anthropozäns muss die Scheidung zwischen den Fachkulturen der »sciences« und »humanities« – berühmt geworden unter dem Stichwort der »zwei Kulturen« (Snow [1959] [2]1987) – in Form eines neuen *Ineinandergreifens* der Fächer hinter sich lassen. Es braucht eine neue »Wissensökonomie«, um die Wissensbestände jenseits disziplinärer Kompartmentalisierung zu integrieren (Renn 2018). In dieser Hinsicht ist die Anthropocene Working Group modellbildend, weil sie nicht nur z.B. die Perspektiven von Umwelt- und Wissenschaftshistorikern mit einbezieht, sondern auch um

Anschlussfähigkeit in den »humanities« bemüht ist. Umgekehrt finden sich in den »environmental humanities« seit den 2000er Jahren Forscher zusammen, die ökologische Fragestellungen in der Geschichts- und Literaturwissenschaft, Philosophie, Anthropologie und Geographie untersuchen (Bergthaller et al. 2014).

Das Anthropozän zwingt beide Wissenschaftskulturen aus ihren Komfortzonen. Die Naturwissenschaften verstehen sich traditionell als apolitische Beschreibung von objektiven Fakten (»matters of fact«), während sich die Kultur- und Geisteswissenschaften nach eigenem Verständnis mit »matters of concern« beschäftigen, also politisch sind – aber sich gern hinter einem kulturellen Relativismus verschanzen, der alles zur kontingenten Konstruktion erklärt (Latour 2004). Beide Positionen werden zunehmend unhaltbar. Die Naturwissenschaften müssen sich damit abfinden, durchaus – wie im Fall der Klimawissenschaften – *politisch* zu sein. Die Kultur- und Geisteswissenschaften werden sich mit den nicht-kontingenten, materiellen Grundlagen von Kultur und Gesellschaft auseinandersetzen müssen, wie z.B. mit der Geschichte des Erdsystems, den Einsichten der Ökologie und Paläoanthropologie.

Dieses Buch nimmt die Herausforderungen des Anthropozäns von der Seite der Kultur- und Geisteswissenschaften in den Blick. Wir gehen dabei in drei Schritten vor, die sich an Begriffen aus der Geologie orientieren: Der erste Teil *Stratigraphien* behandelt die unterschiedlichen Definitionen des Anthropozäns sowohl als (umstrittener) Begriff als auch als Epoche, mit jeweils unterschiedlichen Thesen über ihre Ursachen und ihren Beginn. Wie in der Stratigraphie geht es dabei um die Erfassung historischer Schichten: Erstens betrachten wir die unterschiedlichen Narrative zum Start des Anthropozäns, vom Frühen Anthropozän über den *Columbian Exchange* und die industrielle Revolution bis hin zur *Great Acceleration*. Andererseits haben alternative

Begriffe wie »Capitalocene«, »Plantationocene«, »Anglocene« jeweils eigene Narrative und Kausalzusammenhänge entworfen. Statt einer generalisierten Menschheit wird hier u.a. der Kapitalismus, die koloniale Plantagenwirtschaft oder die Vorherrschaft einer in England startenden Industrialisierung ins Feld geführt (Kap. 2.1 Definitionen). Kaum weniger umstritten als der Begriff selbst ist auch die Frage nach seinen Vorläufern (Kap. 2.2 Genealogien). Dies betrifft frühe Formen der »ökologischen Reflexivität«, aber auch eines Verständnisses der *Erde als System*.

Ein zweiter Teil *Metamorphismen* widmet sich der Frage, wie ein Denken des Anthropozäns zentrale Begriffe und Probleme der Geisteswissenschaften aufgreift, aber auch fundamental verändert. Wie tektonische Prozesse geologisch älteren Gesteinen eine neue Struktur aufprägen, so werden klassische Themen und Begriffe neu formuliert: etwa die Fragen nach der Unterscheidung von Kultur und Natur, nach der Sonderstellung des Menschen, nach den Grundlagen des Politischen und nicht zuletzt nach einer neuen Ästhetik. Allen voran muss das Verhältnis von Natur und Kultur im Anthropozän völlig neu gedacht werden. Mit der Modellierung des Planeten als Gefüge selbstregulierender Prozesse muss die Natur als ein komplexes System verstanden werden, dem der Mensch als integraler Bestandteil zugehört (Kap. 3.1 Natur und Kultur). Zweitens stellt sich die Frage nach dem »Anthropos«, der dem Anthropozän seinen Namen gibt. Wer ist der Mensch, wenn wir ihn neuerdings als geologische Kraft wie Vulkane, Plattentektonik oder Cyanobakterien verstehen müssen? Kompliziert wird diese Frage durch eine Spannung zwischen zwei schwer vereinbaren Auffassungen vom Menschen als Kulturwesen einerseits und als biologischem Lebewesen andererseits, dessen Stoffwechsel mittlerweile in planetarische Dimensionen ausgreift. Die paradoxe Form menschlicher »Agency« – ihre Verbindung von immenser Wirkmacht und völligem Kontrollverlust – kann nur im Blick auf diese Ambivalenz erklärt werden (Kap. 3.2 Anthropos). Dieses Paradoxon ist auch für die politische Auseinandersetzung mit dem Anthropozän grundlegend. Kollektive Handlungsfähigkeit gewinnt der Mensch erst durch seine Differenzierung in kulturelle und politische Gruppen, seine geologische Kraft aber ist ein kumulativer Effekt unkoordinierter Einzelhandlungen. Gerade die Differenziertheit der Menschheit in Gruppen mit widerstreitenden Interessen verhindert ökologische Maßnahmen, weshalb die Erde jener Handlungslogik zum Opfer zu fallen droht, die Garrett Hardin als »Tragik der Allmende« beschrieben hat (Hardin 1968). Das zentrale Problem einer Politik des Anthropozäns ist also die Entwicklung von gesellschaftlichen Mechanismen, die diese Logik überwinden und Kooperation möglich machen können (Kap. 3.3 Politik). Nicht zuletzt ist danach zu fragen, was eine Ästhetik des Anthropozäns sein könnte. Während der Begriff im Kunstbetrieb derzeit inflationär benutzt wird, stellt sich die Frage, wie Kunst jenseits der bloßen Thematisierung den Herausforderungen der erdgeschichtlichen Epochenschwelle gerecht werden kann. Wir glauben, dass es dabei um Formfragen gehen muss: um Verfahren und Strukturen, die das »global weirding« (Friedman 2010) in die Formen ästhetischer Objekte übersetzen können (Kap. 3.4 Ästhetik).

Die Kapitel des dritten und letzten Teils zielen auf *Verwerfungen*, also auf Bereiche, in denen das Anthropozän einen Bruch mit etablierten Begrifflichkeiten erfordert oder ganz neue epistemische Herausforderungen stellt. Hier werden einige Forschungsperspektiven entworfen, die der Befund des Anthropozäns eröffnet. Viel zu selten wird die Frage nach den biopolitischen Implikationen des Anthropozäns gestellt, die sich von einem Diskurs der Überbevölkerung und ihrer Regulierung hin zu Fragen der Koexistenz zwischen menschlichen und nicht-menschlichen Lebensformen verschoben hat (Kap. 4.1 Biopolitik). Eine zweite, sich erst entwickelnde Perspektive ist die Frage nach den energetischen Grundlagen von Kultur: Die Ablösung des agrarischen Energieregimes durch das fossile geht nicht nur mit einem technischen Wandel einher, sondern auch mit einem Wandel der Werte und sozialen Strukturen. »The mansion of modern freedoms«, bemerkt Chakrabarty, »stands on an ever-expanding base of fossil-fuel use.« (Chakrabarty 2009: 208) (Kap. 4.2 Energie) Zwei letzte Kapitel widmen sich schließlich einer epistemischen Schwierigkeit im Denken des Anthropozäns, dem Aufeinanderprallen unterschiedlicher quantitativer, räumlicher und temporaler Größenordnungen. Die Skalen-Problematik, die das Anthropozän als planetarische Diagnose aufwirft, präsentiert sich etwa im Widerspruch zwischen individueller Folgenlosigkeit und kumulierter Wirkmacht menschlichen Handelns, aber auch in der Frage, welche räumlichen Größenordnungen die neue »planetarische« Perspektive impliziert (Kap. 4.3 Skalen I). Eine zweite Frage ist die nach den zeitlichen Größenordnungen, die im Diskurs des Anthropozäns aufgerufen werden: eine Tiefenzeit der Erdgeschichte, die die Skalen traditioneller Historiographie sprengt, aber auch eine »tiefe Zukunft«, die die Horizonte modernen Zukunftsmanagements radikal überschreitet (Kap. 4.4 Skalen II).

Abschließend fragen wir, ob die Konjunktur des Begriffs Anthropozän tatsächlich – wie gelegentlich behauptet – allein ein ›westliches‹ Phänomen ist. Selbst wenn das stimmt, hängt die Gestalt des neuen Erdzeitalters durchaus nicht nur von den Industrienationen im ›globalen Norden‹ ab. Europa mag sich als umweltpolitisches Vorbild sehen, in der Wirtschafts- und Technikentwicklung ist es längst von Asien abgehängt. Im Schlusskapitel gehen wir daher der Frage nach, wie relevant die Rede vom Anthropozän im ›globalen Süden‹ ist, vor allem in Asien, dessen wirtschaftliche Dynamik das 21. Jahrhundert maßgeblich bestimmen wird.

Dieses Buch mag die erste Einführung zum Thema in deutscher Sprache sein, aber es erscheint im Kontext einer Fülle von Publikationen zum Anthropozän, die ganz andere Perspektiven einnehmen. Dass die Koordinaten, nach denen wir dieses Terrain vermessen, nicht die einzig möglichen sind, versteht sich von selbst. Trotz des Labels »Einführung« versteht sich dieses Buch durchaus nicht als bloße Zusammenschau der wichtigsten Positionen. Vielmehr argumentieren wir für bestimmte Thesen und gegen andere. Dabei lassen sich einige grundlegende intellektuelle Entscheidungen benennen, die unseren Blick gelenkt haben.

(1) Erstens halten wir eine *Historisierung* des Anthropozäns – sowohl als Beschreibung eines empirischen Sachverhalts wie als kritische Diagnose – für unabdingbar. Dabei kann man es nicht bei der Gegenüberstellung von unterschiedlichen »Narrativen« des Anthropozäns belassen (Bonneuil 2015, Dürbeck 2018). Vielmehr müssen die aktuellen Debatten als Kulminationspunkt einer langen Geschichte ökologischer Selbstreflexion verstanden werden (Bonneuil/Fressoz 2016). Eine solche Geschichte schließt zum einen die konzeptuellen Vorläufer der heutigen Erdsystemwissenschaft ein, von Buffons *Époques de la nature* ([1778] 1780) über George Perkins Marshs *Man and Nature* (1864) bis hin zu den *Grenzen des Wachstums* (1972) und der Gaia-Theorie (Lovelock/Margulis 1974a). Zum anderen zeichnet sie die fortdauernden Debatten um die praktische Bedeutung dieses Wissens nach. Das Anthropozän zu historisieren heißt aber auch, aus dem Bewusstsein einer Schwellensituation eine neue Gattungs- und Kulturgeschichte des Menschen zu entwerfen – von der paläoanthropologischen Tiefengeschichte der Spezies bis hin zu den energiegeschichtlichen Grundlagen kultureller Evolution. Gegen

eine Position wie jene Clive Hamiltons, der jede Historisierung des Anthropozäns ablehnt (Hamilton 2015a), geht es uns gerade um die *historische Produktivität* des Begriffs. Es braucht neue Formen der Geschichtsschreibung, die die rasante Entwicklung unserer Gattung vom mittelgroßen, allesfressenden Primaten zu einer dominanten Kraft im Erdsystem überhaupt erst plausibel machen können.

(2) Zweitens sind wir nicht davon überzeugt, dass ein Denken des Anthropozäns notwendig nach einer neuen »flachen« *Ontologie* verlangt (Bryant 2011). Theoretiker wie Timothy Morton, Graham Harman, Bruno Latour u.a. haben vorgeschlagen, das Anthropozän zuallererst als eine *ontologische* Erschütterung, »a quake in being« (Morton 2013: 1) zu verstehen. Die Idee einer »Welt« als Bühne menschlicher Existenz und Erfahrungen, so Morton, sei im Anthropozän nicht mehr zu halten: »*the world* as such – not a specific idea of *world* but world in its entirety – has evaporated.« (Morton 2013: 101) Verabschiedet wird damit nicht nur die klassische Gegenüberstellung von Subjekt und Objekt, die epistemische Auszeichnung des Menschen als Gegenüber und Betrachter der Dinge, die Latour als den Kern eines »modernen« In-der-Welt-Seins des Menschen beschrieben hat (Latour 2017). Verabschiedet werden soll auch – jedenfalls in den radikaleren Versionen einer Ontologie des Anthropozäns – die Differenz von Bewusstsein, Intention, Wahrnehmung und Dingen, die ohne diese Fähigkeiten sind. Vielmehr werden diese Potentiale nun auch Dingen zugeschrieben: nicht-menschlichen Lebewesen, Landschaften – oder überhaupt der stofflichen Welt. Der traditionellen Idee einer Sonderstellung des Menschen setzt man so einen strategischen Anthropomorphismus entgegen (Bennett [2009] 2010: 98 f.). Die Frage nach der Koexistenz mit nicht-menschlichen Lebewesen rückt damit in den Mittelpunkt ethischen und politischen Denkens (Haraway 2003).

Nun herrscht kein Zweifel, dass eine moderne Epistemologie, die ›Natur‹ oder ›Welt‹ zum passiven Hintergrund menschlichen Handelns relegiert hatte, im Anthropozän unhaltbar geworden ist. Ebenso klar ist, dass die Wirkmacht des Menschen im Erdsystem nicht als intentionales und zielgerichtetes Handeln eines bewussten Akteurs verstanden werden kann. Aber wir glauben nicht, dass man den Aufgaben, mit denen uns das Anthropozän konfrontiert, durch die Einebnung von menschlichen und nichtmenschlichen Eigenschaften und Vermögen gerecht wird. Der Fokus auf die Ontologie lenkt unseres Erachtens von dringlicheren Problemen ab: etwa den *ethischen* Problemen einer Verantwortlichkeit des Menschen und den *politischen* Problemen kollektiven Handelns (Kap. 3.2 Anthropos, 3.3 Politik), den *epistemologischen* von inkommensurablen Größenordnungen (Kap. 4.3 Skalen I, 4.4 Skalen II) oder auch der Frage nach einer Naturästhetik in Zeiten einer unnatürlichen Natur (Kap. 3.4 Ästhetik). Wenn der inflationäre Gebrauch des »Agency«-Begriffs dazu führt, dass die Unterscheidung zwischen intentionalem Handeln und kausaler Wirkung nivelliert wird, dann negiert er auch die Verantwortung des Menschen für das, was er tut.

(3) Damit hängt ein dritter Punkt zusammen. Wenn eine neue Ontologie für das Anthropozän gefordert wird, steht dahinter meist die Vorstellung, der eigentliche Sündenfall der Moderne bestünde in einer anthropozentrischen Ontologie, die den Menschen zum Zentrum, zum externen Beobachter und demiurgischen Verwandler der Natur überhöht. Der Glaube an eine *Sonderstellung des Menschen*, so heißt es, sei die Wurzel der ökologischen Katastrophe. Aber das sympathische Bild eines anderen Menschen, das die neuen Ontologien zeichnen – symbiotisch verstrickt und um respektvolle Koexistenz bemüht (Haraway 2016, Tsing) – ist letztlich doch nichts anderes als ein idealisierendes *Vorbild*, das sich an niemanden adressiert als den

Menschen selbst. Den Anthropozentrismus wird man so nicht los. Er ist weder ein Zeichen von Arroganz noch ein Denkfehler, sondern verweist auf eine paradoxe Spannung im Wesen des Menschen, die deshalb auch die erdgeschichtliche Epoche durchzieht, der er – als ihr »Onomatophor« (Szerszynski 2015) – seinen Namen gibt. Der Mensch ist *zugleich* Naturwesen und Kulturwesen. Er ist einerseits ein Lebewesen unter Lebewesen, ein Produkt der Evolutionsgeschichte, verstrickt in wechselseitige Abhängigkeiten, mit Bedürfnissen und einem genetischen Code, die sich nur im Detail von anderen Organismen unterscheiden – die dominante Spezies, aber auch eine Spezies unter anderen. Andererseits ist der Mensch aber auch aus der Natur herausgehoben, ein Wesen, das keinen festen Platz in seiner Umwelt hat, distanziert, instinktarm, aber gerade deshalb zur Selbstreflexion befähigt und verdammt. Der Mensch ist das Wesen, das sich seiner selbst ständig versichern muss: durch Bilder, Geschichten und soziale Institutionen, die ihm sagen, was es bedeutet, zu sein, was er ist – Mann oder Frau, arm oder reich, Bürger dieses oder jenes Landes, Vernunftwesen und Träger universaler Rechte, oder eben: eine Spezies unter anderen.

Dipesh Chakrabarty hat in etlichen seiner Texte auf diese Spannungen im Innersten des Anthropozäns hingewiesen: Es impliziert einen Menschen, der *zugleich* kulturell und ökonomisch differenziert *und* einheitliches Gattungswesen ist; eine Geschichte, die *zugleich* Erdgeschichte *und* Menschengeschichte sein muss; eine Wirkmacht, die *zugleich* blinde geologische Kraft *und* bewusst ausgeübte Macht ist. Wir teilen diese Perspektive. In der antiken Philosophie bezeichnete »Epoché« ein Zurückhalten des Urteils, ein Ausharren im Ungewissen. Das Anthropozän als Epoche in diesem Sinne zu denken bedeutet, die »Bruchlinien« (*rifts*), die Widersprüche und Aporien in unserem gegenwärtigen Welt- und Selbstverständnis als solche sichtbar zu machen – nicht: sie aufzulösen. Deshalb interessiert uns auch nicht so sehr die Suche nach den Schuldigen – seien dies nun »der Kapitalismus«, »die Moderne«, »das westliche Denken« oder »der Anthropozentrismus« –, sondern eben diese Bruchlinien. Von ihnen haben wir uns bei der Vermessung dieses schwierigen Geländes leiten lassen.

Seit Crutzens Auftritt in Cuernavaca ist das Anthropozän eine Unterbrechung. Es ist auch – das haben wir selbst oft genug gemerkt – eine Unterbrechung der intellektuellen Routinen in den Kultur- und Geisteswissenschaften. Diese müssen sich mit ungewohnten Formen des Wissens auseinandersetzen – etwa mit naturwissenschaftlichen Erkenntnissen, die nicht mehr einfach als ›Diskurs‹ analysiert und neben anderen Diskursen abgeheftet werden können. Sie müssen lernen, mit unvertrauten Gegenständen umzugehen, wie den nicht verhandelbaren materiellen, ökologischen und energetischen Grundlagen von Kultur. Und sie müssen die Erweiterung oder Auflösung ihrer klassischen Untersuchungsfelder – lokale, relativ homogene Kulturen, Gesellschaften und Sprachen; kleine, hochaufgelöste historische Perioden – gewärtigen. Das Anthropozän verlangt – in allen Wissenschaften, aber auch in Politik und Kunst – ›*the bigger picture*‹: eine erweiterte, systemorientierte Perspektive; einen Bezug zwischen dem Lokalen oder Singulären und einem planetarischen Gefüge; eine Relation zwischen kurzer, hyperdifferenzierter Menschengeschichte und einer Tiefengeschichte des Lebens; zwischen lokalen, individuellen Praktiken und ihren weltweiten Konsequenzen. Die Naturwissenschaften arbeiten an der adäquaten Beschreibung einer Welt, deren Komplexität nicht aufhört, dieser Beschreibung Widerstände entgegenzusetzen. Die Geisteswissenschaften arbeiten an der Formulierung eines Epochenbewusstseins – einer Gemeinsamkeit im Angesicht einer Fülle differenzierter Lebensformen, Interessenkonflikte und unvereinbarer Lebenswelten. Mehr denn je ist dieses Epochenbewusstsein im Anthropozän von Brüchen, Spannungen und Widersprüchen durchzogen. Unsere Aufgabe ist es nicht, diese aufzulösen, sondern sie möglichst präzise in den Blick zu nehmen. Dieses Buch ist eine Kartographie der Bruchlinien.

EH

2. Stratigraphien

2.1 Definitionen

Der Begriff Anthropozän gewinnt seine Stärke gerade aus den zahlreichen Kontroversen, die er hervorruft. In den Geisteswissenschaften wurde der Begriff mit großer Emphase aufgenommen, war dort aber von Anfang an ebenso umstritten wie in den Naturwissenschaften. Die Umwelthistoriker Christophe Bonneuil und Jean-Baptiste Fressoz verstehen das Anthropozän weniger als Begriff denn als »Ereignis«[1] (Bonneuil/Fressoz 2016), das eine Zäsur darstellt. Einerseits – als Epoche verstanden – bezeichnet es einen geochronologischen Bruch zwischen dem Holozän und der Gegenwart. Andererseits – als Begriffsbildung – stellt das Anthropozän auch einen Neuanfang im Denken dar, in dem ehrwürdige Konzepte der abendländischen Geistesgeschichte wie ›der Mensch‹, ›Natur‹, ›Kultur‹ oder ›Geschichte‹ neu gefasst werden müssen (Chakrabarty 2009). Timothy Clark hat daher vorgeschlagen, den Begriff als Schwellen-Konzept (*threshold concept*) zu verstehen (Clark 2015), d.h. als ein Konzept, das überkommenes Wissen in eine neue Konstellation bringt und damit auch neue epistemische Felder eröffnet.

Seinen Erfolg in verschiedenen wissenschaftlichen Disziplinen der Geistes- und Sozialwissenschaften ebenso wie im Kunst- und Kulturbetrieb verdankt der Begriff zwei Eigenschaften. (1) Einerseits stellt er eine Gegenwartsdiagnose, die diese Gegenwart in einem neuen und umfassenderen historischen Zusammenhang verortet. Versteht man die Gegenwart als eigene geochronologische Epoche, so konstatiert man damit einen tiefgreifenden Bruch mit dem Holozän, der erdgeschichtlichen Vergangenheit, die die gesamte Zivilisationsgeschichte der Menschheit umfasst. Das heißt auch: Man muss von hier aus die Geschichte des Holozäns neu erzählen. Der emphatische Gegenwartsbezug des Begriffs Anthropozän aber birgt die Gefahr, dass der Terminus – wie vor allem im Kunstbetrieb zu beobachten ist – nur mehr als modischer Marker für Aktualität benutzt wird, während seine eigentliche Intention gerade eine *historische* Verortung der Gegenwart ist. Auch in den Wissenschaften ist zu beobachten, dass jede jüngere Entwicklung als ›xyz im Anthropozän‹ firmieren kann, was signalisieren soll, dass man auf der Höhe der Zeit ist (Davies 2016: 51). In dieser Hinsicht ist der Begriff vergleichbar mit jenem der längst verblühten ›Postmoderne‹, der in den 1980er Jahren dazu diente, dem Abschied von der Nachkriegsmoderne einen Namen zu geben. Sowohl ›Postmoderne‹ als auch ›Anthropozän‹ bezeichnen einen Bruch, im Falle des Anthropozäns aber nicht mit dem Denken der letzten vierzig Jahre, sondern mit den Lebensbedingungen der letzten 12000 Jahre.

(2) Die zweite Eigenschaft ist die strategische Brauchbarkeit des Begriffs als Synthese (Ellis 2018: 130). Während bislang die globale ökologische Krise in ihren vielen Einzelsymptomen ausbuchstabiert werden musste – von der globalen Erwärmung über sauren Regen bis hin zu Artensterben, Luftverschmutzung, Müllbergen, Ozonloch, Giftstoffen etc. –, bietet der Begriff Anthropozän ein Kürzel für die Gesamtheit dieser Symptome. Gelegentlich meint er auch einfach Klimawandel. Aber er ist mehr als nur ein Schlagwort für eine diffuse Krise. Vielmehr beschreibt er diese als etwas, das auf einer anderen Ebene angesiedelt ist als die üblichen politischen Konfrontationen von Wirtschafts- und Sozial- vs. Umweltpolitik, aktuellen Problemen vs. Nachhaltigkeit. Vom Anthropo-

zän zu sprechen bedeutet, die Grundlagen des Politischen zu befragen: materielle Grundlagen wie Wasser- und Bodenqualität oder die Sicherheit vor Naturkatastrophen, aber auch theoretische wie das Verhältnis von Fakten (*matters of fact*) und politischen Streitfragen (*matters of concern*) (Latour 2004). Mit dem Anthropozän stellt sich die fundamentale Frage, auf welcher Basis politische Gemeinschaften überhaupt existieren. Es geht um nicht weniger als eine neue Art des *In-der-Welt-Seins* (Horn 2017: 9).

Grundlegend für diese Synthese ist dabei die Perspektive der Erdsystemwissenschaften, welche die teils lokalen, teils global wirksamen Dimensionen des Anthropozäns als miteinander verknüpfte Elemente des Erdsystems betrachten. Die Erdsystemwissenschaft – bzw. ein systemischer Blick auf die Ökologie des Planeten – ist die epistemologische Voraussetzung jeder substantiellen Rede vom Anthropozän (Ellis 2018). Dieses Erdsystem ist definiert als Zusammenspiel seiner verschiedenen Sphären: Atmosphäre, Lithosphäre, Hydrosphäre und Biosphäre. Es wird von planetarischen Steuerungs- und Rückkopplungsprozessen in einem instabilen, dynamischen Gleichgewicht gehalten. In der *Amsterdam Declaration on Earth System Science* von 2001 wird das Erdsystem wie folgt definiert: »The Earth System behaves as a single, self-regulating system comprised of physical, chemical, biological and human components. The interactions and feedbacks between the component parts are complex and exhibit multi-scale temporal and spatial variability.« (Moore et al. 2001) (siehe Kap. 3.1 Natur und Kultur) Dieser planetarische Blick der Erdsystemwissenschaften, der den Menschen als potentiell destabilisierenden Faktor im Erdsystem versteht, liegt auch zwei prominenten Graphiken zugrunde, die das Anthropozän abbilden (siehe Abb. 1 und 2 auf S. 28/29). Die eine stammt aus einem mittlerweile zum Klassiker gewordenen Text von Will Steffen, Jacques Grinevald, Paul Crutzen und John McNeill (alle Mitglieder der Anthropocene Working Group) von 2011 und

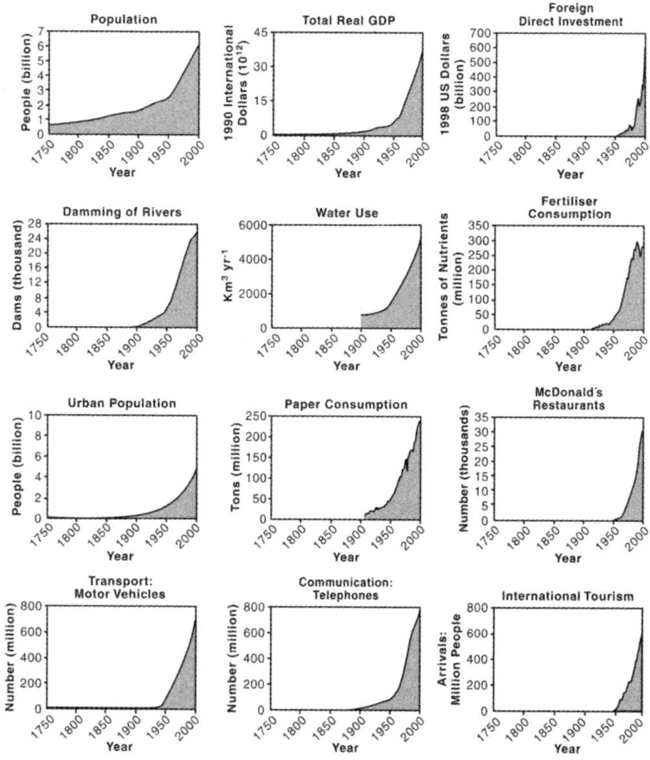

Abb. 1 und 2: Will Steffen et al. (2011): »The Anthropocene. Conceptual and historical perspectives«, in: Philosophical Transactions of the Royal Society A 369 (1938), S. 842-867, hier S. 851, 852.

zeigt »the increasing rates of change in human activity since the beginning of the Industrial Revolution« in 24 einzelnen Kurven.

Die Graphik zeigt verschiedene »Indikatoren menschlicher Aktivität« von 1750 bis 2000. Im ersten Teil der Graphik finden sich

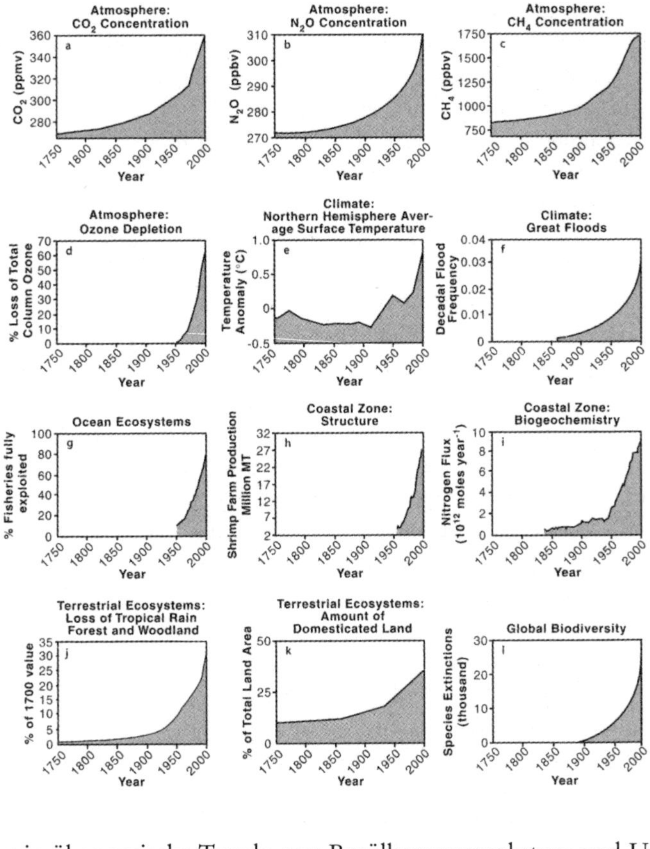

sozio-ökonomische Trends, von Bevölkerungswachstum und Urbanisierung über das durchschnittliche Bruttosozialprodukt bis hin zur Entwicklung von exemplarischen Konsumgütern wie Papier oder Tourismus. Im zweiten Teil werden Indikatoren für die globalen ökologischen Effekte dieser Aktivitäten aufgelistet, von der Konzentration der Treibhausgase Kohlendioxid, Methan und

Stickoxid über Durchschnittstemperaturen auf dem Festland bis hin zum Verlust an tropischen Regenwäldern und globaler Artenvielfalt. Zweifellos ließen sich auf beiden Seiten noch etliche weitere Parameter hinzufügen, aber die Absicht dieser Darstellung ist klar. Steffen et al. entwerfen ein Bild des Anthropozäns als einer Art Metakrise: die Industrialisierung und der im 20. Jahrhundert einsetzende massive Anstieg von Individualverkehr, Urbanisierung und Globalisierung, ein scharfer Anstieg des Konsums, zunächst in den Industrieländern, ab den 1970er Jahren zunehmend auch in großen Schwellenländern wie Indien und China, kombiniert mit einem massiven Wachstum der Weltbevölkerung. Bemerkenswert ist dabei die zeitliche Konvergenz: Einige Faktoren, wie Landverbrauch und Bevölkerungswachstum, steigen seit der Mitte des 18. Jahrhunderts langsam, ab der Mitte des 20. Jahrhunderts sprunghaft an und markieren so den Beginn des Anthropozäns mit der industriellen Revolution. Andere Indikatoren sind überhaupt erst nach dem Zweiten Weltkrieg messbar, schießen aber sehr schnell steil in die Höhe. Diese Beschleunigung von Konsum- und Umweltschädigungsraten ist die eigentliche Pointe der Darstellung. In ihnen zeigt sich die *Great Acceleration*, jener rapide Anstieg aller Indikatoren in den 1950er Jahren, den auch die Anthropocene Working Group mit Blick auf geostratigraphische Marker wie radioaktiven Fallout als eigentlichen Startpunkt des Anthropozäns vorgeschlagen hat (Zalasiewicz 2017, McNeill/Engelke 2016).

Die andere Graphik stammt aus einem ebenfalls berühmt gewordenen Text des Resilienzforschers und Erdsystemwissenschaftlers Johan Rockström. Seine Arbeitsgruppe hat 2009 in einem Aufsatz einen anderen, nicht minder gewichtigen Vorschlag zu einer konzeptuellen Fassung des Anthropozäns gemacht. Rockström et al. schlagen vor, das Anthropozän als Überschreitung von planetarischen Schwellenwerten zu verstehen. Nicht exponentielle Entwicklungen einer Vielzahl von Indikatoren dienen hier zur Illustration des Begriffs, sondern das Ausmaß, in dem neun für das Erdsystem fundamentale Faktoren einen Schwellenwert überschreiten, der als »ökologische Belastungsgrenze des Planeten« verstanden wird. Als Ausgangsbasis werden dabei die Werte des »vorindustriellen Holozäns« angesetzt, also ein Zustand der Welt etwa um 1700.

Rockströms Graphik (siehe Abb. 3) benennt neun fundamentale Faktoren, von denen drei – Klimakrise, Ozonloch und Ozeanversauerung – global wirksam sind und bereits bekannte Schwellenwerte haben, während sechs (Artensterben, Verschmutzung der

Abb. 3: nach Johan Rockström et al. (2009): »Planetary Boundaries. Exploring the Safe Operating Space for Humanity«, in: Ecology and Society 14 (2), Art. 32, ohne Seiten. (Deutsche Fassung der Abbildung: Wikipedia).

Atmosphäre, Verschmutzung durch Chemikalien, die Störung der Phosphor- und Stickstoffzyklen, Süsswasser- und Landverbrauch) regionale Folgen haben und Schwellenwerte für sie bisher nicht sicher berechenbar sind (was zu einer Kritik an Rockströms Modell geführt hat, Ellis 2018: 125–127). Drei dieser Faktoren haben bereits ihre Schwellenwerte überschritten – mit schwer absehbaren Folgen. Bemerkenswert ist, dass ein Update dieser Graphik (Steffen/Rockström et al. 2015) den Faktor »Verschmutzung durch Chemikalien« durch einen anderen ersetzt hat: »Neue Entitäten«. Die neue Version scheint zu berücksichtigen, dass manche Parameter der planetarischen Krise noch gar nicht abschließend bekannt sind. Deutlich wird an dieser Graphik der Paradigmenwechsel, den der Begriff des Anthropozäns gegenüber einem traditionellen Umweltdenken vollzieht: Vom Fokus auf einzelne, klar umrissene Probleme wie lokale Verschmutzung oder den Artenschwund verschiebt sich der Blick nun zu einer wesentlich breiteren, systemischen Problemdiagnose, die auch für bislang unbekannte Faktoren offen bleibt (Barry/Maslin 2016; siehe Kap. 4.1 Biopolitik).

Einer der zentralen Punkte in der Diskussion über eine *historische Definition* des Anthropozäns ist die Frage nach seinem Beginn. Dabei kreuzen sich verschiedene disziplinäre Herangehensweisen: einerseits die der Geologen und Stratigraphen, die das Anthropozän als Epoche der Erdgeschichte nach den Regeln ihrer Disziplin formalisieren wollen. Diese Arbeit an einer Formalisierung in der geologischen Nomenklatur ist die Aufgabe der 2009 gegründeten interdisziplinären Anthropocene Working Group. Auf der anderen Seite stehen Geistes- und Sozialwissenschaftler, deren Erkenntnisinteresse weniger auf eine nachweisbare Sedimentschicht zielt, sondern darauf, den Anfang und die Ursachen jener Entwicklungen zu bestimmen, die zur gegenwärtigen ökologischen Situation geführt haben.

So prallen in der Diskussion um den Startpunkt des Anthropozäns ganz unterschiedliche Wissenschaftskulturen aufeinander: Geologie und Historiographie, Umwelt- und Geistesgeschichte, Technik- und Kolonialgeschichte, Vor- und Frühgeschichte und Paläoklimatologie. Was aus der Perspektive der Technik- oder Industriegeschichte eine Zäsur darstellt, etwa die industrielle Revolution, lässt sich stratigraphisch nicht unbedingt als globaler Einschnitt nachweisen. Wichtige kulturhistorische Schwellen in der tiefen Vergangenheit, wie der Gebrauch des Feuers (vor 1,8 Millionen Jahren) oder der Übergang zur Sesshaftigkeit und zum Ackerbau (vor ca. 20 000–10 000 Jahren), verweisen auf weit zurückliegende Umwelteingriffe des Menschen. Aber diese Schwellen haben die Tendenz, das Spezifische der gegenwärtigen Situation zu verwischen. Mit jedem Vorschlag zum Beginn des Anthropozäns wird damit auch ein anderes historisches Narrativ vorgelegt, das in anderen Größenordnungen angelegt ist (siehe Kap. 4.4 Skalen II). Jedes dieser Narrative legt andere Kriterien und Kausalzusammenhänge zugrunde, mit denen sich entscheidet, was eine Vorgeschichte des Anthropozäns eigentlich sein könnte. Die wichtigsten Positionen seien hier kurz skizziert.

The Great Acceleration

Die Graphik von Steffen et al. (2011) führt es anschaulich vor: Mit den 1950er Jahren steigen die Indikatoren für bestimmte sozio-ökonomische Trends und deren ökologische Folgen massiv an. Industrialisierung, Konsum, Mobilität und viele andere Faktoren, die ihren ersten großen Aufschwung im 19. Jahrhundert genommen hatten, explodieren nach dem Ende des Zweiten Weltkriegs. Schwellenländer wie China und Indien ziehen ökonomisch nach. Die Erdbevölkerung hat sich seit 1950 mehr als verdreifacht, von 2,5 Milliarden auf fast acht Milliarden Menschen. Insofern bietet sich die zweite Hälfte des 20. Jahrhunderts unmittelbar als Startpunkt des Anthropozäns an, wie Steffen et al. (2015) schreiben: »Only beyond the mid-20th century is there clear evidence for fundamental shifts in the state and functioning of the Earth System that are beyond the range of variability of the Holocene and driven by human activities. Thus, of all the candidates for a start date for the Anthropocene, the beginning of the Great Acceleration is by far the most convincing from an Earth System science perspective.« (Steffen et al. 2015: 81)[2] Angelehnt an den Titel von Karl Polanyis Studie zur Entstehung der modernen Industriegesellschaften, *The Great Transformation* (1944), geht es bei der Erfassung der *Great Acceleration* ebenfalls um einen holistischen Zugriff auf die technischen, ökonomischen, sozialen Umbruchprozesse nach 1950 und ihre Wirkung auf das Erdsystem – weit über die Diagnose des Klimawandels hinaus (Steffen et al. 2015: 82). Der Startzeitpunkt um 1950 hat aber noch einen anderen Vorzug. Er korreliert zeitlich mit einem distinkten geologischen Marker, dem Fallout der Atombombentests seit 1945. Damit erfüllt die These vom Start des Anthropozäns um 1950 auch die Kriterien für eine stratigraphische Formalisierung des Begriffs. Diese benötigt einen GSSP (*Global Boundary Stratotype Section and Point*), landläufig auch *golden spike* genannt, der sich weltweit im Sediment nachweisen lässt. Die Spuren von radioaktiven Isotopen durch die Atombombentests zwischen 1945 und 1963, aber auch andere Stoffe wie u.a. Plastik, Aluminium, Beton bilden eine distinkte Schicht in der Erdkruste, die als ein solcher *»golden spike«* Grundlage einer Formalisierung des Begriffs in den Erdwissenschaften werden könnte. Im August 2016 wurde daher von der AWG die Formalisierung des Anthropozäns mit dem Startdatum der *Great Acceleration* vorgeschlagen (Waters et al. 2016, grundlegend dazu McNeill/Engelke 2016).

Kurz gefasst besagt diese These, dass das Anthropozän zeitgleich mit der Moderne beginnt. Anfänglich schlugen Paul Crutzen und Eugene Stoermer (beide keine Geologen) nicht die *Great Acceleration*, sondern den Beginn der Industrialisierung in der zweiten Hälfte des 18. Jahrhunderts als Beginn des Anthropozäns vor (Crutzen/Stoermer 2000: 17–18, Crutzen 2002: 23). Ausdrücklich genannt wird hier das Jahr 1784, in dem James Watt die Dampfmaschine erfunden habe. (De facto erfand er in diesem Jahr ein Gestänge, das die Wirkung der Dampfmaschine von Thomas Newcomen entscheidend verbesserte. Patentiert wurde sie 1769, entwickelt schon 1689.) Der Vorschlag stützt sich aber nicht nur auf Technik- und Sozialgeschichte, insbesondere den Siegeszug der Kohle, den die Dampfmaschine auslöste. Auch klimageschichtlich lässt sich ein langsamer Anstieg des CO_2-Gehalts schon in der zweiten Hälfte des 18. Jahrhunderts nachweisen, signifikant allerdings erst seit 1850. Unabhängig von diesen klimahistorischen Daten hat diese These vom Start des Anthropozäns aus einer geisteswissenschaftlichen Perspektive den Vorzug, dass dieser mit der Epoche zusammenfällt, die auch ideen- und sozialgeschichtlich den Beginn der Moderne darstellt: Aufklärung und Säkularisierung, die Emanzipation des Bürgertums und der moderne Industriekapitalismus. Aber um 1800 beginnt auch eine intensive Reflexion über die menschengemachten Veränderungen der Natur. Erste Umweltschäden durch Abholzung, Versandung von Flüssen, der Wandel von Landschaften und lokalen Klimata, Kohleminen und Rußausstoß werden zum Gegenstand politischer Debatten, aber auch der Darstellung in Malerei und Literatur (Bonneuil/Fressoz 2016). Aus einer geisteswissenschaftlichen Perspektive erscheint so die Konvergenz von Moderne und Anthropozän noch immer als fruchtbare These, auch wenn sich kein *golden spike* für sie finden lässt. Sie wird von zahlreichen umwelthistorischen Studien gestützt, die sich mit den sozial- und wirtschaftshistorischen Umbrüchen beschäftigen, welche das Energieregime von Dampfmaschine und Kohle mit sich brachte (Malm 2016). Umgekehrt heißt das aber auch, dass die Geschichte der Moderne – oft als Epoche der Befreiung von religiösen und politischen Souveränen verstanden – aus einer industrie- und energiehistorischen Perspektive neu geschrieben werden muss. Als Startpunkt des Anthropozäns wäre dann die Geschichte der Moderne nicht mehr eine Geschichte der Emanzipation und des technischen Fortschritts, sondern die eines Verhältnisses zur Natur, die zur »Ressource« erklärt wird, welche genutzt, bearbeitet, ausgebeutet und gehandelt werden kann. Mit dem fossilen Energieregime der Kohle wird von einer sich zyklisch regenerierenden Natur mit klaren Grenzen des Wachstums auf ein gigantisches, aber endliches Reservoir an billiger Energie umgestellt (siehe Kap. 4.2 Energie).

Eine solche Geschichte ist nicht nur die umwelthistorisch dunkle Seite des technologischen Fortschritts und der sozialen Umbrüche. Sie ist auch eine Geschichte der massiven Produktion von Ungleichheit und Ungleichzeitigkeit: Während in den Industrieländern eine rasante soziale, ökologische und ökonomische Transformation stattfindet, partizipieren andere Teile der Welt nicht an dem durch die Industrialisierung generierten Wohlstand, weil dessen ökologische, ökonomische und soziale Kosten aus Europa in die Kolonien ausgelagert werden (Nixon 2011, Hornborg 2013). Transformation findet global statt, aber der dabei entstehende Wohlstand wird ungleich verteilt. Auch der Soziologe Bruno Latour hat diese sich rasant verschärfende ökonomische Ungleichheit neben Migration und Klimawandel jüngst als zentrales Problem des Anthropozäns beschrieben (Latour 2018).

Diese These verlegt den Start des Anthropozäns nicht in die Industrie- oder Sozialgeschichte der Moderne, sondern in die Kolonialisierungsgeschichte der Frühen Neuzeit (Lewis/Maslin 2015a). Der Begriff stammt aus einer Studie des Umwelthistorikers Alfred Crosby über die ökologischen Konsequenzen der Entdeckung Amerikas (Crosby 1972). Die Entdeckung der Neuen Welt führte schon in den ersten hundert Jahren zur Bildung globaler Handelsnetzwerke, die einen weltweiten Austausch von Organismen möglich machten. So wurden Früchte, Pflanzen, Tiere, Menschen und nicht zuletzt auch Krankheitserreger zwischen der Alten und der Neuen Welt transportiert. Dadurch veränderten sich nicht nur Landwirtschaft und lokale Biotope. Der Transfer führte auch zu massiven Epidemien unter den Ureinwohnern, die gegen die Krankheiten der Europäer keine Immunabwehr hatten. Neben dem Krieg, der Sklaverei und den Hungersnöten waren es diese Seuchen, die zu mindestens fünfzig Millionen Toten in den ersten hundert Jahren der Kolonialisierung führten, mehr als neunzig Prozent der amerikanischen Urbevölkerung (Lewis/Maslin 2018a: 157, McNeill 1976, Cronon [1983] 2003, Crosby 1986).

Lewis und Maslin schlagen nun vor, diese Zäsur auch klimageschichtlich zu belegen, nämlich an einem Tiefpunkt des CO_2-Gehalts in der Atmosphäre im Jahre 1610 (dem sogenannten »Orbis spike«). Dieser sei ein Symptom für die Rückkehr dicht bewachsener, unbebauter Flächen im Gefolge des Bevölkerungsrückgangs in der Neuen Welt. Der »Orbis spike« wurde allerdings stratigraphisch und klimahistorisch von der AWG als unzureichend für einen GSSP kritisiert (Zalasiewicz et al. 2015, Brooke/Otter 2016). Der Philosoph Clive Hamilton kritisiert Lewis' und Maslins These zudem als krasses Missverständnis des Konzepts, das sich eben nicht auf spezifische Ökosysteme, sondern auf den Gesamtzustand des Erdsystems bezieht (Hamilton 2015a). Aus einer historischen Perspektive dagegen ist der Vorschlag eines Starts des Anthropozäns in der Frühen Neuzeit methodisch fruchtbar, weil er ein neues Kriterium für die Fassung des Anthropozäns mit sich bringt: das »organische Anthropozän« (Brooke/Otter 2016). Das »organische Anthropozän« bedeutet, sich nicht primär auf die chemischen Veränderungen des Bodens, der Atmosphäre und der Gewässer (fossile Brennstoffe, Düngung, neue Stoffe etc.) zu konzentrieren, sondern auf die *Migration und Veränderung von Lebewesen*. Nicht nur der koloniale Austausch von Menschen, Tieren, Pflanzen und Keimen, sondern auch die Veränderung von Anbaumethoden (die »Agricultural Revolution«), von Lebewesen durch Züchtung und von Biotopen durch beschleunigte Ausrottung (Clutton-Brock [2]1999, Olmstead/Rhode 2008) treten so als Kriterien für anthropogene Umweltveränderung in den Blick. Es ist kein Zufall, dass die große Welle des Artensterbens, die »sixth extinction«, im 17. Jahrhundert beginnt (Kolbert 2014).

Historisch überzeugt der Hinweis auf die Frühe Neuzeit, weil er die Frühgeschichte der Globalisierung in den Blick nimmt, die nicht nur als Geschichte der Eroberung und globaler Handelsnetzwerke, der Versklavung und Auslöschung ganzer Kulturen zu schreiben ist, sondern auch als Geschichte der Einführung neuer Arten und neuer Formen der Landnutzung (vor allem der auf den Export von »cash crops« orientierten Plantagenwirtschaft). Mit dem Hinweis auf den *Columbian Exchange* tritt die Kolonialisierung als entscheidende Schwelle einer globalen Umwelt- und Wirtschaftsgeschichte in den Vordergrund. Der Soziologe Jason Moore hat diese Entwicklung als Beginn einer Epoche beschrieben, die eine »billige Natur« (*cheap nature*) hervorbringt, welche auf »four cheaps« – Arbeitskraft, Energie,

Nahrung und Rohstoffen – beruht. »Billig« sind sie, weil die ökologischen und gesellschaftlichen Kosten ihrer Nutzung oder Extraktion nicht mit eingepreist werden, sondern auf die Herkunftsländer, die Gesellschaft oder die Natur ausgelagert werden (Moore 2016a, 1–12).

Early Anthropocene

Von dieser These gibt es einige Varianten. Ein Vorschlag lautet, dass der Mensch schon lange vor Beginn des Holozäns durch den Einsatz von Feuer und die Jagd auf Großwild massiv die Umwelten und Ökosysteme verändert habe, in denen er sich bewegte. Als Jäger von Pflanzenfressern habe der Mensch dann aber gerade den Gehalt von Treibhausgasen in der Atmosphäre *reduziert* (Glikson 2013, Stuart 2015). Eine andere Variante des Frühen Anthropozäns verlegt dessen Start schon ins frühe Holozän. Der stark schwankende Zyklus von extremen Warm- und Kaltzeiten, der das Pleistozän geprägt hat, sei, so der Paläoklimatologe William Ruddiman, durch die Emissionen von Treibhausgasen unterbrochen worden, die schon durch die frühesten Formen der Landwirtschaft entstanden seien. Anthropogenes Methan aus Reisterrassen und erhöhte CO_2-Werte durch Rodungen und beginnende Landwirtschaft hätten die nächste Eiszeit verhindert und so das ungewöhnlich warme und stabile Klima des Holozäns ermöglicht (Ruddiman 2003, 2013). Damit wäre der Beginn der Zivilisation mit Sesshaftwerdung und Landwirtschaft auch schon der Beginn des Anthropozäns (Ellis et al. 2013). Diese Thesen zum Frühen Anthropozän verschieben die Gründe für die ökologischen Eingriffe des Menschen aus der Geschichte mehr und mehr in die Paläoanthropologie, also hin zur Frage nach der Besonderheit des *Homo sapiens* verglichen mit anderen Arten (siehe Kap. 3.2 Anthropos). Nicht kontingente historische Entwicklungen, sondern eher die grundlegende Fähigkeit des Menschen, seine Umwelten dauerhaft zu verändern und Energiequellen zu kontrollieren, wären dann die Ursache für die aktuelle Lage (Smith/Zeder 2013). Diese anthropologische Perspektive legt den Fokus auf die Eigenart des Menschen, sich durch soziale und kulturelle Kooperation immer wieder neue ökologische »Nischen« zu schaffen (Ellis 2016). Allerdings können die Thesen vom Frühen Anthropozän auch den Schluss nahelegen, dass dieser ›Natur des Menschen‹ nur mit besserer Technologie und verstärkter politischer Kontrolle zu begegnen sei (vgl. Davies 2016: 46).

Aus einer historischen Perspektive ist es sinnvoll, diese unterschiedlichen Vorschläge weniger als Alternativen (die stark von den unterschiedlichen Wissenschaftsdisziplinen geprägt sind, die sie jeweils vortragen) zu verstehen, sondern als aufeinander aufbauende *Phasen des Anthropozäns* (Ruddiman 2013, McNeill 2016, Kunnas 2017, Lewis/Maslin 2018a, einen guten Überblick gibt Ellis 2018: 161 f.). Eine Gruppe um den Archäologen Matt Edgeworth hat vorgeschlagen, von einem »diachronen Anthropozän« auszugehen, das nicht auf eine einzige stratigraphische Markierung festzulegen sei (Edgeworth et al. 2015). Bis auf die eher anthropologisch als historisch argumentierenden Thesen zum ganz frühen Anthropozän (Smith/Zeder 2013, Glikson 2013) ist diesen Vorschlägen gemeinsam, dass die Schwellen zum Anthropozän zwar irreversible, aber auch *kontingente* Entwicklungen markieren, zu denen es immer auch Alternativen gab oder gegeben hätte – von der Sesshaftwerdung und ihrer massiven Veränderung von Landschaften und Sozialstrukturen über die Umstellung auf fossile Energie bis hin zur Kolonisierung. Die Frage ist also, wie man diese Geschichten erzählt: ob als ›prometheische‹ Emanzipations- und Fortschrittsgeschichte, als Geschichte der Unterwerfung, Ausbeutung und Auslöschung oder auch als Geschichte einer Ungleichzeitigkeit von Entwicklungen und der Auslagerung von ökologischen Kosten (dazu Moore 2016a, Crist 2013).

Genau hier knüpfen etliche Kritiken des Anthropozän-Konzepts an. Sie verstehen den Begriff nicht als Beschreibung eines Sachverhalts, sondern als »Narrativ«, eine *ideologische* Erzählung (grundsätzlich Bonneuil 2015, Kunnas 2017). Diese reduziere die Umwelt-, Wirtschafts-, und Kolonialgeschichte auf einen ebenso simplen wie zwangsläufigen Ablauf und schreibe damit untergründig eine anthropozentrische Teleologie von menschlichen Siegen über die Natur fort (Crist 2013: 129), nur eben nicht mehr als Erfolgs-, sondern als Katastrophengeschichte. Dabei werde, so ein oft wiederholter Vorwurf, ›die Menschheit‹ aus einer erdsystemwissenschaftlichen Perspektive zu einem einzigen, undifferenzierten Akteur zusammengefasst. Unterschiede von Macht, Reichtum oder Lebensstandard würden ebenso ausgeblendet wie historische und kulturelle Differenzen (Malm/Hornborg 2014, Bonneuil 2015, Bonneuil/Fressoz 2016, Roelvink 2013). Dieses Narrativ berücksichtige gerade nicht den eigentlichen Grund der ökologischen Zerstörung, nämlich die weltweite Ungleichheit und deren technologische und ökonomische Basis, den industrialisierten Kapitalismus und die Herstellung von »cheap nature«, von Natur als Ressource (Moore 2016a). Das Narrativ des Anthropozäns, so argumentieren die Kritiker, »renaturalisiert« die Umweltzerstörung durch den Menschen, indem es sie zur »Natur« des Menschen erklärt (Malm/Hornborg 2014: 65).

Auch die Begriffsbildung eines ›Zeitalters des Menschen‹ ist nicht selten Ziel der Kritik, da sie einen »anthropologischen Exzeptionalismus« oder »Anthropozentrismus« bediene, der den Menschen aus dem Geflecht der Arten herauslöse und damit implizit auch seinen instrumentellen Umgang mit der Natur rechtfertige (Bonneuil 2015, Haraway 2008, 2016). Die Konsequenz aus diesem Exzeptionalismus sei dann die Forderung nach einem steuernden Eingriff durch grüne Technologie, notfalls auch Geo-Engineering, wie ihn tatsächlich manche Vertreter eines ›Good Anthropocene‹ fordern (Bonneuil 2015). Der Diskurs des Anthropozäns ist dieser Einschätzung zufolge also unzulässig universalistisch, geschichtsvergessen, technokratisch und politisch naiv – und im Hinblick auf seine ideologischen Effekte gefährlich (siehe Kap. 3.2 Anthropos).

Aus dem Unbehagen an diesen Implikationen des Anthropozän-Begriffs und des durch ihn transportierten Narrativs (Bonneuil 2015, dazu Davies 2016: 52 ff.) sind nun zahlreiche Vorschläge für begriffliche Alternativen hervorgegangen. Sie alle haben gemeinsam, dass sie die Struktur des Begriffs beibehalten, aber andere Ursachen, Akteure oder Symptome benennen: »Capitalocene« (Moore 2016a), »Econocene« (Norgaard 2015), »Homogenocene«, »Plantationocene« (Haraway 2015, Bubandt et al. 2016), »Chthulucene« (Haraway 2015, 2016), »Anglocene« (Bonneuil/Fressoz 2016). Ein Vorschlag fordert sogar schon ein »Post-Anthropocene« (Colebrook 2017), andere ergreifen die Gelegenheit für ein Wortspiel: »Misanthropocene« (www.themisanthropocene.com), »Anthropobscene« (Parikka 2014). Ihr Bezug auf das Anthropozän ist stets ein ironischer, denn während sie den Begriff kritisieren, affirmieren sie doch die Begriffsbildung als solche. Der gewichtigste Alternativbegriff ist dabei zweifellos »Capitalocene«, ursprünglich vorgeschlagen von Andreas Malm und weiterentwickelt von Jason W. Moore (Moore 2013, 2016a). Moore bezeichnet seinen Begriff als »counterpoint« zur Popularität des Anthropozän-Konzepts, konstruiert ihn aber ganz ähnlich, als eine Durchdringung von »ideas, environments, and organization, co-producing the relations of production and reproduction« (Moore 2016b: o.S.). Kapitalismus als ein System, das Natur als Ware und Ressource handelt, als »cheap nature«, sei damit die eigentliche Voraussetzung der gegenwärtigen Krise, nicht ein abstrakt-universalistisch gefasster Mensch.

In vieler Hinsicht sind diese Alternativbegriffe weniger als Gegenbegriffe denn als Varianten der These zu verstehen, die das Konzept Anthropozän auf den Begriff bringt. Was Moore als besonderen Vorzug des »Capitalocene«-Begriffs reklamiert – dass er dialektisch argumentiere und deshalb für Variation offen sei (Moore 2016b: o.S.) –, gilt ebenso für den Begriff des Anthropozäns: Er existiert eben nicht als fixes Narrativ oder als einheitlich definierter Begriff, sondern als ein Kristallisationspunkt von Debatten. Am besten versteht man den Begriff des Anthropozäns als ein *Problemfeld*: keine fertige Theorie, sondern eine offene Frage oder Aufgabe; eher ein Forschungs*programm* denn ein Forschungs*ergebnis*; und eher ein Konfliktfeld von widersprüchlichen Narrativen als eine kompakte ›Große Erzählung‹ (Dürbeck 2018).

EH

2.2 Genealogien

Hat das Konzept ›Anthropozän‹ begriffliche oder konzeptuelle Vorläufer? Schon in den frühesten Vorschlägen zum Begriff finden sich erste Genealogien eines Denkens des Anthropozäns (Crutzen 2002, Steffen et al. 2011: 843–845). Dabei geht es nicht einfach nur um die Suche nach ähnlich klingenden Vorläuferbegriffen wie etwa der »era anthropozoica« des italienischen Geologen Antonio Stoppani oder des »Anthrocene«, das auf den Wissenschaftsjournalisten Andrew Revkin zurückgeht (Stoppani 1873, Revkin 1992). Vielmehr werden anhand dieser Genealogien wichtige theoretische Implikationen des Konzepts diskutiert.

Denn eine Problem- und Konzeptgeschichte des Anthropozäns ist nicht bloß akademischer Natur, sondern betrifft gerade auch die politischen Einsatzmöglichkeiten des Begriffs.

Hier stehen sich zwei konträre Positionen gegenüber: Auf der einen Seite die Forderung nach einer Historisierung des Anthropozän-Begriffs, das heißt nach der Rekonstruktion einer langen Tradition »ökologischer Reflexivität« (Bonneuil/Fressoz 2016, Locher/Fressoz 2012); auf der anderen die These, dass eine Historisierung dem Begriff seine politische Dringlichkeit nehme und ihn theoretisch verwässere (Hamilton/Grinevald 2015, Hamilton 2016). Beide Positionen argumentieren dabei zugleich epistemologisch und politisch. Die Forderung nach einer Genealogie des Anthropozäns, bislang am elaboriertesten vorgetragen von den Umwelthistorikern Christophe Bonneuil und Jean-Baptiste Fressoz, will zeigen, dass es eine jahrhundertelange ökologische Reflexivität (*environmental reflexivity*) gegeben habe, die sich beispielsweise in heftigen Debatten über Waldrodung, Gewässerbelastung, Abfallwirtschaft und die Veränderung von lokalen Klimata niedergeschlagen hat (Locher/Fressoz 2012, Bonneuil/Fressoz 2016). Das von Naturwissenschaftlern dominierte Narrativ über das Anthropozän, so die Historiker, habe diese Vorgeschichte bislang gezielt ignoriert: »Rather than suppressing the environmental reflexivity of the past, we must understand how we entered the Anthropocene *despite* very consistent warnings, knowledge and opposition, and forge a new and more credible narrative of what has happened to us.« (Bonneuil/Fressoz 2016: 79) Bonneuil und Fressoz stehen der Rede vom Anthropozän kritisch gegenüber (während sie die Diagnose durchaus teilen), weil sie sie einer Technik- und Expertengläubigkeit verdächtigen, die in letzter Konsequenz eher auf Geo-Engineering hinauslaufe als auf eine ökonomische und ökologische Wende. Aber der Ruf nach einer Historisierung heißt nicht, den Begriff des Anthropozäns aufzugeben, vielmehr wird er erst vor dem Hintergrund dieser historischen Umstrittenheit und Kontingenz vieler industrieller Entwicklungen politisch brauchbar als Einspruch und Warnung gegen das ökologische und ökonomische Regime der Gegenwart.

Exakt umgekehrt – also gegen eine Historisierung des Anthropozän-Konzepts – argumentiert der Philosoph Clive Hamilton. Zusammen mit dem Wissenschaftshistoriker Jacques Grinevald hat er sich 2015 gegen sämtliche Vorläufer eines Anthropozän-Begriffs gewandt, die in vielen frühen Aufsätzen genannt werden (insbesondere Steffen et al. 2011: 834–845). Hamilton und Grinevald argumentieren: »In referring to precursors, perhaps to bolster the credibility of the new concept by locating it within a respected tradition (›on the shoulders of giants‹), the original proponents of the Anthropocene unwittingly undermined the radical novelty of the concept and the actuality of the proposed new geological epoch.« (Hamilton/Grinevald 2015: 60) Sie sehen in der Historisierung ein epistemologisches Missverständnis des Anthropozän-Konzepts, da ein korrektes Verständnis des Konzepts erst mit dem Beginn eines erdsystemtheoretischen Wissens einsetzt. Eine Wissensgeschichte des Anthropozäns könne so nur eine Wissensgeschichte der Erdsystemwissenschaften sein. Zugleich kritisieren sie jede Historisierung als Verwässerung (*deflationary*), die dem Begriff seine politische Schlagkraft nimmt. »It ›gradualizes‹ the new epoch so that it is no longer a rupture due principally to the burning of fossil fuels but a creeping phenomenon due to the incremental spread of human influence over the landscape. This misconstrues the suddenness, severity, duration and irreversibility of the Anthropocene [...].« (Hamilton/Grinevald 2015: 66 f.)

Diese Position insistiert auf der radikalen Neuheit des Anthropozän-Konzepts, die erst mit dem Paradigmenwechsel von einem lokal verankerten und damit begrenzten Umweltbewusstsein zu einem systemischen Blick auf das *Ganze* des Planeten beginnt. Es geht, so Hamilton, um »the Earth that evolves as a totality, as a unified, complex system comprised of the tightly linked atmosphere, hydrosphere, geosphere and biosphere. It is not about ecosystems.« (Hamilton 2014) Kern seines Arguments ist dabei der epistemologische Bruch zwischen einem lokalen ökologischen Wissen zu einer Perspektive auf das gesamte Erdsystem, welcher allein die Rede vom Anthropozän rechtfertige. Begriffs- und wissensgeschichtlich ist das eine extreme Einschränkung jeder Art der Vorgeschichte. Sie reduziert die Vorgeschichte des Konzepts auf Quellen, die der aktuellen Definition exakt entsprechen. Hamilton misst die Wissensformen der Vergangenheit an einer epistemischen Matrix der Gegenwart, und zwar einer, die ausschließlich von den Naturwissenschaften bestimmt ist.

Die Debatte zwischen einem historisierenden und einem aktualistischen Verständnis des Anthropozäns verweist, ähnlich wie die um die Start-Daten, auf sehr unterschiedliche Versionen des Anthropozän-Narrativs (siehe Kap. 2.1 Definitionen). Besteht das aktualistische Verständnis Hamiltons auf einem engen erdsystemtheoretischen Modell, so geht es den historisierenden Ansätzen darum, eine *andere* Geschichte der Gegenwart, ein *anderes* Verständnis der Erd- und der Menschengeschichte und eine *andere* Anthropologie zu denken.

Damit erscheinen uns die beiden Vorschläge weniger konträr als komplementär: Konzentriert sich der aktualistische Blick vor allem auf die *Effekte* menschlichen Handelns und deren planetarische Wirkungen, so fragt der historisierende Blick nach den *Ursachen* der anthropogenen Veränderungen: den Praktiken und Denkweisen des Menschen. Aber das bedeutet nicht notwendigerweise, ihn nur als Spezies in den Blick zu nehmen oder nach

›anthropologischen Konstanten‹ zu suchen. Es bedeutet vielmehr, die kulturelle, historische und ökonomische Diversität menschlicher Lebensformen zum Ansatzpunkt einer Geschichte zu machen, in der kontingente Entscheidungen gefällt wurden. Dies impliziert, historische – das heißt auch widerständige oder ›veraltete‹ – Wissensbestände als Elemente einer *epistemisch heterogenen* Reflexions- und Wissensgeschichte des Anthropozäns anzuerkennen. Demgegenüber konstruiert die aktualistische Perspektive ein *epistemisch homogenes* Narrativ ex post, indem alle Diskurse ausgeschlossen werden, die nicht dem aktuellen Paradigma entsprechen. In vielerlei Hinsicht spiegelt sich in dieser Position ein Denken der ›zwei Kulturen‹, das zwischen den Wahrheitsansprüchen der Geistes- und der Naturwissenschaften scharf trennen möchte. Dabei wird die Kritik Hamiltons nicht einmal von allen naturwissenschaftlichen Vertretern des Anthropozän-Diskurses geteilt. Vielmehr integrieren viele von ihnen die Beiträge der Geisteswissenschaften (etwa der Umwelt- oder Kolonialgeschichte oder der Archäologie) als wichtige Grundlagen ihrer Thesen. Deutlich wird das beispielsweise an der These zum *Columbian Exchange* (siehe Kap 2.1 Definitionen), der sich ausdrücklich auf kolonialgeschichtliche Forschung stützt (Lewis/Maslin 2015a), aber auch stratigraphisch argumentiert.

Die Frage nach Vorläufern und Vordenkern taucht schon in den ersten Vorschlägen zum Anthropozän auf (Crutzen/Stoermer 2000, Crutzen 2002, Steffen et al. 2011). Die Genealogie soll hier dem »Neologismus« historisches Gewicht verleihen (Steffen et al. 2011: 843). Kriterium ist dabei zunächst einmal nur die Denkfigur eines menschlichen Eingriffs in die Geologie der Erde. Schon Crutzen und Stoermer nennen erste Vordenker: George Perkins Marsh, der Vater der amerikanischen Umweltbewegung, der die zweite Auflage seines Buchs *Man and*

Nature (1864) umbenennt in *The Earth as Modified by Human Action* (Marsh 1874); den Geologen Antonio Stoppani, der in seinem *Corso di Geologia* den Begriff der »era anthropozoica« benutzt und den Menschen als »tellurische Kraft« beschreibt, die den geologischen Kräften gleichzusetzen sei (Stoppani 1873: 732). Erwähnt wird auch die Gruppe um den russischen Geochemiker Vladimir Vernadsky, Edouard Le Roy und Pierre Teilhard de Chardin in Paris. Vernadskys Begriffsprägung »Biosphäre« liefert die epistemologische Grundlage eines erdsystemischen Verständnisses des Lebens, während Teilhard de Chardins Konzept der »Noosphäre« – dreißig Jahre nach Vernadsky – einen Begriff für die Dimension des menschlichen Geists als Ganzes liefert, der in die Biosphäre eingreift (Vernadskj 1997). Steffen et al. 2011 erweitern diese kurze Liste, wobei insbesondere die Rolle von Vernadskys grundlegenden Arbeiten zur Biogeochemie (Vernadsky 1924 und 1929) und der seiner Vorläufer hervorgehoben wird, etwa des österreichischen Geologen Eduard Suess (Suess 1875: 145–160 und Suess 1883–1909). Steffen et al. 2011 fügen dieser Genealogie auch jüngere Positionen hinzu, die vor allem die globale Dimension der menschlichen Naturveränderung hervorheben, wie Fairfield Osborn's *Our Plundered Planet* (1948) und Robert Lionel Sherlocks *Man as a Geological Agent* (Sherlock 1922). Mit James Lovelock und Lynn Margulis' Gaia-Hypothese (Lovelock 1979) sowie dem Bericht des Club of Rome *Grenzen des Wachstums* (Meadows et al. 1972) kommt die Genealogie eines Denkens des Anthropozäns dann tatsächlich im Paradigma der Erdsystemwissenschaften an.

Jacques Grinevald, Autor der entsprechenden Absätze in Steffen et al. 2011 und einer annotierten Bibliographie zur Theoriegeschichte der Biosphäre und zur Anthropozän-Diagnose (Grinevald 2007), hat jedoch 2015 argumentiert, dass jegliche Genealogie des Begriffs, die hinter diese jüngsten Vorläufer zurückgeht, fehlgeleitet sei. Er kritisiert dabei einige seiner eigenen Vorschläge, namentlich Stoppani, dessen »era anthropozoica« nur die lokale Transformation von Landschaften meint und von einem christlichen Geschichtsverständnis geprägt ist, und Teilhard de Chardin, dessen Konzept der »Noosphäre« – als Stadium in der Selbstentfaltung des menschlichen Geistes – in seiner mystisch-christlichen Intention stark von Vernadskys eher materialistischem Gebrauch des Begriffs abweicht (Hamilton/Grinevald 2015: 66). Da eine Genealogie zu schreiben heißt, den epistemologischen Kernbestand eines Denkens des Anthropozäns neu zu bestimmen, verändert sich die Liste der Vordenker des Anthropozäns bei genauerer wissenschaftshistorischer Untersuchung immer wieder.

Inzwischen sind etliche weitere genealogische Vorschläge hinzugekommen; zudem wird ein Autor wie Vernadsky, dessen Arbeiten ihn als einen der Väter der Erdsystemwissenschaften ausweisen, neuerdings genauer erforscht (Grinevald/Rispoli 2018). Dabei gibt es zwei genealogische Stränge: (1) einen *kulturtheoretischen*, der die Gründe und Erscheinungsformen der menschlichen Naturveränderung in den Blick nimmt, und (2) einen *ökologisch* argumentierenden, der Begriffe und Modelle eines neuen, planetarischen Naturbegriffs betrachtet. Im einen Fall (1) geht es um die Bewusstwerdung der Naturveränderung durch den Menschen und ihrer anthropologischen Grundlagen, im anderen (2) um die Konzeptgeschichte eines systemischen Verständnisses von Natur und eine Reflexion auf die Rolle des menschlichen Intellekts in diesem System.

(1) Eine kulturtheoretisch argumentierende Genealogie des Anthropozäns ist epistemisch außerordentlich heterogen. Sie versammelt frühe Zeugnisse einer ökologischen Reflexivität, die das Verhältnis von Mensch und Natur in den Praktiken, Diskursen und nicht zuletzt auch den Kontroversen in den Blick

nimmt, die sich an Umweltveränderungen entzündet haben. Ihre Dokumente sind vielfältig und betreffen so unterschiedliche Gegenstände wie die Abholzung von Wäldern, die Nutzung von Gewässern, die Umstellung von Wasserkraft auf Kohle in der industriellen Produktion, die Bewirtschaftung der Kolonien usw. (materialreich in dieser Hinsicht sind Bonneuil/Fressoz 2016, Locher/Fressoz 2012, Malm 2016). Die ökologische Reflexivität umfasst dabei auch frühe Beobachtungen zu Veränderungen von Landschaften, Klimata, Gewässern oder Fauna und Flora durch menschliche Eingriffe. Eindrückliche Beispiele dafür sind etwa die frühen Beschreibungen, wie sich durch Wassernutzung, Industrialisierung und Abholzung lokale Klimata verändern (z.B. Fourier 1847, Rauch 1818), insbesondere in den Kolonien (z.B. Williamson [1770] 1769–1771).

Es sind besonders Veränderungen des Klimas, an denen sich diese Reflexivität früh kristallisiert. Verstanden als wichtigste Umweltbedingung, die Kulturen, Religionen, Kunststile und soziale Institutionen entscheidend prägt, ist Klima ein zentraler Gegenstand der europäischen Kulturtheorien. Im 18. Jahrhundert wird es zum Erklärungsmuster für die Differenzen zwischen den Kulturen, Gesellschaften, ästhetischen Stilen und historischen Entwicklungen der Nationen (z.B. bei Dubos 1719, Montesquieu [1742] 1992). Mit dem Abschied von einer an der Bibel orientierten Erdgeschichte wird Klima historisiert und globalisiert. Damit wird eine Erdgeschichte entworfen, in der der Mensch erst relativ spät erscheint. Als ein erster – wenngleich gänzlich spekulativer – Denker des Anthropozäns kann daher der französische Geologe Georges-Louis Buffon gelten: Im 7. Buch seiner Erdgeschichte *Époques de la nature* (1778) bemerkt er, dass der Mensch über eine Veränderung des Klimas die Natur weltweit verändere. Da Buffon von einem sich kontinuierlich abkühlenden Planeten Erde ausgeht, sieht er den Menschen, der durch Abholzung und Austrocknung das Klima erwärmt, als wichtigen Faktor, dessen »Macht der Natur zuhilfe kommt« (Buffon [1778] 1780: Bd. 2: 164, dazu Heringman 2015).

Der deutsche Philosoph Johann Gottfried Herder greift diese Grundidee vom klimaverändernden Menschen auf und entwickelt daraus eine differenzierte Kulturanthropologie, die auf der *gegenseitigen* Beeinflussung von Kulturen und lokalen Klimata beruht. Gegen die im 18. Jahrhundert vorherrschende Idee, dass Kulturen unausweichlich durch ihr Klima geprägt seien, argumentiert Herder, »[d]as Klima zwinget nicht, es neiget« (Herder [1784] 2002: 244). Er verweist dabei darauf, dass Kulturen ihre jeweilige Eigenart nicht zuletzt dadurch entwickeln, dass sie die Klimata ihrer Umgebung *verändern* (Herder [1784] 2002: 244). Was der Mensch in der Vielfalt seiner Körper- und Lebensformen ist, ist er so gleichermaßen dadurch, dass er passiv von der Natur *beeinflusst* wird und dass er diese aktiv *transformiert* (Horn 2016b). Herders Kulturanthropologie des Klimas geht mithin von einer gegenseitigen Transformation von Natur und Kultur aus. Sie ist als Alternative zur späteren Kantischen Anthropologie dadurch bemerkenswert, dass sie deren kategoriale Trennung von animalischer und moralischer Natur des Menschen, Unterworfenheit unter die Natur und Freiheit von ihr, gerade vermeidet (Kant [1798] 1995: 399, dazu Chakrabarty 2016).

Grundsätzlich thematisieren anthropologische Theorien diese gegenseitige Transformation von Natur und Kultur schon früh. Bereits in Rousseaus *Discours sur l'origine et les fondements de l'inégalité parmi les hommes* (1755) findet sich die Einsicht, dass die Genese von Gesellschaft eine Veränderung von Landschaft mit sich bringt (Rousseau 1755, Trachtenberg 2015). Der französische Sozialtheoretiker Charles Fourier wird diesen Gedanken dann zu einer phantastischen Gesellschafts- und Geschlechterutopie weiterentwickeln, die, so prophezeit Fourier, mit einem weltweiten Klimawandel einhergehen werde (Fourier [1808/1841] 2009). Setzt Fourier auf eine parallele Neuordnung von Gesellschaft und Natur, die beide zu einer utopischen Harmonie führen werde, sieht der französische Anwalt und Autor Eugène Huzar umgekehrt die Gefahr in der Art des technischen Fortschritts selbst. Eine richtungslos wuchernde Technologie, so Huzar, steuere auf ein »Weltende« zu, das sich die Menschheit selbst bereite. Er liefert so eine frühe »progressive Kritik des Fortschritts« (Fressoz 2010: 97), die ein Denken des Anthropozäns als Technik- und Fortschrittskritik vorwegnimmt (Huzar 1857: 103 ff.). Die Idee einer vom Menschen restlos eroberten und massiv veränderten Natur hält bereits Mitte des 19. Jahrhunderts in populäre Wissenschaftsformate Einzug, auch wenn sie nur von vereinzelten Stimmen artikuliert wird. So beschreibt der Zoologe und Philosoph Ernst Haeckel, Vater des Begriffs »Ökologie«, in seinen Publikumsvorlesungen schon 1867/68 seine Gegenwart als »Menschenzeit, *das anthropolithische* oder *anthropozoische* Zeitalter« (Haeckel ^{2}1870: 347).

Im Anschluss an Herders Theorie vom Menschen als »mittlerer« und wenig instinktsicherer Spezies (Herder 1772) und vor dem Hintergrund eines neuen Verständnisses von »Umwelt« (Uexküll 1909), das diese relativ zum Wahrnehmungs- und Lebensraum einer jeden Spezies denkt, wird die Philosophische Anthropologie des 20. Jahrhunderts den Menschen als Wesen bestimmen, das sich seine eigenen Umwelten technisch und kognitiv konstruiert. Er ist so schon als Spezies darauf angelegt, Natur in fundamentaler Weise zu verändern. Als »Mängelwesen«, so der Philosoph Arnold Gehlen, ist der Mensch von seiner Umwelt deshalb nicht bestimmt, weil er nicht optimal an sie angepasst ist (Gehlen [1940] 1971). Stattdessen benötigt er Technologie und soziale Institutionen (siehe Kap. 3.2 Anthropos). Anthropologische Überlegungen zur Geschichte der Spezies wurden schließlich 1955 bei der Konferenz der Wenner-Gren Foundation for Anthropological Research in Princeton mit ökologischen, politologischen und ökonomischen Ansätzen zusammengeführt. Die Publikation der legendären, dezidiert multi-disziplinären Tagung trägt den programmatischen Titel *Man's Role in Changing the Face of the Earth* (Thomas 1956). Die u.a. aus Anthropologen, Historikern, Umweltwissenschaftlern, Ökonomen, Biologen, Geographen, Physikern, Zoologen zusammengesetzte Forschergemeinschaft unternahm eine erste ausdrücklich global angelegte Sichtung dessen, »what man has done, and is doing, to change his physical-biological environment on the earth« (Thomas 1956: iix).

Eine anthropologisch-kulturtheoretische Genealogie des Anthropozäns fragt also vordringlich nach jenen Eigenschaften und Kulturtechniken des Menschen, die seine Wirkmacht als geologischer Akteur erklären, und nach einer Geschichte des Bewusstseins davon. Während die Philosophische Anthropologie sich dabei auf den Unterschied zwischen *Homo sapiens* und anderen Lebewesen konzentriert, zielt ein kultur- und technikkritischer Reflexionsstrang gerade auf die kulturell und historisch differenzierten Praktiken und Technologien, die den Menschen zur geologischen Kraft gemacht haben. Gemeinsam ist ihnen jedoch die Frage nach dem Umweltverhalten des Menschen – sei es nun als seine biologische ›Sonderstellung‹ oder als kontingente Geschichte ökologischer Eingriffe.

(2) Crutzen, Steffen, Grinevald und andere verfolgen dagegen mit ihrer Genealogie des Anthropozäns weniger die Perspektive auf den Menschen denn die Entwicklung eines *planetarischen ökologischen Denkens*. Diese Genealogie bewegt sich vor allem im Bereich der Geologie, Biologie, später auch der Klimawissenschaft und läuft im Wesentlichen auf eine Vorgeschichte der Erdsystemwissenschaften hinaus. Sie ist disziplinär überschauba-

rer und homogener als der kulturtheoretische Strang. Diese Genealogie wird schon von Vernadsky selbst eröffnet, wenn er sich für die Entwicklung des Konzepts der Biosphäre auf den französischen Biologen Jean-Baptiste de Lamarck und den österreichischen Geologen Eduard Suess bezieht (Lamarck 1802, Suess 1875, dazu Grinevald 1996). In seiner einzigen geologischen Publikation *Hydrogéologie* hatte Lamarck die Idee einer *globalen Sphäre der lebendigen Organismen* eingeführt, um zu erklären, wie diese die Oberfläche der Erde verändert (Lamarck 1802: 8). Eine ebenso wichtige, aber in diesem Kontext selten genannte Grundlage für jede Form eines holistischen Naturverständnisses ist auch Alexander von Humboldts einflussreiches, aber unabgeschlossenes *Kosmos*-Projekt, das die Naturwissenschaften des 19. Jahrhunderts nachhaltig prägte (Humboldt 1845–1862). Suess, den Vernadsky 1911 in Wien kennenlernte, führte in seinem Buch *Die Entstehung der Alpen* den Begriff »Biosphäre« als Gesamtheit aller Lebewesen ein und bezog ihn auf »Atmosphäre«, »Lithosphäre« und »Hydrosphäre«. Die gegenseitige Durchdringung aller dieser Sphären erklärt die Entstehung geologischer Formen (Suess 1875: 158–160, später auch in Suess 1883, dazu Teilhard de Chardin 1921).

Für Suess ist die Biosphäre jedoch ein statisches und rein räumliches Konzept. In seinen zunächst kaum beachteten, heute jedoch als bahnbrechend verstandenen Büchern *La géochimie* (1924) und *La biosphère* (1929) greift Vernadsky Suess' Vorschlag auf, verändert ihn aber entscheidend: Er versteht die Biosphäre als Teilsystem eines umfassenderen geo-bio-chemischen Systemzusammenhangs, der sich, ebenso wie seine Teilsysteme, ständig evolutionär verändert (Grinevald 1996, Guillaume 2014). Damit historisiert Vernadsky die Biosphäre. Im Austausch mit dem Philosophen und Mathematiker Edouard Le Roy und dem Paläontologen und Theologen Pierre Teilhard de Chardin, aber auch im Rückgriff auf den russischen Geologen A.P. Pavlov geht es Vernadsky nun darum, die Rolle und Wirkungsweise des Menschen im geobiochemischen Zusammenhang zu bestimmen. Er schreibt:

»In the twentieth century, man, for the first time in the history of the earth, knew and embraced the whole biosphere, completed the geographic map of the planet Earth, and colonized its whole surface. *Mankind became a single totality in the life of the earth.* [...] All this is the result of ›cephalization,‹ the growth of man's brain and the work directed by his brain. [...] Thus the whole of mankind put together represents an insignificant mass of the planet's matter. Its strength is derived not from its matter, but from its brain. If man understands this, and does not use his brain and his work for self-destruction, an immense future is open before him in the geological history of the biosphere.« (Vernadsky 1945: 8)

Für Vernadsky markiert die technologische und materielle Wirkmacht des menschlichen Intellekts eine neue Phase, in welche die Biosphäre in der Moderne eintritt. Nach dem griechischen Wort für Geist, νοῦς, wird diese Phase von Le Roy »Noosphäre« genannt, ein Begriff, den Vernadsky übernimmt (Le Roy 1928: 37–57, Teilhard de Chardin 1955, Vernadsky 1945, Vernadskij 1997: 11 ff.). Vor allem Teilhard de Chardin wird mit seinem Buch *Le phénomène humain* (1955) maßgeblich für die Popularisierung des Konzepts der Noosphäre sorgen, das er allerdings deutlich anthropozentrischer fasst als Vernadsky (Grinevald 1996: 40 f.).

Wird Vernadsky als Vordenker eines systemtheoretischen Naturverständnisses gerade erst neu entdeckt, so gilt der Planetenforscher James Lovelock als direkter Vorläufer der Erdsystemwissenschaften. Zusammen mit der Mikrobiologin Lynn Margulis entwickelte er in den 1970er Jahren die ebenso berühmte wie umstrittene »Gaia-Hypothese« (Lovelock/Margulis 1974a, Lovelock 1979). Diese geht von der Einsicht aus, dass die Erdatmosphäre ein Produkt der Biosphäre ist. Lovelock und Margulis verstehen das Gefüge der organischen und anorganischen Teilsysteme der Erde als selbstregulierendes Gesamtsystem, dem sie den Namen der griechischen Göttin der Erde gaben. Während der Name ein steuerndes Bewusstsein suggeriert, hat Lovelock immer wieder betont, dass die Gaia-Hypothese auf einem nicht-teleologischen Modell der komplexen Selbstorganisation und Selbstregulierung beruht (siehe Kap 3.1 Natur und Kultur). In den letzten Jahrzehnten ist Lovelock selbst nicht müde geworden, auf die menschengemachten Veränderungen dieses Systems hinzuweisen (Lovelock 2006, 2009), die zur Auslöschung der Menschheit führen könnten:

> »Gaia is an evolutionary system in which any species, including humans, that persists with changes to the environment that lessen the survival of its progeny is doomed to extinction. By massively taking land to feed people and by fouling the air and water we are hampering Gaia's ability to regulate the Earth's climate and chemistry, and if we continue to do it we are in danger of extinction.« (Lovelock 2006: 109)

Die Regulierungsmodelle der Erdsystemwissenschaften implizieren dabei, wie Lovelock betont, »Diskontinuitäten«, d.h. schwer antizipierbare Schwellenwerte und »tipping points«, deren Überschreitung globale und langfristige Folgen haben würde (Lovelock 2006: 50 f.). Mit der planetarischen und kybernetischen Perspektive auf die Erde wird so ein ›Katastrophismus‹ ins Feld der Erdwissenschaften gebracht, ein Denken in Diskontinuitäten, Schwellenwerten, Sprüngen und Eskalationen. Denn auch wenn manche Faktoren im Erdsystem linear und vorhersehbar sind, gibt es doch viele nicht-lineare Faktoren (und komplexe Verknüpfungen zwischen ihnen), die bei Erreichen eines Schwellenwerts zu dramatischen Veränderungen über kurze Zeiträume führen können. Dies geschieht beispielsweise bei der Versteppung von Landschaften, beim gegenwärtigen Abschmelzen der Polkappen, aber auch in zukünftigen Szenarien wie der Veränderung des Monsuns oder dem Zusammenbruch des Golfstroms (Lenton 2016: 100–106). Nicht-Linearität ist also nicht nur eine Eigenschaft von gesellschaftlichen Prozessen wie dem hyperexponentiellen Bevölkerungswachstum oder dem Ressourcenverbrauch, die sich vor allem in der *Great Acceleration* manifestieren (siehe Kap. 2.1 Definitionen), sondern ebenso der natürlichen Prozesse, an die die Gesellschaft gekoppelt ist.

Damit ist eine ökologische Genealogie des Anthropozäns auch eine Ideengeschichte solcher Diskontinuitäten und Kipp-Punkte. Diese Denktradition kann hier nur kurz skizziert werden. Sie beginnt mit Thomas Malthus' berühmtem *Essay on the Principle of Population* (1798), der zum ersten Mal mathematisch darlegt, dass die Steigerung der Nahrungsmittelproduktion mit dem Wachstum der Bevölkerung auf die Dauer nicht mithalten könne, was auf eine Hungerkatastrophe hinauslaufen müsse (zur Vorgeschichte dieser Denkfigur siehe Jonsson 2014). Exponentielles Wachstum führt, so das Malthusianische Theorem, zu einer katastrophischen Dezimierung der Bevölkerung (siehe Kap. 4.1 Biopolitik). Darwins Evolutionstheorie knüpft direkt an Malthus' Überlegungen an. In *The Origin of Species* führt er die Evolution auf einen Selektionsdruck zurück, bei dem das Wachstum einer Population durch endliche Ressourcen begrenzt wird und so entweder zu besserer Anpassung oder zur Auslöschung führt (Darwin 1859).

Zum Slogan wird diese Malthusianische Grundidee schließlich im Bericht des Club of Rome, *Grenzen des Wachstums* (Meadows et al. 1972). Anhand von fünf Faktoren – Weltbevölkerung, Industrialisierung, Umweltverschmutzung, Nahrungsmittelproduktion und Ressourcenerschöpfung – modellieren die Wissenschaftler verschiedene Szenarien für ein weiteres Wachstum. In zwei von drei Szenarien kommt es in kürzeren oder mittleren Zeiträumen zum Systemkollaps. Auch wenn diese Prognosen sich als falsch erwiesen haben, verweisen sie doch auf einen Gedanken, der für das Anthropozän von fundamentaler Bedeutung ist: Die Erde setzt dem Menschen Grenzen, die er auf eigene Gefahr überschreitet. Jared Diamond hat diese Grenzen paradigmatisch an verschiedenen historischen Gesellschaften und ihrem Umweltverhalten vorgeführt (Diamond 2005). Diese Denktradition der Diskontinuitäten macht deutlich, in welchem Maße das Anthropozän ein Konzept der Schwellen und Eskalationen ist, von der *Great Acceleration* bis zu den *Planetary Boundaries*.

Die Genealogien von Vordenkern des Anthropozäns werfen Licht auf sehr unterschiedliche Aspekte des Konzepts. Beide Stränge – eine kulturtheoretische und eine ökologisch-erdsystemwissenschaftliche Genealogie – schließen sich gegenseitig nicht aus, sondern ergänzen sich. Fern davon, das Konzept zu verwässern, ermöglicht eine solche Genealogie, die vielfältigen Implikationen des Anthropozäns – anthropologischer, ökologischer und ökonomischer Natur – genauer zu verstehen. Nicht zuletzt hat diese Genealogie eine politische Pointe, denn sie verweist auf eine ökologische Reflexivität, die keineswegs eine Errungenschaft der letzten dreißig Jahre ist. Vielmehr lässt sich zeigen, dass die lange Geschichte eines Nachdenkens über die menschlichen Einwirkungen auf die Natur immer auch eine Geschichte der Fehlentscheidungen und Kurzsichtigkeiten gewesen ist, in denen Wissen nicht in Handeln umgesetzt wurde.

EH

3. Metamorphismen

3.1 Natur und Kultur

Die Frage, was Natur und was Kultur ist, bereitet im alltäglichen Sprachgebrauch keine Probleme. Der Baum vor dem Fenster oder der Vogel in seinen Zweigen – das ist Natur. Die Glasscheibe, die mich vom Baum trennt, oder das Buch, das den Vogel bestimmt – das ist nicht Natur, sondern gehört zum Bereich der vom Menschen hergestellten Dinge, zur Kultur. Die Unterscheidung zwischen Natur und Kultur ist eine Selbstverständlichkeit, die unseren Alltag bestimmt (z.B. im Fall von Konsumentscheidungen – Freilandtomaten oder solche aus dem Glashaus? Urlaub am Meer oder Besuch im Museum?). Sie strukturiert aber auch unser Wissen. Den Naturwissenschaften, die die Welt der Dinge beschreiben, stellt man die Geisteswissenschaften gegenüber, die sich mit den Produkten des menschlichen Geistes befassen, Geschichte, Ideen, Kunst, usw. Dahinter steht die Annahme, dass Natur und Kultur sich in ihrem *Wesen* unterscheiden: Sie bezeichnen *ontologische* Kategorien, unterschiedliche Existenzweisen, die nach je eigenen Formen des Wissens verlangen.

In der Diskussion um das Anthropozän wird immer wieder betont, dass der Begriff mit dieser gewohnten Unterscheidung aufräumt. Wenn die Menschheit selbst zur Naturgewalt geworden ist und das Erdsystem in seiner Gesamtheit verändert, dann verliert die Scheidung von Natur und Kultur ihren Sinn. Das

Anthropozän besiegle das »Ende der Natur«. Diese Idee ist nicht neu. Seit dreißig Jahren beschwören die Geistes- und Sozialwissenschaften ein Zeitalter »nach der Natur«. So beklagte der amerikanische Umweltaktivist Bill McKibben schon 1989 in *The End of Nature*, dass der Klimawandel die Vorstellung einer Natur, die unabhängig vom Menschen existiert, hinfällig macht (McKibben [1989] 1992: 56 f.). Etwa zur gleichen Zeit verkündete der deutsche Soziologe Ulrich Beck, dass es jene Natur, auf die sich die Umweltbewegung berufe, nicht mehr gebe (Beck 1988: 62). Sein britischer Kollege Anthony Giddens erklärte es zu einem Charakteristikum der Moderne, dass natürliche durch künstliche Umwelten ersetzt werden (Giddens 1991: 60).

Dass das Anthropozän-Konzept in den Geisteswissenschaften so begierig aufgenommen wird, hat viel damit zu tun, dass es an diese älteren Debatten anzuknüpfen erlaubt. Zugleich gilt es aber, diese zu präzisieren und neu zu bewerten. In der Rede vom »Ende der Natur« laufen sehr verschiedene Argumentationslinien zusammen, die jeweils von eigenen Prämissen ausgehen. Zum einen muss sie vor dem Hintergrund des Poststrukturalismus verstanden werden, für den »Natur« ein Paradoxon ist: ein Begriff, der seinen Status als Begriff verleugnet, eine sprachliche Setzung, die zu bezeichnen vorgibt, was sich der Kontingenz sprachlicher Setzungen entzieht. In diesem Sinne hatte Roland Barthes bereits 1957 bemerkt, »Natur« sei immer schon »Betrug« (Barthes [1957] 2010: 228). Aufgabe der Geisteswissenschaften ist es, »Natur« in Diskursgeschichte aufzulösen, was bis heute das Selbstverständnis vieler Geisteswissenschaftler bestimmt. Ihr Kerngeschäft ist der Nachweis, dass alles, was sich als zeitlos und unhinterfragbar präsentiert (z.B. Sexualität, ›Rasse‹, soziale Hierarchie, ästhetischer Wert oder auch ökologische Belastungsgrenzen), in Wahrheit ein Produkt historischer Wissensformen und gesellschaftlicher Machtverhältnisse ist, also soziale Konstruktion. Die Idee von der Natur als Norm lässt sich bis in die griechische Antike zurückverfolgen, sie hat aber auch in Asien eine lange Tradition (vgl. Daston/Vidal 2004: 3–6). Diese Kritik des Naturbegriffs stellt aber auch die Autorität der Naturwissenschaften infrage, insofern diese beanspruchen, die Welt darzustellen, wie sie ›von selbst‹ ist, jenseits von menschlichen Beschreibungen und kulturellen Differenzen.

Gleichzeitig hat sich gezeigt, dass die Forderung der Umweltbewegung, die Natur vor den Übergriffen der Gesellschaft zu schützen, der Komplexität der Phänomene nicht gerecht wird. Je mehr man dieses Ziel in konkrete politische Maßnahmen umsetzt, desto klarer wird, dass Umweltschutz Natur nicht *als Natur* bewahrt, sondern auf das Management von Prozessen hinausläuft, in denen sich Natürliches und Technisch-Kulturelles heillos vermischen. In der Praxis bedeutet Umweltschutz: Krötentunnel, Schadstoffgrenzwerte und Zertifikationsrichtlinien für den biologischen Landbau – nicht: unberührte Wildnis. Merkmal der Gegenwart ist damit nicht einfach das Verschwinden von Natur, vielmehr die Ausbreitung von »Hybriden«, die die Unterscheidung von Natur und Kultur unterlaufen (Latour [1991] 1993: 3–5). Am deutlichsten wird dies in der Gentechnik, Landwirtschaft und Medizin. Aber sie vollzieht sich auch in Bereichen, deren ›Natürlichkeit‹ zunächst einmal unproblematisch erscheint, z.B. in Naturparks. Diese gelten als Orte, an denen man die Natur in ihrem ursprünglichen Zustand vorfindet. Tatsächlich sind es jedoch Zonen, die durch umfassende Regelwerke und strenge Kontrollmaßnahmen von Veränderungen abgeschirmt werden, um einen erwünschten Idealzustand herzustellen. Natur ist hier also nicht mehr das, was von selbst so ist, wie es ist, sondern vielmehr eine Art museales Schaustück (vgl. Sieferle 2000, Cronon 1995).

Solche Phänomene sind nicht nur für eine naive Auffassung von Natur ein Problem, sondern auch für die konstruktivistische

Kritik: Zwischen einer wild lebenden Maus und einer genmanipulierten Labormaus gibt es wichtige Unterschiede. Aber man kann diese nicht beschreiben, wenn man überall nur soziale Konstruktionen sehen will (Haraway 1997). Autoren wie Bruno Latour und Donna Haraway haben daher ein neues Vokabular entwickelt, um diese »Verstrickung« (*entanglement*) von sozialen und natürlichen Prozessen zu beschreiben (siehe Kap. 3.4 Ästhetik). Anstatt Natur und Kultur als ontologisch unterschieden zu verstehen, gelte es, die Welt als ein »nahtloses Gewebe« zu betrachten, in dem menschliche und nicht-menschliche Akteure zusammenwirken (Latour [1991] 1993: 7). Die Welt der belebten und unbelebten Dinge ist nicht nur passiver Gegenstand oder bloße Bühne menschlichen Handelns. Gesellschaft und Wissen über die Welt konstituieren sich, indem sie nicht-menschliche Akteure in Anspruch nehmen, diese formen und sich von ihnen formen lassen.

Latour und Haraway schließen dabei an die Wissenschaftssoziologie und die *Science and Technology Studies* (STS) an. Sie wurden ihrerseits zu den wichtigsten Stichwortgebern einer weitverzweigten Familie interdisziplinärer Forschungsansätze seit der Jahrtausendwende. Eine der wichtigsten Positionen dabei ist der Posthumanismus. In der Tradition des westlichen Denkens unterscheidet sich der Mensch von Tieren und Maschinen dadurch, dass er ein Bewusstsein hat, das es ihm erlaubt, selbstbestimmt zu handeln – das ist es, was ihn aus der Natur heraushebt. Der Posthumanismus kritisiert diese Vorstellung: Tiere und andere Lebewesen besitzen kognitive Fähigkeiten, die sich von denen des Menschen nur graduell unterscheiden, und der evolutionäre Erfolg unserer Spezies ist keine selbstständige Leistung, sondern verdankt sich den symbiotischen Beziehungen, die wir mit anderen biologischen Arten eingegangen sind. Diese Idee bildet die Grundlage für die sogenannte Multispezies-Ethnographie, die davon ausgeht, dass jegliche Form von Gesellschaft als »multi-species community« aufgefasst werden muss (Kirksey/Helmreich 2010, Tsing 2015). Andere Spielarten des Posthumanismus dagegen stellen die Unterscheidung zwischen Mensch und Maschine infrage. Im Anschluss an die Kybernetik kann ›Geist‹ als etwas gedacht werden, das sich prinzipiell überall manifestiert, wo Informationen verarbeitet werden. In allen seinen Formen arbeitet der Posthumanismus also daran, die Grenze zwischen Mensch und Natur aufzulösen und Eigenschaften, die als Alleinstellungsmerkmale unserer Gattung betrachtet wurden, auch in der nichtmenschlichen Welt wiederzufinden (Braidotti 2013, Wolfe 2010). Die sogenannten ›New Materialists‹ folgen dieser Argumentationslinie bis zu ihren radikalsten Konsequenzen. Sie schreiben der gesamten stofflichen Welt ›Agency‹ zu – wobei dieser Begriff die Unterscheidung zwischen kausaler Wirkmacht und intentionaler Handlungsmacht gezielt verwischt und damit auch die Grenze zwischen dem Menschen und anderen Lebewesen, aber auch die zwischen lebenden Organismen und unbelebten Dingen (Alaimo 2010, Barad 2007, Bennett [2009] 2010, Coole/Frost 2010) (siehe Kap. 3.2 Anthropos).

Für alle diese Ansätze ist Natur also nicht einfach eine soziale Konstruktion, aber sie teilen die poststrukturalistische Skepsis gegenüber dem Naturbegriff. Auch für Haraway und Latour ist die Rede von der Natur »Betrug« (Barthes [1957] 2010: 228), denn sie verschleiert, wie stark soziale und natürliche Ordnung verschränkt sind. Die Beziehungen zwischen den Menschen, anderen Lebewesen und der materiellen Welt sind immer schon politisch – aber indem man zwischen Natur und Kultur eine kategoriale Unterscheidung trifft, entzieht man sie der Debatte. So hat der Naturbegriff von jeher dazu gedient, kontingente Normen als ›naturgegeben‹ zu legitimieren. Natur ist deshalb »Anti-Politik« (Purdy 2015: 21). Sich auf sie zu berufen heißt, wie Ulrich Beck formuliert hat, »die Frage, *wie wollen wir leben?*, nicht zu stellen, aber zu beantworten« (Beck 1988: 93).

Natur kann also nicht mehr als Gegenpol zur menschlichen Welt aufgefasst oder zum Objekt nostalgischer Phantasien werden. Ebenso wenig darf sie zum exklusiven Untersuchungsgegenstand von wissenschaftlichen Experten erklärt werden. Stattdessen kommt es darauf an, für die hybride Welt Verantwortung zu übernehmen und Formen des friedlichen Zusammenlebens mit nicht-menschlichen Wesen zu entwickeln. Haraway nennt dies »multispecies flourishing« (Haraway 2016: 3), Anna Tsing spricht vom gemeinsamen Überleben in den ruinierten, kontaminierten Landschaften, welche das Projekt der Modernisierung hinterlassen hat (Tsing 2015: 17–19). Latour mahnt, wir müssten lernen, »unsere Monster zu lieben«, uns also mit den natürlich-kulturellen Mischwesen anfreunden, welche die moderne Technik in wachsender Zahl hervorbringt (Latour 2011).

Auch die Umweltgeschichte hat sich von der ontologischen Trennung zwischen Natur und Kultur verabschiedet. Während ihre Vorläufer in den 1950er und 1960er Jahren sich noch auf ideengeschichtliche Fragen konzentriert hatten (z.B. Hays 1959, Nash 1967), erscheint Ökologie als eigenständiger Faktor in der menschlichen Geschichte erst ab den 1970er Jahren (Crosby 1972, Worster 1979, Cronon [1983] 2003). In seiner epochalen Monographie *The Columbian Exchange* etwa zeigt Crosby, dass die Eroberung der Neuen Welt durch die Europäer ein Prozess war, in dem biologische und kulturelle Faktoren untrennbar zusammenhängen. Der Erfolg der europäischen Siedler verdankte sich weniger deren technischer und militärischer Überlegenheit als der Vielzahl von Tieren, Pflanzen und Mikroben, die sie mitbrachten (siehe Kap. 2.1 Definitionen). Lange bevor sich der Begriff der »multi-species community« durchsetzte, prägte

Crosby dafür den Ausdruck »portmanteau biota« (Crosby 1986: 270). Diese ermöglichten es den Siedlern, die Urbevölkerung zu verdrängen und die Ökologie Amerikas nach europäischem Muster umzugestalten. Ausgangspunkt der Umweltgeschichte ist also genau die Entdeckung jener Handlungsmacht des Nichtmenschlichen, die auch Latour und Haraway betonen. Dabei teilt die frühe Umweltgeschichte allerdings oft den normativ aufgeladenen Naturbegriff der Umweltbewegung: Die Urbevölkerung hatte in einem harmonischen Gleichgewicht mit ihrer natürlichen Umwelt gelebt, welches die Europäer zerstörten. Umweltgeschichte ist deshalb lange Zeit vor allem Niedergangs- und Zerstörungsgeschichte.

Ende der 1980er Jahre geriet dieser Konsens ins Wanken. »Wildnis«, argumentierte Cronon in dem wegweisenden Essay »The Trouble with Wilderness«, ist ein kulturelles Konstrukt, an das ganz bestimmte Sinnerwartungen geknüpft sind. Denn die Landschaften, die die europäischen Siedler in der Neuen Welt vorfanden, waren keineswegs ursprünglich, sondern vielmehr durch jahrhundertelange Nutzung durch die Ureinwohner geformt. Indem man sie zur ›Wildnis‹ erklärt, löscht man nicht nur deren Besitzansprüche, sondern auch diese ökologische Tatsache. Damit wird einerseits ein Ideal unberührter Natur errichtet, in dem der Mensch nur noch als Fremdkörper (oder Tourist) vorkommen kann. Andererseits gibt man jenen Teil der Welt als ›unnatürlich‹ verloren, in dem wir wohnen und arbeiten (Cronon 1995). Die Diskussion über einen verantwortungsvollen Umgang mit Natur wird damit von vornherein unmöglich. Versteht man den Menschen wirklich als Teil der Natur, ist es problematisch, unterschiedliche Formen ihrer Nutzung als *mehr* oder *weniger* ›natürlich‹ zu bewerten. Jede Gesellschaft greift in ihre natürliche Umwelt ein. Statt die Zerstörung von Natur durch die Gesellschaft anzuprangern, muss es zunächst einmal darum gehen, ihre wechselseitige Transformation und deren ökologische wie soziale Konsequenzen präzise zu beschreiben. Umweltgeschichte wird so zur Geschichte von Hybriden, wie z.B. in Cronons Darstellung von Chicago als »Metropole der Natur« (Cronon 1991) oder Richard Whites programmatisch betitelter Studie *The Organic Machine* über den Columbia River als Energiequelle (White 1996). Die Theorie der »soziometabolischen Regime« – die die Formen beschreibt, wie sich Gesellschaften mit Energie versorgen und dabei ihre ökologische Umwelt verändern – folgt einem ähnlichen Ansatz (Haberl et al. 2016) (siehe Kap. 3.4 Energie).

Dieser Paradigmenwechsel in der Umweltgeschichte stützt sich auf einen grundlegend anderen Begriff von Natur. Seit dem klassischen Altertum war Natur normative Folie für Gesellschaft, indem man z.B. die *scala naturae* als Spiegel der feudalistischen Hierarchie (Lovejoy [1936] 2015), Darwins »Kampf ums Dasein« als Modell sozialen Wettbewerbs (Hofstadter 1944) oder ökologische Selbstregulation als Vorbild für liberale Demokratie verstand (Mitman 1992). Dahinter steht die Vorstellung, Natur sei in ihrem Wesenskern unwandelbar: eine stabile, sich spontan regenerierende Ordnung, die im Kontrast zur kulturellen Variabilität des Menschen steht. Die frühe Systemökologie und die moderne Umweltbewegung waren lange genau diesem Denken verhaftet. Dabei werden ökologische Kreisläufe als homöostatische Systeme beschrieben, in denen sich die Elemente (z.B. Räuber- und Beutepopulationen) gegenseitig regulieren. Eugene P. Odums Diagramm des Stickstoffzyklus (1953) veranschaulicht das zugrunde liegende Denkschema besonders schön (siehe Abb. 4).

Hier ähneln Ökosysteme den Mobiles von Alexander Calder, in denen »alles mit allem zusammenhängt«, wie Barry Commoner es 1971 in seinem viel zitierten »ersten Gesetz der Ökolo-

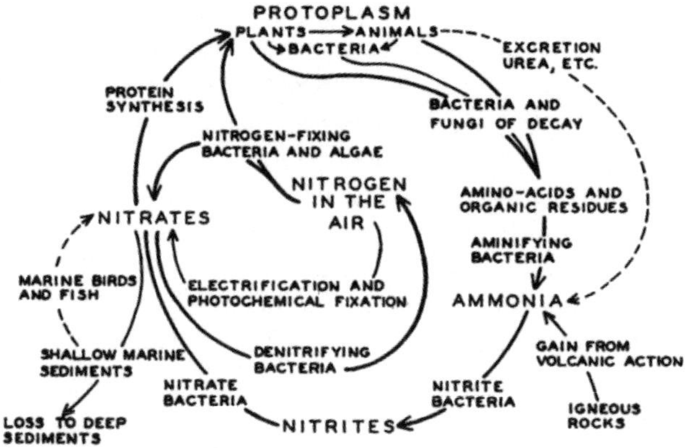

Abb. 4: Eugene P. Odum (1953): »The nitrogen biogeochemical cycle«, in: Fundamentals of Ecology, Philadelphia: W. B. Saunders, S. 20.

gie« formuliert (Commoner 1971: 16). Keiner der Bestandteile kann gestört werden, ohne das gesamte System durcheinanderzubringen. Dies legt nahe, dass die Natur selbst stabile Ordnungszustände herstellt, solange sie vom Menschen unberührt geblieben ist – etwa in der Serengeti oder in den Regenwäldern des Amazonasbeckens, die seit den 1970er Jahren zum Inbegriff alles Ökologischen avancierten.

Dieser Ansatz vernachlässigt das Problem, wie sich die Stabilität ökologischer Systeme mit der Evolutionstheorie vereinbaren lässt, die ja vom beständigen Wandel der Arten ausgeht (Kricher 2009: 97 f.). Je mehr empirische Daten verfügbar werden, desto klarer wird, dass nicht nur einzelne Arten, sondern ganze ökologische Prozesse permanenter Veränderung unterworfen sind (ebd.: 16). Ob ein natürliches System stabil erscheint, hängt von der räumlichen und zeitlichen Größenordnung ab, in der man es beobachtet. Die Unbeständigkeit des Wetters ist sprichwörtlich, während Klima vergleichsweise stabil zu sein scheint. Betrachtet man es aber über Jahrmillionen, erweist es sich als ebenso launenhaft wie das Wetter. Gleiches gilt für Ökosysteme. Der Eindruck der Unveränderlichkeit der Natur ist also ein Effekt der Beobachtungsskala (siehe dazu Kap. 4.3 Skalen I). Zu lange hatten sich Forscher an Momentaufnahmen von Landschaften orientiert, die man, da sie von modernen Nutzungsformen verschont geblieben waren, als besonders ›natürlich‹ ansah. Das viel beschworene ›Gleichgewicht der Natur‹ erweist sich also als Produkt einer perspektivischen Täuschung. Man sieht es nur im Augenblick seines Verschwindens.

Dieses Modell einer Natur ohne stabilen Ruhezustand wurde in den letzten Jahrzehnten von den Erdsystemwissenschaften auf eine maximale Betrachtungsskala gehoben – die des Planeten und des Systemzusammenhangs seiner einzelnen Sphären (siehe dazu Kap. 2.1 Definitionen). Heute verfügen wir über ein detailliertes Verständnis nicht nur von der Vergangenheit des Planeten, sondern auch von dem komplexen Zusammenspiel der verschiedenen Komponenten des Erdsystems. Wir wissen, dass sich der Erdmantel (also die Lithosphäre), die Atmosphäre und die Ozeane (die Hydrosphäre) seit ihrer Entstehung vor etwa vier Milliarden Jahren ständig verändert haben, dass diese Veränderungen schon sehr früh mit biochemischen Prozessen im Zusammenhang standen und später teilweise abrupte Veränderungen in der Tier- und Pflanzenwelt bewirkt haben. Die Erdsystemwissenschaften schließen dabei an die kybernetischen Modelle der Systemökologie an, die ökologische Prozesse als Selbstregulationsprozesse beschreibt – aber sie betrachten diese Selbstregulationsprozesse nun im planetarischen Maßstab.

Ein entscheidender Schritt zu dieser systemwissenschaftlichen Perspektive auf die Erde ist dabei die von Lovelock und

Margulis entwickelte Gaia-Hypothese (siehe Kap. 2.2 Genealogien). Sie gehen von der Beobachtung aus, dass die Sonneneinstrahlung seit der Entstehung der Erde vor mehr als vier Milliarden Jahren stetig zugenommen hat, aber die Temperatur des Planeten innerhalb eines eng begrenzten Bereichs blieb, der organisches Leben ermöglicht. Die Oberflächentemperatur von Planeten wird im Wesentlichen durch die Gase in ihrer Atmosphäre bestimmt. Dies impliziert, dass sich die Zusammensetzung der Erdatmosphäre im Laufe der Jahrmilliarden so verändert haben muss, dass sie als planetarisches Thermostat wirken konnte. Mit der ungewöhnlich hohen Konzentration von Stickstoff, Sauerstoff und Kohlendioxid stellt die Erdatmosphäre eine Anomalie dar, die nur durch biologische Prozesse erklärbar ist. Man hat es also mit einem Zirkelschluss zu tun: ohne Erdatmosphäre kein biologisches Leben, ohne biologisches Leben keine Erdatmosphäre. Lovelock und Margulis zogen daraus den Schluss, dass Biosphäre und Atmosphäre zusammen ein homöostatisches System bilden, das Schwankungen in seiner kosmischen Umwelt aussteuert und damit die Grenze zwischen sich und dem unbelebten Weltraum aktiv erzeugt und aufrechterhält (Lovelock/Margulis 1974b).

Dieses Modell der Erde als selbstregulierender Systemzusammenhang ist der Leitgedanke des 1987 gegründeten *International Geosphere-Biosphere Programme* (IGBP), das auf den 1986 von der NASA vorgelegten Bericht *Earth System Science: Overview: A Program for Global Change* zurückgeht. Es ist daher kein Zufall, dass es die Jahrestagung des IGBP war, bei der Paul Crutzen den Begriff »Anthropozän« in die Debatte katapultierte (siehe Kap. 1 Einleitung). Der NASA-Bericht enthält auch das berühmt gewordene Bretherton-Diagramm (NASA 1986: 19), das die Vorstellung von der Erde als System folgenreich ins Bild gesetzt hat (siehe Abb. 5 auf der folgenden Seite).

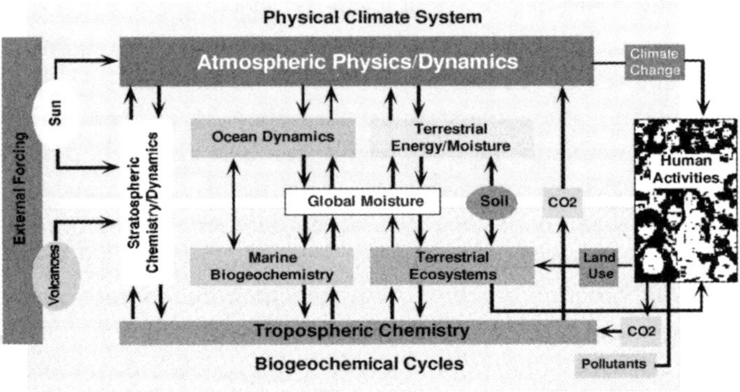

Abb. 5: Bretherton-Diagramm. National Aeronautics and Space Administration (1986): Earth System Science. Overview. A Program for Global Change, Washington: NASA, S. 19.

Das Bretherton-Diagramm modelliert die Erde als selbstregulierendes System, in dem geophysikalische, geochemische, biologische und – das ist entscheidend – *soziale* Prozesse in einem komplexen Wechselspiel stehen. Der Unterschied zum Bild der Natur, wie es die Systemökologie gezeichnet hatte, liegt also nicht nur in dem atemberaubenden Anspruch, das Erdsystem *in seiner Gänze* zu verstehen, sondern vor allem in der Einbeziehung jenes schwarz-weiß gescheckten Kästchens am rechten Rand des Diagramms. »Menschliche Aktivitäten« sind hier kein Fremdkörper, sondern werden als integraler Bestandteil des Erdsystems aufgefasst. Der abstrakte Schematismus darf nicht über die Radikalität des zugrunde liegenden Entwurfs hinwegtäuschen. Natur und Kultur bilden keine separaten Sphären mehr.

Das Bretherton-Diagramm ist bildlicher Ausdruck eines neuen Verständnisses der Erde und zugleich Organigramm für ein wissenschaftliches Mammutprojekt: Alle Elemente des Erdsystems, die das Diagramm benennt, wurden in den folgenden Jahrzenten zum Gegenstand internationaler Forschungsprogramme, vom »Global Carbon Project« (GCP) über »Integrated Marine Biogeochemistry and Ecosystem Research« (IMBER) bis hin zu »Integrated History and Future of People on Earth« (IHOPE). Die Rolle des Menschen im Erdsystem ist dabei keine Nebensache, sondern wesentliche Motivation und Erkenntnisziel der Erdsystemwissenschaften. Wenn die Wissenschaftler des IGBP von »global change« sprechen, so ist damit die umfassende Transformation des Erdsystems durch menschliche Aktivitäten gemeint. So heißt es in der 2001 niedergelegten, für das Naturverständnis der Erdsystemwissenschaften fundamentalen *Amsterdam Declaration on Earth System Sciences* (2001):

»Human activities are significantly influencing Earth's environment in many ways in addition to greenhouse gas emissions and climate change. Anthropogenic changes to Earth's land surface, oceans, coasts and atmosphere and to biological diversity, the water cycle and biogeochemical cycles are clearly identifiable beyond natural variability. They are equal to some of the great forces of nature in their extent and impact. Many are accelerating. Global change is real and is happening *now*.« (Moore et al. 2001)

Was von Lovelock und Margulis noch als Hypothese vorgetragen wurde, ist von den Erdsystemwissenschaften seitdem umfassend bestätigt worden. Dabei hat sich gezeigt, dass das Wechselspiel zwischen Biosphäre und Atmosphäre nur einer von vielen »feedback loops« ist (Lenton 2016: 6), die das Erdsystem im Laufe der Jahrmilliarden in einem prekären Gleichgewicht gehalten haben. Auch die Verwitterung von Gesteinen, die Albedo der Polkappen, die Wolkenbildung, die Meeresströmungen und viele andere Prozesse greifen auf eine Weise ineinander, die es dem System erlaubt hat, endogene und exogene Störungen (von sauerstoffproduzierenden Blaualgen über Vulkanismus bis hin zu Meteoriteneinschlägen und der wechselnden Strahlungsintensität der Sonne) so auszutarieren, dass die Bedingungen für biologisches Leben erhalten blieben. Diese Rückkoppelungsmechanismen, durch die sich Biosphäre, Atmosphäre, Hydrosphäre und Lithosphäre gegenseitig beeinflussen, stabilisieren nicht nur die Temperatur des Planeten, sondern sorgen auch dafür, dass lebenswichtige Materialien wie Wasser, Kohlenstoff, Phosphor, Sauerstoff und Stickstoff konstant verfügbar sind. Zusammen bilden sie den »Stoffwechsel« des Erdsystems (Lenton 2016: 36). Das Erdsystem ist zwar kein Organismus im herkömmlichen Sinne, aber seine Entwicklung ist untrennbar mit der Entwicklung des Lebens verbunden. Seine Fähigkeit zur Selbstregulation unterscheidet es von allen anderen uns bekannten Objekten im Kosmos. Hans-Joachim Schellnhuber beschreibt die Entdeckung des Erdsystems deshalb als eine zweite kopernikanische Revolution: Hatte Kopernikus bewiesen, dass die Erde nur ein Planet unter anderen ist, so zeigen uns die Erdsystemwissenschaften, dass die Erde unter den Planeten einzigartig ist: »It may well be nature's sole successful attempt at building a robust geosphere-biosphere complex (the ecosphere) in our Galaxy.« (Schellnhuber 1999: C20)

Die Erdsystemwissenschaften sind zweifellos die Leitwissenschaften für ein Verständnis der Natur im Anthropozän. Ihre Beschreibung der Natur ist in mehrfacher Hinsicht ›unnatürlich‹. Zum einen steht sie im Widerspruch zu traditionellen Vorstellungen von Natur als passiv, harmonisch oder geschichtslos. Die Fähigkeit des Erdsystems, über Milliarden von Jahre dem Leben günstige Bedingungen zu bieten, beruht nicht auf seiner Unwandelbarkeit, sondern gerade auf permanenter Transformation. In der Geschichte des Erdsystems wechseln sich Phasen der Stabilität mit kataklysmischen Umbrüchen ab, die nicht nur durch externe Schocks ausgelöst wurden, sondern auch durch das Leben selbst. Ein besonders dramatisches Beispiel dafür ist die Große Sauerstoffkatastrophe (*great oxygenation event*), die vor ca. 2,45 Milliarden Jahren einen neuen Abschnitt der Erdgeschichte einläutete (Holland 2006). Cyanobakterien (Blaualgen) entwickelten die Fähigkeit zur Photosynthese und begannen, CO_2 als Energiequelle zu nutzen. Der dabei als Abfallprodukt anfallende Sauerstoff war für die meisten damals lebenden Einzeller tödlich. Er ermöglichte aber auch die Entstehung neuer, Sauerstoff atmender Lebensformen, die den Ausgangspunkt für die Evolution mehrzelliger Organismen bildeten (siehe Kap. 4.3 Skalen I). Und dies ist nicht die einzige Gelegenheit, bei der sich das Leben an den Rand des Abgrunds manövriert hat. So gibt es z.B. Anhaltspunkte dafür, dass das massive Artensterben am Ende der Permzeit vor ca. 250 Millionen Jahren, bei dem etwa neunzig Prozent aller biologischen Spezies ausgelöscht wurden, das Resultat eines von Methan ausstoßenden Mikroben ausgelösten Treibhauseffekts war (Rothman et al. 2014). Das Erdsystem ist also einerseits unglaublich robust, andererseits hochsensibel für Veränderungen. Aus erdgeschichtlicher Perspektive ist der globale Wandel, der die explosionsartige Vermehrung der menschlichen Spezies begleitet hat, keine völlige Neuheit. Aber das unterstreicht nur die Bedrohlichkeit der heutigen Situation. Will man an der Metapher von ›Mutter Erde‹ festhalten, so muss man bedenken, dass man es beim Erdsystem mit einer reizbaren, launenhaften Mutter zu tun hat, die vom Menschen Aufmerksamkeit und Umsicht verlangt (Stengers 2015: 45). Die kindermordende Medea mag ein passenderes mythologisches Vorbild sein als die fürsorgliche Erdgöttin, als die ›Gaia‹ vielfach fälschlich interpretiert worden ist (Ward 2009).

›Unnatürlich‹ ist die Erde, die die Erdsystemwissenschaften beschreiben, aber auch insofern, als sie nicht mehr viel mit der sinnlich erlebbaren Welt zu tun hat. Das Erdsystem ist mit den natürlichen Körpersinnen nicht wahrnehmbar, sondern muss erst durch aufwendige technische Verfahren sicht- und berechenbar gemacht werden. Ohne die globale Infrastruktur von Messstationen, Satelliten, datenverarbeitenden und bildgebenden Systemen (Edwards 2010: 14–16) ist das Erdsystem unvorstellbar und undarstellbar. Unser Verhältnis zu diesem System kann also nicht als Verhältnis zwischen individuellem Bewusstsein und einzelnen Naturdingen gedacht werden (d.h. als Beziehung von Entitäten gleicher Größenordnung, im Stratum II, siehe dazu Kap. 4.3 Skalen I). Seine wesentlichen Eigenschaften sind nur mithilfe mathematischer Modelle zu begreifen und sie müssen auf der Ebene von Wahrscheinlichkeiten und statistischen Korrelationen beschrieben werden. Genau darum erklären Klimaforscher immer wieder, dass kein einzelnes Wetterereignis, sei es noch so extrem, jemals die Wirklichkeit des anthropogenen Klimawandels beweist oder widerlegt. Im Anthropozän ist ›Natur‹ in diesem erdsystemtheoretischen Sinne also ein soziales und epistemisches Konstrukt.

Die Moderne war gekennzeichnet von einer programmatischen Trennung von Kultur und Natur: Erstere bezeichnet den Bereich, in dem menschliche Subjekte freie Entscheidungen fällen und kulturell spezifische Perspektiven auf die Welt artikulieren; Natur hingegen steht für den Bereich der ›harten Fakten‹, die nicht debattierbar sind (Latour 1993: 27–32). Die endlosen Diskussionen um den Klimawandel haben gezeigt, dass diese Rollenverteilung nicht länger funktioniert (Latour 2004). Es führt heute kein Weg mehr daran vorbei, dass auch wissenschaftliche Fakten das Produkt von sozialen Aushandlungsprozessen sind – Prozesse, an denen aber nicht nur menschliche, sondern auch nichtmenschliche Akteure beteiligt sind. Für Latour sind die Gaia-Theorie und die Erdsystemwissenschaften exemplarisch für eine neue Praxis, in der wissenschaftliche Erkenntnis und politische Verantwortung unmittelbar zusammenfallen. Das Instrumentarium, mit dem sie die Erde erforschen, steckt zugleich den Horizont politischen Handelns ab (ein Gedanke, mit dem Latour an Überlegungen von Michel Serres anknüpft; siehe Kap. 3.3 Politik) und konstituiert sie damit als eine politische Macht: »Die erdverbundenen Wissenschaftler [...] gehören dem von ihren Instrumenten abgesteckten Territorium zu. Ihr Wissen erstreckt sich so weit wie ihre Fähigkeit, die Detektoren, die die Folgen ihrer Handlungen sichtbar machen, zu finanzieren, zu kontrollieren, zu warten. [...] Sie treten deutlich als seine neue Form nicht-nationaler Macht in Erscheinung, die sich ausdrücklich als solche an den geopolitischen Konflikten beteiligt.« (Latour 2017: 426)

Latour und andere posthumanistische Denker betrachten die Schwellensituation des Anthropozäns nicht nur als einen Moment der Gefahr, sondern zugleich als Chance, denn sie zwingt dazu, die Trennung von Natur und Kultur aufzugeben. Die Kritik am ontologischen Dualismus von Natur und Kultur ist längst zum Gemeingut der Environmental Humanities geworden. Damit verbunden ist der Wunsch nach alternativen Ontologien »jenseits von Natur und Kultur«, für die vielfach das Weltverhältnis indigener Völker als Modell dient (Descola [2005] 2013). Diese Position soll nicht nur der Arroganz der Moderne, sondern auch der »Arroganz des Humanismus« (Ehrenfeld 1978) den Boden entziehen. Die Vorstellung, der Mensch nehme eine Sonderstellung innerhalb der Natur ein, wird dabei gern als Pathologie der europäischen Ideengeschichte gebrandmarkt.

Es ist aber wenig plausibel, den Prozess der Modernisierung auf die Durchsetzung eines einzigen kategorialen Schemas zu reduzieren (vgl. Lindemann 2011) – eines Schemas, das sich zudem bei näherem Hinsehen als bizarres Missverständnis entpuppt und von Anfang an im Widerspruch zur gesellschaftlichen Praxis stand, wie Latour seit Langem betont (Latour 1993). Indem die Moderne zum ontologischen Irrweg erklärt wird, von dem die Menschheit nun auf den Pfad der Vernunft zurückkehrt (Latour spricht von der Schließung der »modernen Parenthese«; Latour 2013: 8), weicht man aber der Frage aus, was denn das eigentlich Neue am Anthropozän ist. Vor allem aber unterstellt diese These, Ontologien seien etwas, für oder gegen das man sich frei entscheiden könne.

Wichtiger als neue Ontologien zu entwerfen oder alte zu rehabilitieren ist es daher, sie im engen Bezug zu den umwelthistorischen Bedingungen zu betrachten, unter denen sie entstanden sind. In diesem Sinne hat der Umwelthistoriker Rolf-Peter Sieferle vorgeschlagen, den Gegensatz von Natur und Kultur weder als spezifisch modernes noch rein europäisches Phänomen zu betrachten, sondern ihn vor dem Erfahrungshorizont der agrarischen Zivilisationen zu begreifen. Landwirtschaft heißt, die natürliche Vegetation in einem abgegrenzten Bereich zu entfernen, um günstige Bedingungen für bevorzugte Pflanzen- und Tierarten zu schaffen. Das Wachstum dieser Nützlinge wird gefördert, ihre Konkurrenten bekämpft man als Schädlinge und monopolisiert so die Produktion von Biomasse. In seiner ursprünglichen Bedeutung bezeichnet der lateinische Ausdruck *cultura* nichts anderes als die Bestellung des Ackers – also den Versuch, ökologische Prozesse zugunsten der agrarischen Gesellschaft zu beeinflussen. Zum Alltag des Bauern gehört das Problem, dass seine Arbeit nie abgeschlossen ist. Hört man mit dem Jäten, Pflügen und Roden auf, holt sich die Natur schnell das zurück, was man ihr im Schweiße des Angesichts abgerungen hat. Die Unterscheidung zwischen Natur und Kultur, so Sieferles Pointe, speist sich aus dieser Erfahrung: Natur ist das, was ursprünglich da ist und sich spontan regeneriert; Kultur hingegen bedarf dauernder Anstrengung. So betrachtet bezeichnet

›Natur‹ eine den Dingen innewohnende Tendenz, der die ›Kultur‹ entgegenarbeitet.

Die beiden Seiten der Unterscheidung lassen dabei gegensätzliche Bewertungen zu. Insofern ›Natur‹ das Wesen der Dinge bezeichnet, wie sie *von selbst* sind, kann sie auch als Norm oder Maß ihrer Perfektion aufgefasst werden. Das zeigt sich etwa in Aristoteles' teleologischem Naturbegriff, der die europäische Ideengeschichte bis weit in die Neuzeit beeinflusst hat (Johnson 2005: 15–29). Umgekehrt stellt sie aber auch das dar, was die Lebensgrundlagen des Menschen bedroht und durch Kultivierung überwunden werden muss. Natur ist das Chaotische und Formlose, dem es eine vernünftige Ordnung aufzuprägen gilt. Kultur bietet Schutz vor der Unberechenbarkeit der Natur, impliziert jedoch zugleich zivilisatorischen Zwang. Das gesamte Spektrum der Interpretationen des Begriffspaars über die letzten Jahrtausende oszilliert zwischen diesen semantischen Möglichkeiten, ›Natur‹ und ›Kultur‹ positiv oder negativ zu besetzen: »Es gibt den grausamen Barbaren und den edlen Wilden, das einfache Leben und die harten Entbehrungen, die Selbstverwirklichung und die Zügellosigkeit, die entfremdete Zivilisation und das urbane Leben.« (Sieferle 2000: 14)

Durch die Umstellung der energetischen Grundlagen der Gesellschaft auf fossile Brennstoffe, die sich mit der Industrialisierung vollzieht, verlieren diese Gegensatzpaare ihren lebensweltlichen Rückhalt. Die Landwirtschaft verkümmert zu einem marginalen Beschäftigungszweig und ändert ihren Charakter grundlegend: »sie liefert nicht mehr Energie, sondern wandelt Stoffe um, wobei ein Großteil der dafür benötigten Energie [...] aus fossilen Vorräten kommt« (ebd.). Die reichliche und ständige Verfügbarkeit von billiger Energie und die damit verbundene Mobilisierung von Stoffen (von Eisen und Zement über Kohle oder Erdgas bis hin zu Seltenen Erden) führt zum Verlust jener

Grunderfahrung, die die Unterscheidung von Natur und Kultur allererst plausibel gemacht hatte: dass die Natur sich menschlichen Zwecksetzungen widersetzt. Ein charakteristisches Merkmal der Gegenwartsgesellschaft ist hingegen die Mühelosigkeit, mit der »Fantasien [...] materiell fixiert werden« können: »Die extrem niedrigen Kosten stofflicher Verfügung ermöglichen es [...], selbst den schlichtesten Einfall mit gewaltigem Materialaufwand zu verwirklichen. Die symbolische Welt verfestigt sich augenblicklich zu harten Artefakten, die nur schwer wieder zu entfernen sind, sondern [sic!] die Müllhalden, Stadtlandschaften, Bibliotheken und Museen verstopfen.« (ebd.: 15 f.)

So kann man die konstruktivistische Kritik am Naturbegriff, wie sie oben skizziert wurde, auch als Reflex dieses neuen Weltverhältnisses betrachten. Sie vergisst gerne, dass mit dem Verschwinden von ›Natur‹ auch ihr Gegenbegriff seine Bedeutung verändert. Im agrarischen Weltbild wäre die Vorstellung, Natur müsse vor Kultur geschützt werden, widersinnig, da hier Natur gerade von selbst so ist, wie sie ist. Heute haben sich die Vorzeichen umgekehrt. Es ist die Gesellschaft, die von selbst so ist, wie sie ist, die sich spontan regeneriert und »vielleicht ›vernünftigen‹ Kolonisierungsprozessen gegenüber widerständiger ist als die alte besiegte Natur« (ebd.: 16). Nichts anderes besagt die immer wieder zitierte Formulierung, dass die Menschheit sich selbst als einer geologischen Kraft begegnet.

Damit ist eine zentrale Grunderfahrung des Anthropozäns bezeichnet: Die Prozesse, welche die Erde mit immer neuen technisch produzierten Objekten überfluten, haben eine Eigendynamik gewonnen, die in ihren Konsequenzen jener der Biosphäre, Atmosphäre oder Hydrosphäre vergleichbar ist. Die »Technosphäre« wäre so als eine eigene, neue Sphäre des Erdsystems in den Blick zu nehmen. Ihre Übermacht ist durchaus der ›Kraft‹ der Natur vergleichbar, die dieser im agrarischen Weltbild zugeschrieben wurde. Ebenso wenig ist diese globale Technosphäre für rationale Steuerungsversuche des Menschen erreichbar (siehe Kap. 3.2 Anthropos). Ihre Gesamtmasse – von Gebäuden und Straßen, Kabeln und Transistoren bis hin zu Kugelschreibern und Luftballons – wird heute bereits auf etwa dreißig Billionen Tonnen geschätzt (etwa fünfzig Kilogramm pro Quadratmeter der Erdoberfläche; Zalasiewicz et al. 2016) und beträgt damit mehr als das Fünffache der irdischen Biomasse (Bar-On/Phillips/Milo 2018). Die Erde des Anthropozäns wird sich fundamental von der des Holozäns unterscheiden, in der die menschliche Zivilisation entstanden ist. Aber es mag sein, dass sie den Menschen vor eine ganz ähnliche Aufgabe stellt: Inseln selbstbestimmten Lebens gegen das Wuchern einer Macht zu verteidigen, die zugleich fremd und zutiefst vertraut ist.

HB

3.2 Anthropos

Wer ist der Mensch, der dem Anthropozän seinen Namen gibt? Welche Fähigkeiten oder Unfähigkeiten, welche historischen Entwicklungen haben es ihm ermöglicht, das Erdsystem tiefgreifend zu verändern? Ist die Namensgebung der Erdepoche überhaupt berechtigt? Und wenn ja, worauf stützt sie sich? Nach dem Menschen als Subjekt und »Onomatophor« – Namensträger – des Anthropozäns zu fragen (Szerszynski 2015) heißt, zwei Fragen zu stellen, die zwar zusammenhängen, aber auch gänzlich andere Zugangsweisen zum Menschen implizieren.

Erstens (1) heißt es, nach dem Status des Menschen als Ursache und Subjekt des Anthropozäns zu fragen. In welcher Weise ist der Mensch Verursacher des Anthropozäns? Wie kann seine

Wirksamkeit als ›geologische Kraft‹ adäquat beschrieben werden? Diese Frage muss die spezifische Wirkmacht des Menschen betrachten, ihre historische Entwicklung, ihre spezifischen Elemente, Institutionen und treibenden Kräfte – aber auch den Kontext eines radikal veränderten Erdsystems, innerhalb dessen sie sich entfaltet. Wie kommt die paradoxe Verbindung von Wirkmacht und Kontrollverlust, zielgerichtetem Handeln und nicht-intendierten Nebeneffekten zustande, die die menschliche Agency[3] im Anthropozän auszeichnet? Und ist es überhaupt legitim, von einer homogenen ›Menschheit‹ auszugehen, statt nach den Wirtschaftssystemen, Lebensstilen und Technologien zu fragen, die die ökologischen Veränderungen des Anthropozäns bewirkt haben und weiter vorantreiben?

Zweitens (2) bedeutet es, nach der Besonderheit der Spezies *Homo sapiens* zu fragen, also dem, was sie von anderen weniger invasiven Gattungen unterscheidet. Der Mensch gehört einerseits der Natur an und richtet sich im Gefüge anderer Lebensformen ein, aber er hat auch die Fähigkeit, sich seine Umwelten selbst zu schaffen. Hiermit eröffnet sich eine ökologische und evolutionstheoretische Perspektive, ein Blick auf die Tiefengeschichte der menschlichen Spezies, auf ihre Besonderheiten, aber auch auf die entscheidenden zivilisationsgeschichtlichen Schwellen auf dem Weg ins Anthropozän. Sie ist anthropologisch, indem sie auf einer abstrakten Ebene fragt: »Was ist der Mensch?« Diese Frage muss vor dem Hintergrund unseres heutigen Wissens über die Evolution und die zivilisationsgeschichtliche Entwicklung des Menschen gestellt werden, einer Lebensform, die die Lebensbedingungen aller anderen Arten verändert.

Diese Fragestellungen argumentieren auf unterschiedlichen Abstraktionsebenen, man könnte auch sagen: in unterschiedlichen Größenordnungen. Während die eine die konkreten Konstellationen untersucht, in denen Menschen ihre Umwelten verändert haben, fragt die andere nach der Besonderheit des menschlichen Weltverhältnisses im Unterschied zu anderen Spezies. Letztere nimmt die Makroperspektive der Ökologie und einer *deep history* der Menschheit ein, die erstere dagegen beruft sich auf die Zivilisations- und Technikgeschichte. Ausgangspunkt der einen ist das allen Menschen Gemeinsame; Ausgangspunkt der anderen ist die differenzierte, durchaus nicht gemeinsame Verantwortlichkeit für diese ökologische Transformation.

Die Frage nach dem Anthropos des Anthropozäns zu stellen bedeutet, den Menschen aus der Perspektive seiner ökologischen Transformationskraft zu betrachten. Das heißt, nicht nur die kulturellen und technischen Schwellen in den Blick zu nehmen, die ihn zu dem gemacht haben, was er heute ist; es heißt auch, seine Existenz und Geschichte als ein Lebewesen *unter anderen* zu betrachten: seine Koexistenz mit anderen Lebensformen, aber auch seine Besonderheit, sich nicht nur an unterschiedlichste Umwelten anzupassen, sondern aktiv »soziokulturelle Nischen« herzustellen, das Wissen dafür zu speichern und weiterzugeben (Ellis 2016) und so eine ›ganze Welt‹ zu schaffen. Hamilton nennt den Menschen eine »world-making creature« (Hamilton 2017: 64). Diese Fähigkeit ist nicht einfach als ökologische Anpassung zu verstehen, sondern eine soziokulturelle Leistung, die über alle biologischen Eigenschaften hinausgeht. Um den Anthropos des Anthropozäns zu verstehen, kann man diesen dennoch nicht isoliert oder ›emanzipiert‹ von einer Natur betrachten, die nur Umgebung, Rohmaterial oder Hintergrund menschlicher Zivilisation wäre. Vielmehr muss man ihn *in Auseinandersetzung* mit einer Natur verstehen, deren Eigendynamik mit der Wirkmacht des Menschen interagiert. Der Mensch muss als Wesen gefasst werden, das natürlich *und* unnatürlich ist, Teil *und* Anderes der Natur.

In den Anfängen der Debatte um den Begriff des Anthropozäns wurden diese zwei Fragerichtungen zunächst als Alternative diskutiert. Entweder man fragt nach den historischen Schwellen und konkreten Akteuren, die für die Veränderung des Erdsystems verantwortlich sind, oder man fragt nach einem gemeinsamen Wesen des Menschen als Spezies. In dieser Debatte wird ein »naturalistisches« Narrativ, das die Menschheit uniform als Spezies adressiert, einem »historisierenden« gegenübergestellt, das auf politische und ökonomische Differenzierung abzielt (Bonneuil 2016). In der Tat benutzten die ersten Publikationen zur Einführung des Begriffs eine für die Geisteswissenschaften ungewöhnliche Diktion. Während die grundlegenden Artikel von Crutzen und Stoermer allgemein von »der Menschheit« (»mankind«) sprechen (Crutzen 2002, Crutzen/Stoermer 2000), verschiebt ein einflussreicher Aufsatz von Steffen et al. die Perspektive auf die *Spezies* Mensch und ihre Tiefengeschichte (Steffen et al. 2011): »The story begins a few million years ago with the genus *Homo erectus*, which had mastered the art of making stone tools and rudimentary weapons.« (Steffen et al. 2011: 846) Für sie ist die Frage nach dem Namensgeber des Anthropozäns eine Frage nach der *Gattung Mensch* und ihrer Geschichte, von der Herstellung von Werkzeugen und der Beherrschung des Feuers über Sesshaftwerdung und Ackerbau bis hin zur Industrialisierung und der Umstellung auf fossile Brennstoffe. So schlagen die frühen Texte umstandslos einen Bogen von der Evolutionsgeschichte hin zur Technikgeschichte, als wäre der Weg ins Anthropozän gleichsam eine natürliche Entwicklung der Menschheit, angelegt in ihrem Gattungswesen.

Zu Recht ist diese Argumentation aus einer kulturwissenschaftlichen Perspektive kritisiert worden. Das Anthropozän pauschal der ›Menschheit‹ anzurechnen ist ein »naturalisierendes« Narrativ, das nicht nur die historischen Ursachen (wie den

Kolonialismus und die von Europa ausgehende Industrialisierung) verschleiert, sondern auch die unterschiedliche Teilhabe der Menschen an dieser Krise: »The naturalising, species-centred [narrative] obscures the asymmetries among humans *about* nature – unequal access to environmental goods and exposure to environmental bads – and *through* nature – technical systems organise energy and material flows which co-produce a certain kind of ›second‹, transformed, nature ...« (Bonneuil 2015: 20) Das »species-thinking« der Naturwissenschaftler, so Bonneuil, entwirft eine undifferenzierte Wirkmacht, die keine Zuschreibung von Verantwortlichkeit für die ökologische Krise des Anthropozäns mehr zulässt. Indem man eine direkte Linie vom Erwerb des Feuers zur Nutzung fossiler Brennstoffe zieht, verstellt man sich den Blick auf die konkreten sozialen und ökonomischen Arrangements, die das Erdsystem destabilisiert haben. »A largely depopulated New World, Afro-American slavery, the exploitation of British labour in factories and mines, and the global demand for inexpensive cotton cloth« waren die Treiber der Industrialisierung (Malm/Hornborg 2014: 63), durchaus keine wesenhaften Eigenschaften der Spezies Mensch. Die Krise des Anthropozäns ist also ohne Zweifel nicht von ›*dem* Menschen‹ gemacht, sondern von der kapitalistischen Weltgesellschaft – nicht anthropogen, sondern soziogen.

Die Frage ist, ob diese Frontlinie – naturalisierende vs. historisierende Perspektive – die Frage nach dem Menschen im Anthropozän nicht eher verunklärt. Dipesh Chakrabarty, der selbst gelegentlich auf die Seite der »Naturalisten« gestellt wurde (Bonneuil 2015, Sideris 2016), sieht die eigentliche Herausforderung gerade in dem »Aufeinanderprallen« (*collision*) unterschiedlicher Menschenfassungen (Chakrabarty 2009, 2012, 2016). Das von den Sozial- und Geisteswissenschaften gezeichnete politisch, kulturell und ökonomisch differenzierte Bild des Menschen wird im Anthropozän mit einer naturwissenschaftlichen Perspektive konfrontiert, die den Menschen vor allem in seiner Einwirkung auf das Erdsystem in den Blick nimmt. Das ist weniger ein Biologismus, der auf eine pauschale Wesensbestimmung des Menschen zielt; vielmehr wird hier ein *blinder Fleck* der Geistes- und Sozialwissenschaften korrigiert. Denn diese fassen den Menschen ausschließlich – nach einer Denkfigur Giambattista Vicos – gemäß dem, was er selbst hervorbringt: dem Sozialen und Kulturellen (Chakrabarty 2009: 202 ff.). Dieses »homozentrische« Verständnis des Menschen muss ergänzt werden durch eine »zoozentrische« Perspektive auf den Menschen als Lebewesen im Gefüge des Erdsystems. Chakrabarty schlägt daher eine terminologische Unterscheidung zwischen dem Menschen als »*homo*« und als »*anthropos*« vor (Chakrabarty 2015).[4] *Homo* bezeichnet den Menschen der Humanwissenschaften, differenziert nach Kultur, Geschlecht, Rasse oder ökonomischer Situation, aber auch vereint in der Fähigkeit zu rationalem Denken und moralischem Handeln. *Homo* ist der humanistische Mensch als das Andere der Natur. *Anthropos* dagegen meint den Menschen als biologisches Wesen unter anderen, als Subjekt physischer Bedürfnisse und bestimmter Umwelteingriffe, aber auch als Wesen, das der Natur ausgesetzt ist und mit anderen Spezies koexistiert.

Diese Differenzierung greift eine Unterscheidung auf, die schon Aristoteles macht und die von Giorgio Agamben ausgearbeitet wurde: die zwischen einem Begriff von *Leben* als sozialer Organisation, *bíos*, also einer spezifisch menschlichen Lebensform, und einem biologisch gefassten Leben, *zoë*, das der Mensch mit allen anderen Lebewesen teilt (ebd.: 142 f., Agamben 2002). In der Moderne werden beide Dimensionen des Lebens Gegenstand einer Politisierung (Foucault [1976] 1983, Agamben 2002): *bíos* als Frage nach dem richtigen Zusammenleben, als Problem von Menschenrechten, Freiheiten und Gesetzen – kurz: Kultur.

Zoë dagegen, das physische Leben des Menschen, wird zum Gegenstand biopolitischer Eingriffe und Steuerungen (siehe Kap 4.1 Biopolitik). Ist *homo* der anthropologische Bezugspunkt des *bíos*, des soziokulturell geformten Lebens, so gehört *anthropos* zur *zoë*, dem biologischen Leben. Diese »*pragmatische* Unterscheidung« (Chakrabarty 2015: 156) verweist auf das Kernproblem des Begriffs vom Menschen im Anthropozän. Der humanistische *homo* braucht als sein Korrektiv die ökologisch-biologische Menschenfassung des *anthropos*. Erst in dieser Spannung wird die Doppelnatur des Menschen greifbar: seine Abhängigkeit und Unabhängigkeit von der Natur.

Entlang dieser Unterscheidung lassen sich nun zwei Vorschläge, den Menschen im Anthropozän zu denken, als konträre, gleichermaßen extreme Ausbuchstabierungen dieser Menschenfassungen verstehen: als Verabsolutierung des *homo* in der ökomodernistischen Variante (1), als Radikalisierung des *anthropos* in der ökologisch-posthumanen Version (2) (siehe Kap. 3.3 Politik).

(1) Der erste Vorschlag, den die Proponenten eines »Good Anthropocene« vorgetragen haben, besteht darin, den Menschen im Anthropozän als Verwalter und Hüter (*steward*) des Erdsystems zu verstehen. Er verabsolutiert den *homo*, den Menschen als rational reflektierendes und zu ethischen Entscheidungen fähiges Wesen. Als solches ist es seine Aufgabe, die ökologische Krise durch aktive Steuerung des eigenen Verhaltens wie des Erdsystems zu überwinden. Gerade aufgrund seiner Position als dominante, den ganzen Erdball verändernde Spezies ist dem Menschen in dieser Perspektive eine besondere Verantwortung auferlegt: »We are as gods and have to get good at it«, wie Stuart Brand formuliert hat (Brand 2009: 1). Die ökomodernistische Perspektive auf den Menschen setzt auf zwei gleichermaßen optimistische Annahmen: einerseits auf die Souveränität, Vernunft und Weitsicht des Menschen, technische und soziale Lösungen

für seine ungesteuerten Umwelteingriffe zu finden; andererseits auf die Robustheit des Erdsystems, das sich – trotz aller destabilisierenden Einflüsse des Menschen – schon wieder erholen werde. Notwendig sei dafür eine neue und andere Form von Umweltschutz, die nicht mehr vom Ideal einer »unberührten Natur« ausgeht. Vielmehr geht es um ein geschicktes Management von Natur auf der Höhe heutiger »grüner« Technologie – von Atomkraft als Ersatz für fossile Brennstoffe über Gentechnologie bis hin zu aktivem Geo- und Climate Engineering. »The Anthropocene does not represent the failure of environmentalism. It is the stage on which a new, more positive and forward-looking environmentalism can be built. This is the Earth we have created, and we have a duty, as a species, to protect it and manage it with love and intelligence. It is not ruined. It is beautiful still, and can be even more beautiful, if we work together and care for it.« (Marris et al. 2011)

Die Vertreter dieser Position haben ihre Sicht der Dinge prominent in ihrem »Ecomodernist Manifesto« (Asafu-Adjaye et al. 2015) niedergelegt. Sie wenden sich explizit vom klassischen Umweltschutz ab (Nordhaus/Shellenberger [2004] 2005). Ihre Sicht ist weniger katastrophisch: Sie sehen die Umweltzerstörung eher als Transformation, auf die wir uns einstellen müssen. Angesichts der wachsenden Anzahl von Menschen und eines rasant ansteigenden Konsums gehen sie davon aus, dass die »Tragfähigkeit der Erde« (*Earth's carrying capacity*) bei richtigem technischen Management fast endlos steigerbar ist (siehe Kap. 4.1 Biopolitik). Was die Ökomodernisten verbindet, ist eine Mischung aus Pragmatismus im Hinblick auf greifbare technische Lösungen und eine Abstinenz gegenüber tiefergehenden ideologischen Fundierungen. Der Umweltaktivist Mark Lynas etwa schreibt: »Gobal warming is not about overconsumption, morality, ideology or capitalism. It is largely the result of human beings generating energy by burning hydrocarbons and coal.« (Lynas 2011: 66) Implizit unterstellen sie dabei einen Menschen, der rational, verantwortungsvoll, weitsichtig und in der Lage ist, die notwendigen Schritte hin zu einer grünen Technologie auch politisch und ökonomisch umzusetzen.

Clive Hamilton hat angemerkt, dass der Mensch, der hier unterstellt wird, das anthropologische Pendant des gütigen, allwissenden und allmächtigen Gottes der Theodizee ist (Hamilton 2015b) – eine in letzter Konsequenz metaphysische Konstruktion. Bei allem Pragmatismus unterschätzt diese Position nicht nur die Irrationalität, Kurzsichtigkeit und Unkoordinierbarkeit menschlichen Verhaltens. Sie überschätzt möglicherweise auch die Resilienz des Erdsystems, das sich – wie viele Ökomodernisten immer wieder betonen – schon wieder erholen und in eine neue Balance zurückkehren werde (Kareiva et al. 2011). Die spezifische Agency des Menschen im Anthropozän, die ja gerade aus einer paradoxen Verknüpfung von massiver Wirkmacht und Kontrollverlust besteht, kann in dieser optimistischen Anthropologie des ökomodernistischen *Homo* jedoch nicht adäquat verstanden werden.

(2) Das exakt komplementäre Extrem formuliert der ökologische Posthumanismus. Als Gegenposition zur humanistischen Menschenfassung wird hier vorgeschlagen, sich von jeder Vorstellung einer ›Sonderstellung‹ des Menschen radikal zu verabschieden (siehe Kap. 3.1 Natur und Kultur). Es geht darum, den Menschen ausschließlich als *anthropos* und damit als eine Lebensform unter anderen zu verstehen, verstrickt in Abhängigkeiten und Symbiosen, ohne die er nicht leben könnte und die sein Wesen definieren. Die Anthropologin Anna Tsing bringt es provokant auf den Punkt: »Human nature is an interspecies relationship.« (Tsing 2012a: 141) Der Mensch hat kein Wesen, das ihn aus dem Gefüge der Arten heraushebt, vielmehr ist er defi-

niert durch ein Geflecht nicht-menschlicher Lebensformen – von den seinen Körper besiedelnden Bakterien und Fungi bis hin zu domestizierten Tieren und Pflanzen. Im Unterschied zur eher theorieabstinenten ökomodernistischen Position beruht diese Menschenfassung auf einem anspruchsvollen theoretischen Unterbau, der die Trennung von Natur und Kultur radikal verabschiedet. Diese »zoozentrische« Perspektive will den Menschen jenseits aller anthropozentrischen Anmaßungen zurückführen in eine Welt der gegenseitigen Abhängigkeiten und der verteilten Handlungsmacht. Der Mensch wird als ein Akteur in einem größeren Gefüge nicht-menschlicher Agency gesehen, der Handlungsmacht von Materie, anderen Arten, Landschaften, Klimata – also den versammelten Kräften des Erdsystems.

Anders als die Ökomodernisten nimmt diese Position zugleich die Macht und die Empfindlichkeit des Erdsystems ernst, das der Mensch destabilisiert. Sie wirft damit Licht sowohl auf die Abhängigkeit wie die Verletzlichkeit des Menschen innerhalb dieses Systems: »It is constitutive of our humanness«, schreibt Nigel Clark, »that we are inherently liable to being thrown off course by the eventualities of our planet.« Aber genau aus dieser gegenseitigen Verwundbarkeit des Erdsystems und des Menschen leitet er eine Verantwortlichkeit gegenüber anderen Lebensformen ab: »But just as the Earth can perturb and excite us, so too are we receptive to the incitements of others who have been shaken up by the inconstancy of the ground they depend upon. A volatile world can impinge upon ourselves directly, or it can present its demands and allures by way of others [...].« (Clark 2011: xiv) Aus dieser Verstrickung des Menschen mit anderen verletzlichen Arten inmitten eines instabilen Gesamtgefüges der Natur ergeben sich nun ethische Verpflichtungen für das Nicht-Menschliche, die aber nicht über einen Begriff der Verantwortlichkeit des Mächtigeren für das Ohnmächtige, des Denkenden für das Nicht-Denkende konstruiert sind. Sie sollen vielmehr gleichsam ›auf Augenhöhe‹ stattfinden: als Verpflichtungen innerhalb einer gegenseitigen Abhängigkeit. Für Donna Haraway, die vielleicht pointierteste Vertreterin dieser Position, bedeutet dies, die »Verwandtschaft« (*kinship*) des Menschen mit anderen Lebensformen nicht nur anzuerkennen, sondern diese als ein Gegenüber zu begreifen, angesichts deren man ähnliche Verpflichtungen hat wie im Hinblick auf die eigenen Artgenossen, ja die oft beschworenen ›Kindeskinder‹: »Kin-making is making persons, not necessarily as individuals or as humans. [...] Kin is an assembling sort of word. All critters share a common ›flesh‹, laterally, semiotically, and genealogically.« (Haraway 2015: 161 f.) Damit legt Haraway die konzeptuellen Grundlagen einer Biopolitik des Anthropozäns, die nicht auf Kontrolle und Regulierung des Lebens, sondern auf die Kultivierung von Koexistenz angelegt ist (siehe Kap. 4.1 Biopolitik). Hier, mehr als in den viel beschworenen »flachen Ontologien« des ökologischen Posthumanismus, liegt unseres Erachtens die größte Überzeugungskraft dieses Ansatzes. Aber es bleibt vage, in welche spezifischen Verhaltensweisen diese Verwandtschaft münden soll, abgesehen von mal heimeligen, mal unheimlichen Symbiosen mit »companion species« (Haraway 2003).

Ausgehend von dieser Vorstellung einer unausweichlichen Verstricktheit der Spezies in Symbiosen hat die Weggefährtin Haraways, die Anthropologin Anna Tsing, ein alternatives Modell von Agency entwickelt. Es analysiert alte und neue menschliche Kulturtechniken – wie Ackerbau und Viehzucht, Plantagen, aber auch bestimmte Formen des Sammelns (*foraging*) – als gegenseitige Durchdringung und Transformation der Arten. Aus diesen gegenseitigen Transformationen, so Tsings Pointe, entsteht das, was dann als alleinige Errungenschaft menschlicher Kultur gefeiert – aber im Grunde missverstanden – wird.

So erklärt sie etwa den Beginn der Landwirtschaft und die Kultivierung von samentragenden Gräsern nicht als kulturelle Entwicklungsleistung des Menschen, sondern umgekehrt als Domestizierung des Menschen durch die Getreidepflanzen: »Cereals domesticated humans« (Tsing 2012a: 145). Sie bringen den Menschen dazu, von der vielfältigen Nahrung des Sammlers zu einigen wenigen Grundnahrungsmitteln überzugehen, sesshaft zu werden, mehr Kinder zu bekommen, komplexe Sozialstrukturen wie Städte und Staaten zu entwickeln – und damit unfreie, stark hierarchisierte Lebensformen zu errichten. Eine solche Reformulierung von Agency ermöglicht es besser als die üblichen Emanzipations- und Fortschrittsnarrative, die Kontingenzen, aber auch die Pfadabhängigkeiten menschlicher Kulturentwicklung in Auseinandersetzung mit der Natur zu beschreiben. Sie korrigiert so den Anthropozentrismus klassischer Kulturgeschichte. Gleichwohl ist Tsings Vorstellung einer zwischen Organismen, Landschaften, Materialien, Klimata und dem Menschen *verteilten* Agency eine Überpointierung, die gerade nicht mehr erklären kann, wie der Mensch zur dominierenden Lebensform geworden ist.

Überschätzt also der Ökomodernismus den Menschen als *homo*, so unterschätzt der Posthumanismus den Menschen als bloßen *anthropos*. Es ist bezeichnend, dass beide Positionen Schwierigkeiten haben, die spezifische Struktur der Agency des Menschen im Anthropozän adäquat zu erfassen. Die Welt des *homo* ist die Welt des vom Menschen absichtlich Geschaffenen. Dessen Agency wäre damit eine des zielgerichteten Handelns, eines rationalen Einsatzes von Mitteln für bestimmte Zwecke und die Fähigkeit, die Verhältnismäßigkeit zwischen Mitteln und Zwecken richtig einzuschätzen. *Homo* hat Kontrolle über sein Handeln – und genau darum ist er für dieses Handeln und seine Folgen auch verantwortlich zu machen. Eine solche ›humanistische‹ Fassung von Agency missversteht aber die spezifische Struktur der menschlichen Wirkmacht im Anthropozän. Denn hier geht es eben gerade nicht *allein* um intentionales (wenngleich rücksichtsloses und fehlgeleitetes) Handeln, sondern um unabsichtliche und ungesteuerte Formen der Wirksamkeit, um Nebenfolgen, Unabsichtigkeiten – eine bestimmte Form ökologischer Blindheit, die nicht einfach als ideologische Verblendung der Moderne abzutun ist.

Diese Struktur der Agency als »force« hat weniger mit zielgerichtetem Handeln zu tun als mit dem, was man in der Biologie ›Verhalten‹ nennen würde. Die ökologischen Folgen menschlichen Handelns sind nicht Zwecke, sondern *Nebeneffekte*, verschleiert durch Latenzperioden, Unsichtbarkeit und die scheinbar unendliche Resilienz der Natur. Die Divergenz von Wirkungsabsicht und Wirkungsfolgen entsteht in diesem Fall nicht durch einen Mangel an Reflexionsfähigkeit im einzelnen Akt, sondern durch deren massenhafte Kumulation. Erst in der millionenfachen Vervielfältigung sind einzelne, scheinbar harmlose Alltagsverrichtungen ökologisch relevant. Die Agency des Menschen als geologischer Kraft ist also ein Skaleneffekt, die Übersetzung einer Handlung von einer individuellen in eine massenhafte und globale Größenordnung (siehe Kap. 4.3 Skalen I). Genau darum ist sie so schwer auf einzelne Verantwortliche zurückzuführen.

Im Licht der Erdsystemwissenschaften betrachtet, entsteht damit die geologische Wirkmacht des Menschen erst im Rahmen des Erdsystems – eines Systems, dessen Zusammenspiel wir gerade erst zu begreifen beginnen und das sich als sehr viel komplexer und sehr viel unberechenbarer zeigt, als es die traditionelle Vorstellung einer regelhaften Natur nahegelegt hatte (siehe Kap. 3.1 Natur und Kultur). In diesem Sinne ist der Hinweis des New Materialism und des ökologischen Posthumanismus auf die Wirkmacht nicht-menschlicher Akteure durchaus triftig: Die massive Wirksamkeit des Menschen hängt nicht allein vom menschlichen Akteur selbst ab, sondern von dem Gefüge, in dem er sich befindet. Aber als »geologische Kraft« ist der Mensch ebenso ›blind‹ und intentionslos wie die anderen geologischen Kräfte.

Die Agency des Menschen im Anthropozän hat demnach nicht die Struktur einer kontrollierten, zielgerichteten »Macht« (*power*), die bewusst eingesetzt oder zurückgenommen werden kann, sondern die einer blinden »Kraft« (*force*) (Chakrabarty 2018). Politisch und ethisch besteht die Herausforderung – hierin ist wiederum den Ökomodernisten recht zu geben – zweifellos darin, diese absichtslose Kraft des *anthropos* im Rekurs auf die rationalen und moralischen Fähigkeiten (*power*) des *homo* unter Kontrolle zu bringen. Die Kritik am Spezies-Denken lässt sich damit als – politisch sympathischer, aber anthropologisch naiver – Versuch verstehen, das Verhalten des *anthropos* als Handeln des *homo* zu deuten. Ihr Gestus, spezifische Verantwortliche zu benennen (die europäische Industrialisierung, den Kapitalismus, die Globalisierung), unterstellt einen menschlichen Akteur (und seien es Kollektive oder Institutionen), der mit Absichten und Zwecken *handelt.* Die ökologische Krise des Anthropozäns wäre so ein wissentlich in Kauf genommener Preis des industriellen Fortschritts (Bonneuil/Fressoz 2016). Aber diese Perspektive verwechselt die beiden Menschenfassungen, als wäre *homo* der Herr im Haus des Erdsystems. Ohne ein Verständnis von der Zwieschlächtigkeit des Menschen als *homo* und *anthropos*, als kulturelles und natürliches Wesen, ist seine spezifische Rolle im Anthropozän nicht zu fassen. Und das bedeutet – trotz aller Polemik gegen den »human exemptionalism« (Bonneuil 2015: 17) –, seine *Besonderheit* als Lebewesen ernst zu nehmen.

Damit gewinnt eine Form der anthropologischen Reflexion neue Aktualität, die versucht hat, die ›Sonderstellung des Menschen‹ gerade aus seiner Position im Gefüge der Natur abzuleiten: die Philosophische Anthropologie, die sich insbesondere in Deutschland Anfang des 20. Jahrhunderts auf der Basis der Umwelttheorie Jakob von Uexkülls, aber auch der Phänomenologie entfaltet hat. Ihre Vertreter zeichnen den Menschen als ein Wesen, das gerade seine biologischen Schwächen zur Stärke gemacht hat. Ihr Ausgangspunkt ist die Tatsache, dass der Mensch nicht auf ein spezifisches Umweltverhältnis festgelegt ist. Nach Helmuth Plessner kennzeichnet den Menschen eine »exzentrische Positionalität«, also die Fähigkeit, auf die eigene Position in einer gegebenen Umwelt reflektieren zu können (Plessner [1928] 1975). Daher sei die »Natur« des Menschen eigentlich seine »Künstlichkeit« (Plessner [1967] 1982: 15 ff.). Diese Ungebundenheit des Menschen erklärt sich dabei gerade aus seiner »Nacktheit«: ohne Schutzpanzer oder Angriffswaffen, von schwachem Instinkt und belastet von seiner Reflexivität, »existentiell, hälftenhaft, nackt« (ebd.: 25). Genau darum ist der Mensch getrieben, sich stets neu zu entwerfen: »dass gerade der Mensch zum Apostaten der Natur, zum Unruhestifter, Geltungsbedürftigen, Leistungswesen wird [...] muss selbst als Symptom der exzentrischen Positionalität begriffen werden. [...] Um sich ins Gleichgewicht erst zu bringen, wird der Mensch das dauernd nach Neuem strebende Wesen, sucht er die Überbietung, den ewigen Prozess.« (ebd.: 29)

Arnold Gehlen beschreibt den Menschen als »Mängelwesen«, das formbar, lernfähig, aber auch weitgehend schutzlos ist. Aus dieser Schutzbedürftigkeit leitet er die Notwendigkeit von verschiedenen Instanzen der »Entlastung« ab: erstens die Sprache, die soziale Koordination ermöglicht, zweitens soziale Institutionen, die menschliches Zusammenleben organisieren, und drittens die Entwicklung von Technologie als Kompensation der mangelhaften körperlichen Ausstattung (Gehlen [1940] 1971). Gerade in seiner ökologischen Ungebundenheit erzeugt sich der Mensch eben nicht nur spezifische Umwelten (viele Arten konstruieren sich ihre ökologischen Nischen), sondern eine ganze Welt. Die Technologie, die diese Konstruktion einer künstlichen Welt vorantreibt, hat dabei einen eigentümlichen Doppelcharakter: Einerseits ermöglicht sie es dem Menschen, eine Welt um sich herum zu schaffen, die ihn vor den Anfechtungen einer übermächtigen Natur schützt; andererseits wird sie so zu einer zweiten Welt, in der der Mensch unausweichlich gefangen ist (Gehlen 1957).

Diese These von der mangelnden Anpassung des Menschen an seine Umwelt wirkt evolutionsgeschichtlich auf den ersten Blick eher unplausibel. Warum hat man durch schlechte Anpassung einen Überlebensvorteil? Einen Vorschlag dazu macht die »variability selection hypothesis« des amerikanischen Paläoanthropologen Rick Potts (1997). Potts bemerkt, dass der klassische Darwinismus evolutionäre Entwicklung stets als Anpassung an *stabile* oder sich nur langsam wandelnde Umweltbedingungen gedacht hat. Er verweist darauf, dass die Entwicklung von *Homo sapiens*, an deren Ende er als einzige Menschengattung übrig bleibt, ja nicht in der relativ stabilen Umwelt des Holozäns stattgefunden hat, sondern im Pleistozän mit seinen enorm starken Klima- und Umweltschwankungen. Diese Schwankungen vollzogen sich teils mit atemberaubender Geschwindigkeit. Pollenablagerungen aus Frankreich, Griechenland und vom Schwarzen Meer zeigen, dass sich in diesen Gegenden während des späten Pleistozäns Tundra und Auwald zum Teil innerhalb eines einzigen Jahrzehnts ablösten (ebd.: 167).

Um diese »Zeit ökologischen Traumas« (ebd.: 216) zu überleben, war es vorteilhaft, bestimmte Eigenschaften zu besitzen, die weniger mit Anpassung denn mit ökologischer Flexibilität zu tun haben: Es geht darum, in der sich wandelnden Landschaft neue Ressourcen zu erschließen, Schwankungen in den Umweltbedingungen zu tolerieren und sich in geographisch verteilte Populationen auszudifferenzieren (ebd.: 232). Eine Umwelt, die abruptem Wandel und chaotischen Fluktuationen unterliegt, favorisiert die Evolution von ökologischer *Variabilität*. Dies stellt den Schlüssel nicht nur zur Entstehung des *Homo sapiens* dar, sondern auch vieler anderer Spezies, mit denen der Mensch nicht zufällig eine enge Bindung eingegangen ist, z.B. Ratten, Schweine und vor allem Gräser – allesamt Spezies, die in der Lage sind, gestörte und labile Ökosysteme schnell zu kolonisieren.

Ein solcher Blick in die *deep history* des Menschen erklärt nicht nur dessen ›natürliche Un-Natürlichkeit‹, sondern auch seine evolutionäre Besonderheit. Sie ist weniger ein Signum der menschlichen *Überlegenheit* als vielmehr ein Resultat seiner besonderen Schutzbedürftigkeit. Der Verweis auf die Besonderheit des Menschen bedeutet keinen *normativen* Anspruch auf seine Herrschaft über die Schöpfung (Hamilton 2017: 53 f.) Angesichts der neuen Konstellation von Mensch und Erdsystem im Anthropozän – ein mächtigerer Mensch findet sich inmitten einer unberechenbareren Natur wieder – plädiert Hamilton daher für einen ›moderaten‹, nicht-teleologischen und nicht-normativen »neuen Anthropozentrismus«:

»At the heart of the new anthropocentrism stands the ›embedded subject‹, a character who expresses the double truth of the human in the Anthropocene, that is the possessor of autonomy but one always guided and constrained by its assimilation into the processes that govern the Earth system. It acknowledges that humans are agents more powerful than ever, yet confirms our ultimate inseparability from the forces of the natural world we inhabit.« (ebd.: 52)

Die Agency, die Hamilton modelliert, geht gerade von dieser Doppelnatur des Menschen aus. Mit seiner größeren Wirkmacht, aber angesichts einer sehr viel »kitzligeren«, irritableren Natur (Stengers 2015: 46), wächst dem Menschen vor allem sehr viel mehr Verantwortung zu – eine Verantwortung, die aber weniger darin besteht, schnellstens grüne Technologie zu implementieren, als sich auf die neue Unberechenbarkeit der Natur einzustellen. Die massiven Umweltschwankungen des Pleistozäns könnten dabei als Modell dienen. Die Vorstellung einer Einheit der Menschheit im Anthropozän, die die Kritik am Spezies-Denken als ideologische Konstruktion geißelt (exemplarisch Malm/Hornborg 2014), lässt sich von hier aus auch noch einmal ganz anders verstehen: Es geht nicht um eine allgemeine oder partikulare Schuld am Anthropozän, sondern um eine *gemeinsame* Zukunft im Anthropozän, in einer volatilen Natur voller Extreme, der *alle* Menschen ausgesetzt sein werden.

Hamiltons Skepsis gilt dem ökomodernistischen Glauben, dass sich die Destabilisierung des Erdsystems durch einen weitsichtigen Einsatz von Technologie werde *aussteuern* lassen. Die Frage nach der Rolle der Technologie für eine Anthropologie des Anthropozäns wird dabei aber unseres Erachtens noch zu wenig in die Debatte einbezogen. Es ist indes schon der Philosophischen Anthropologie klar, dass die Entlastung des Menschen von den Anfechtungen der Natur nicht anders als durch *Technik* geschieht – eine Sphäre, die spätestens in der Moderne eine eigene Seinsweise und Dynamik gewonnen hat, die die Absichten und Bedürfnisse des Menschen radikal übersteigt.

Die Frage nach dem Menschen im Anthropozän kann daher nicht ohne den Verweis auf die Technosphäre auskommen. Diese Perspektive führt einen gänzlich anderen Posthumanismus in die Debatte ein als der ökologische Posthumanismus. Sie rückt den Menschen tatsächlich aus dem Zentrum eines Verständnisses des

Anthropozäns (Rosol et al. 2017: 3). Die Technosphäre, so der Vorschlag des Geologen und Umwelttechnikers Peter K. Haff, muss als eigenständige Dimension des Erdsystems verstanden werden, als eine autonome Sphäre neben der Biosphäre, Atmosphäre, Hydrosphäre und Lithosphäre (Haff 2013, Haff 2017: 104). In mancher Hinsicht ähnelt der Begriff damit dem Konzept der Noosphäre (siehe Kap. 2.2 Genealogien). Anders als die Noosphäre ist aber die Technosphäre nicht als geistige Ebene gedacht, sondern als materielles System, das mit den anderen Sphären des Erdsystems physisch interagiert. So gesehen, ist Technologie weder – wie in der Philosophischen Anthropologie – ein *Mittel* der Naturbeherrschung oder der anthropologischen Entlastung, noch – mit Heidegger – eine epistemische Operation, eine »Weise des Entbergens« (Heidegger [1953] 2000: 14), die der Mensch vornimmt. Die Technosphäre ist vielmehr als eine emergente Sphäre der organisierten anorganischen Materie gedacht, die nicht mehr auf den Menschen als ihren Erfinder, Nutzer und Instandhalter zurückgeführt werden kann (Haff 2013: 301). Im Zeitalter der digitalen Vernetzung von Technologie muss diese als in sich und mit ihrer Umwelt global interagierende und kommunizierende Dimension gedacht werden – nicht mehr einfach eine Extension des Menschen, sondern autonom:

»The technosphere includes the world's large-scale energy and resource extraction systems, power generation and transmission systems, communication, transportation, financial and other networks, governments and bureaucracies, cities, factories, farms and myriad other ›built‹ systems, as well as all the parts of these systems, including computers, windows, tractors, office memos and humans. It also includes systems which traditionally we think of as social or human-dominated, such as religious institutions or NGOs.« (Haff 2014: 127)

In dieser autonomen Technosphäre sind die Menschen wenig mehr als »untergeordnete Bestandteile« (ebd.), Elemente eines größeren Systems, auf dessen Mikro- und Makroebene sie jedoch keinen Zugriff haben. Ihre Aufgabe ist es, das System zu warten und seine Energieversorgung sicherzustellen – im Austausch gegen die Versorgung, die die Technosphäre ihnen bietet. Haff argumentiert, dass der Mensch nur mit Dingen interagieren kann, die sich in der gleichen Größenordnung (er nennt das Stratum II) befinden wie er selbst (oder komplizierte Übersetzungsprozesse benötigt) (ebd.: 130). In einem Verkehrssystem kann er z.B. sein Auto steuern (das in der gleichen Größenordnung wie er – Stratum II – angesiedelt ist). Aber er hat weder Zugriff auf die technische Mikroebene (Stratum I: die Elektronik, die Physik und Chemie des Verbrennungsprozesses im Motor etc.) noch auf die Makroebene des Verkehrssystems (Stratum III) (siehe auch Kap. 4.3 Skalen I).

Angesichts der globalen Reichweite der Technosphäre kann der Mensch nicht mehr außerhalb dieser gedacht werden. Sie ist es auch, die seine massive Wirksamkeit im Erdsystem erst ermöglicht. Damit ist das Subjekt des Anthropozäns nicht ›der Mensch‹, aber auch nicht bestimmte Gesellschaften oder ›der Kapitalismus‹, sondern eine bestimmte konkrete »Assemblage« von Menschen, Infrastrukturen, Konsumformen, Energieregimen innerhalb der Technosphäre (Woods 2014). Haffs Konzept der Technosphäre ermöglicht es, die paradoxe Form der Agency des Menschen im Anthropozän und das ihr inhärente Skalenproblem genauer zu verstehen. Denn die Technosphäre umgibt den Menschen nicht nur als ein Gesamtsystem, dessen Teil er ist, sie überschreitet den Menschen auch in ihren Größenordnungen – sowohl auf der Mikro- wie auf der Makroebene. Ist der Mensch auf dem Stratum II angesiedelt, umfasst die Technosphäre die Strata I und III, also Größenordnungen, die sowohl zu klein als auch zu groß sind, um für den Menschen direkt ansteuerbar zu sein. Auf dem Stratum II – seiner eigenen Größenordnung – hat er Spielraum und Intentionen, aber er verliert die Kontrolle, sobald es um die anderen Strata geht: Weder ist ihm der CO_2-Ausstoß seines Motors im Stratum I zugänglich noch dessen kumulierte Folgen für das Weltklima im Stratum III. Aber seine Eingebundenheit in die Technosphäre leistet ständig die Übersetzung zwischen diesen verschiedenen Größenordnungen. Genau in dieser Übersetzung entsteht die Disjunktion von Handlungen und ihren Effekten. Der Kontrollverlust, der die menschliche Wirkmacht ebenso kennzeichnet wie ihre massive Kraft, ist ein Skaleneffekt (siehe Kap. 4.3 Skalen I).

Nimmt man die These von der Technosphäre als Subjekt des Anthropozäns ernst, so marginalisiert sie tatsächlich die Rolle des Menschen im Anthropozän. Was sich in ihr andeutet, wäre eine erdgeschichtliche Dynamik, in der die Sphären des Erdsystems immer wieder Elemente hervorbringen, die dieses destabilisieren und in einen neuen Zustand versetzen, aber damit zur Emergenz gänzlich neuer Sphären geführt haben. So emergiert aus der Lithosphäre, durch die Ausgasungen der jungen Erde, die Atmosphäre. Aus den anorganischen Sphären – Litho-, Atmo- und Hydrosphäre – entsteht die Biosphäre, die Dimension des Lebens auf der Erde – und aus dieser, als später Ankömmling, der Mensch. Als »Unruhe stiftender« Teil der Biosphäre (Plessner) aber generiert der Mensch schließlich wiederum eine neue, autonome Sphäre – die Technosphäre. Sie ist es, die nun, im Anthropozän, eine erneute Transformation des Erdsystems mit sich bringt. Es ist nicht undenkbar, dass im Zuge dieser Transformation der Mensch als bloßer biotischer Geburtshelfer der Technosphäre irgendwann wieder verschwunden sein wird.

EH

3.3 Politik

Welche Gestalt das Anthropozän annehmen wird, hängt davon ab, ob die Menschheit es schafft, ihren Einfluss auf das Erdsystem zu begrenzen und zu steuern. Dies setzt voraus, dass die unterschiedlichen gesellschaftlichen Akteure – seien es Staaten, Unternehmen, Kommunen, Bürgergruppen oder auch Einzelpersonen – ihr Handeln an Regeln binden und ihre Interessen koordinieren. Damit ist das Anthropozän eine eminente Frage der Politik. Wie verändern sich unsere Vorstellungen von politischem Handeln, wenn wir wissen, dass die Menschheit ein einflussreicher Teil des Erdsystems ist? Welche Formen gesellschaftlicher Organisation, welche politischen Strukturen wären in der Lage, die Beziehungen zwischen Gesellschaft und Erdsystem zu explizieren (siehe Kap. 3.4 Ästhetik) und die kumulativen Effekte menschlichen Handelns in den Griff zu bekommen? Anders gefragt: Lässt sich die geologische »Kraft« des Anthropos in eine bewusst ausgeübte »Macht« übersetzen (siehe Kap. 3.2. Anthropos)?

Ein eindringliches Bild dafür, wie das neue Wissen um das Erdsystem den Horizont politischen Handelns verschiebt, findet sich am Anfang von Michel Serres' Buch *Der Naturvertrag*. Dort beschreibt er Francisco de Goyas Gemälde *Duell mit Knüppeln* (Abb. 6): »Ein stockschwingendes Feindespaar bekämpft sich inmitten von Treibsand.« Während sich der Betrachter vom Kampf der beiden Männer faszinieren lässt, spielt sich das eigentliche Drama nicht *zwischen* den Kontrahenten, sondern *unter* ihnen ab: »Bei jeder Bewegung saugt ein zähflüssiger Strudel sie weiter ein, so daß sie einander nach und nach selbst begraben.« (Serres [1990] 1994: 11) In Serres' Deutung wird dieses Bild zur Allegorie eines politischen Denkens im Anthropozän: Es verweist auf die Beschränktheit aller herkömmlichen Vorstellungen von Politik, die sich allein für die Konflikte zwischen den Menschen interessieren und vergessen, dass die Bedingung dieser Konflikte ein gemeinsamer Boden ist, der nun beide Kämpfer zu verschlingen droht. Denn dieser Boden ist nicht indifferent, sondern ein Akteur, den die Kämpfer aber ignorieren. Der Verlauf ihres Streits hängt also von einer dritten Kraft ab: dem Erdsystem, das die Grundlage allen Lebens ist und dessen Eigendynamik auf die menschlichen Konflikte zurückwirkt. Damit verschiebt sich der Begriff des Politischen. Denn im modernen Verständnis gründete jegliche politische Ordnung auf einem Gesellschaftsvertrag, der die Beziehungen zwischen den Menschen regelt. Das, so Serres, reicht heute nicht mehr aus. Der Gesellschaftsvertrag muss durch einen »Naturvertrag« ergänzt werden, der natürliche Prozesse mit einbezieht.

Der Naturvertrag wurde 1990 veröffentlicht. Der Kampf der beiden Duellanten steht einerseits für gesellschaftliche Antagonismen im weitesten Sinne, aber er verweist auch auf den Kalten Krieg, der das politische Denken fast fünfzig Jahre in seinem Bann gehalten hatte. Für die Zeitgenossen der *Great Acceleration* ist das zentrale Motiv ihrer Epoche nicht die Transforma-

Abb. 6: Francisco Goya: Duelo a Garrotazos, 1820/23, 123 x 266 cm, Öl auf Leinwand, © Museo del Prado, Madrid.

tion des Planeten, sondern das Ringen zwischen Ost und West. All das, was diese *Great Acceleration* kennzeichnet – die Atombombentests, die Vervielfachung der Konsumgüter, die forcierte Verbreitung von Kunstdünger und Pestiziden, der Bau von Autobahnen und monumentalen Staudämmen –, wurde als Teil jenes Wettstreits betrachtet, welches politische System die Fortschrittsversprechungen der Moderne besser einlösen könne. Serres sieht, dass die Akteure im Zuge ihres Ringens um geopolitische *Macht* zu einer geologischen *Kraft* geworden sind.

Aber nicht nur der »globale Wandel« selbst (Serres [1990] 1994: 147), sondern auch das Wissen um ihn war ganz wesentlich ein Produkt des Kalten Kriegs. Erste Ahnungen davon, dass der Konflikt zwischen den Supermächten die Lebensgrundlagen der gesamten Menschheit infrage stellte, wurden bereits in den 1950er Jahren wach. Sie waren ein wichtiger Anlass für wissenschaftliche Kooperationen über die Grenzen der politischen Blöcke hinweg, die z.B. zum Internationalen Geophysischen Jahr führten (1957–1958) und so den ersten internationalen Vertrag möglich machten, der explizit den Schutz der Erde zum Ziel hatte (Edwards 2017: 36): Das Atomteststoppabkommen von 1963 untersagte oberirdische Atomtests und setzte so dem radioaktiven Niederschlag ein Ende, der in den vorangegangenen Jahren den gesamten Planeten mit einer hauchdünnen, aber stratigraphisch markanten Schicht von Radioisotopen bedeckt hatte. Die Sorge vor einem ›nuklearen Winter‹, wie er auf einen Atomkrieg folgen würde, war eine treibende Kraft bei der Erforschung der atmosphärischen Chemie (Hamblin 2013: 237–241). Diese legte ihrerseits den Grundstein für die Gaia-Theorie (Lovelock/Margulis 1974a) und führte zur Entdeckung der stratosphärischen Ozonschicht, die die Biosphäre vor UV-Strahlung schützt. In den 1980er Jahren warnten wissenschaftliche Experten, dass Fluorchlorkohlenwasserstoffe und ähnliche chemische

Verbindungen in Kühlschränken und Klimaanlagen diese Ozonschicht zerstören. Die internationale Staatengemeinschaft reagierte mit dem Montreal-Protokoll, das 1989 in Kraft trat und die Emission von ozonschädlichen Stoffen untersagte.

Vor diesem historischen Hintergrund nimmt Serres' abstrakte Rede vom Naturvertrag eine konkrete Bedeutung an: Das Atomteststoppabkommen und das Montreal-Protokoll, aber auch das 1988 eingerichtete Intergovernmental Panel on Climate Change (IPCC) sind Institutionen, die das Zusammenspiel von »Physik« und »Recht« illustrieren (Serres [1990] 1994: 80 f.), das Serres vorschwebt. Serres geht davon aus, dass ein solcher Naturvertrag bereits in Kraft sei. In der Tat sollten sich die 1990er Jahre als ein »goldenes Zeitalter« für das internationale Umweltrecht erweisen (Pattberg/Zelli 2016: 6): Auf das Montreal-Protokoll folgten die UN-Klimarahmenkonvention von 1992, die Biodiversitätskonvention von 1993, das Kyoto-Protokoll zur Reduktion der CO_2-Emissionen von 1997 und eine Vielzahl weiterer multi- und bilateraler Verträge, die den Umweltschutz auf ein breites völkerrechtliches Fundament stellten.

Der Rückzug der USA aus dem Kyoto-Protokoll im Jahr 2001 war nur das sichtbarste Signal für das Ende dieser Phase. Globale Umweltprobleme durch vertragliche Vereinbarungen zwischen Staaten zu lösen stößt gerade im Fall des Klimawandels an seine Grenzen. Die Nutzung fossiler Brennstoffe hängt eng mit politischen und wirtschaftlichen Machtinteressen zusammen. Seit der Entwicklung der Dampfmaschine im späten 18. Jahrhundert war sie die Triebfeder der Modernisierung und des geopolitischen Aufstiegs der westlichen Welt (siehe Kap. 4.2 Energie, Kap. 5 Schluss). Auch heute ist der Verbrauch von fossilen Brennstoffen einer der verlässlichsten Indikatoren für den Wohlstand einer Gesellschaft. Bereits im Vorfeld der Klimarahmenkonvention von 1992 wurde deshalb der Verdacht geäußert, dass internationale Anstrengungen zur Reduktion der CO_2-Emissionen auf eine neue Form des »Umweltkolonialismus« hinauslaufen. Emissionsreduktion sei, so argumentierten Vertreter der Schwellenländer, ein Versuch, ihre wirtschaftliche Entwicklung zu bremsen, um die Vormachtstellung der alten Industrienationen abzusichern (Agarwal/Narain 1991). Eine gerechte Klimapolitik müsse bei der Berechnung zukünftiger CO_2-Budgets die historische Verantwortung der Industrienationen berücksichtigen und die wirtschaftlichen Lasten eines Ausstiegs aus fossilen Brennstoffen entsprechend verteilen. Sie darf sich nicht allein auf den kumulativen CO_2-Ausstoß ganzer Länder beziehen, sondern muss auch die gewaltigen Unterschiede bei den individuellen Emissionen einberechnen. Klimapolitik ist also untrennbar mit Fragen der globalen Verteilungsgerechtigkeit verknüpft. Die Klimarahmenkonvention brachte diese Einsicht in der Kompromissformel zum Ausdruck, die Signatarstaaten trügen eine »gemeinsame, aber unterschiedliche Verantwortlichkeit« für den Klimaschutz (United Nations 1992; Übers. HB). Konkret bedeutete dies zunächst einmal, dass Länder wie China und Indien in der ersten Phase von Verpflichtungen ausgenommen bleiben sollten – was zum Anlass für den Austritt der USA wurde. Das reihenweise Scheitern der UN-Klimakonferenzen bis hin zum Pariser Abkommen von 2015 spiegelt letztlich die Weigerung wider, nationales Streben nach Wohlstand und Macht dem Schutz des Erdsystems unterzuordnen.

Die Schwierigkeiten, die unterschiedlichen Parteien beim Klimaschutz zu koordinieren, sind beispielhaft für die politischen Herausforderungen des Anthropozäns. Ihrer Struktur nach fallen sie in jene Kategorie von Problemen, die in den Sozialwissenschaften als »collective action problems« (Olsen 1965: 29 f.) bekannt sind und in der Spieltheorie als »Gefangenendilemma« (Axelrod 1984: 7–9). Grundsätzlich geht es dabei um die Vereinbarkeit individuellen Profits mit kollektiven Gütern. Wann lohnt es sich, eigenen Gewinn zugunsten von Kooperation zurückzustellen? Wie muss Kooperation organisiert sein, um für den Einzelnen interessant zu sein? Mit speziellem Bezug auf ökologische Probleme prägte Garrett Hardin dafür 1968 in einem berühmten Aufsatz den Begriff der »Tragik der Allmende«. Als Allmende (*commons*) bezeichnet Hardin Güter, die für alle zugänglich sind, für deren Instandhaltung aber niemand eigens Verantwortung trägt. Sein Beispiel dafür ist ein gemeinschaftlich genutztes Stück Weideland: Jeder Bauer hat ein Interesse daran, möglichst viel Vieh auf die Weide zu treiben, denn der Nutzen kommt ausschließlich ihm zugute, während der Schaden, den die Weide dadurch nimmt, von allen geteilt wird. Deshalb besteht eine dauernde Tendenz, die Allmende durch Übernutzung zu ruinieren (Hardin 1968: 1244). So führt gewinnmaximierendes Verhalten, das für den Einzelnen kurzfristig gesehen durchaus sinnvoll, mithin rational ist, zu irrationalen – also zerstörerischen – Resultaten für die Gruppe.

Die Kapazität der Erdatmosphäre, Treibhausgase zu absorbieren, stellt ein Allmendegut in genau diesem Sinne dar. Sie kommt allen Menschen in irgendeiner Weise zugute (wenn diese einerseits Treibhausgase in die Atmosphäre entlassen und andererseits von klimatischer Stabilität profitieren), ohne dass es eine Instanz gäbe, die den Zugriff auf sie regelt. Die Verbrennung fossiler Brennstoffe ist rational, insofern sie für den jeweiligen Nutzer direkte Vorteile hat. Dagegen wird der damit verknüpfte Schaden nicht nur räumlich, sondern auch zeitlich in weite Ferne umgeschichtet. Die Zyklen, in denen Kohlenstoff zwischen Atmosphäre, Biosphäre, Hydrosphäre und Lithosphäre ausgetauscht wird, vollziehen sich auf ganz unterschiedlichen Zeitskalen, so dass die Auswirkungen des anthropogenen Klimwandels erst für nachfolgende Generationen in vollem Umfang spürbar werden. Letztlich können alle Komponenten des Erdsystems, die in Rockströms »planetary boundaries«-Modell spezifiziert sind – vom globalen Frischwasserhaushalt über die Kohlenstoff-, Phosphor- und Stickstoffkreisläufe bis hin zu biologischer Artenvielfalt –, als solche Allmendegüter aufgefasst werden (siehe Kap. 2.1 Definitionen). In den Wirtschafts- und Sozialwissenschaften spricht man deshalb auch von einer »globalen Allmende« (*global commons*) (Brousseau et al. 2012).

Wenn Hardin die Zerstörung von Allmendegütern »tragisch« nennt, geht es ihm nicht so sehr darum, dass das Ergebnis bedauernswert ist. Die Bezeichnung ist vielmehr im Sinn der klassischen Tragödien-Theorie gemeint: Eine Tragödie ist ein Verhängnis, das die Akteure ohne Absicht herbeiführen (Nixon 2012: 594). Die einzige Lösung ist aus Hardins Sicht die Umwandlung von Allmendegütern in Privateigentum und der gesetzliche Schutz durch eine staatliche Zentralgewalt. Hardins Überlegungen sind bis heute ein Bezugspunkt für Versuche, »marktbasierte« Lösungen für Umweltprobleme zu finden (Anderson/Leal 2015). Umweltschutzorganisationen wie z.B. die National Audubon Society oder die Nature Conservancy in den USA konzentrieren sich schon seit Langem darauf, als besonders wertvoll angesehene biologische Arten und Landschaften zu schützen, indem sie Land kaufen und privatem Management unterstellen. In den Wirtschaftswissenschaften und der Umweltgesetzgebung verfolgt man zunehmend den Ansatz, den Geldwert der natürlichen Umwelt in Form von »Ökosystemdienstleistungen« zu quantifizieren (Costanza et al. 1997). Dahinter steht letztlich die Binsenweisheit, dass das, was nichts kostet, auch nichts wert ist – und Natur nur dann bewahrt werden kann, wenn sie einen Preis hat.

Solche Ansätze sind schon deswegen problematisch, weil Naturdinge nicht zähl- und abgrenzbar sind wie gewöhnliche Handelswaren. Aus ökologischer Perspektive ist z.B. ein Baum nicht nur ein individueller Organismus, sondern auch ein Element im Wasser- und Nährstoffkreislauf eines umfassenderen Ökosystems – ein Element, das überdies einzeln betrachtet für das Funktionieren des Gesamtsystems irrelevant ist. Er ist aber auch in sich selbst ein komplexes System, das sich aus weiteren Systemen zusammensetzt (etwa dem Wurzelsystem mit seinen symbiotischen Pilzen oder den Chloroplasten im Blätterwerk) und Lebensraum für andere biologische Organismen bereitstellt. Schließlich mag er auch eine symbolische Bedeutung für die Menschen besitzen, zu deren Lebenswelt er gehört. Man kann einen Baum also auf sehr vielen Ebenen betrachten, die auf komplexe Weise miteinander verschränkt sind. Ein ›Wert‹ des Baumes hängt also gänzlich von der Perspektive ab. Da manche Funktionen des Baumes nicht ersetzbar sind, macht es auch keinen Sinn, ihren Tauschwert zu ermitteln (Brennan 2006). Natürliche Dinge haben also keinen natürlichen Marktpreis (Purdy 2015: 263). Dies gilt umso mehr für die Atmosphäre und andere Komponenten des Erdsystems, die sich nicht wie ein Stück Weideland aufteilen und einzäunen lassen. Eine Konstruktion wie der Emissionshandel, der einen Markt für atmosphärisches CO_2 schaffen und so einen wirtschaftlich effizienten Weg zu seiner Reduktion weisen sollte, hat nur dann Erfolg, wenn sich alle Akteure auf ein gemeinsames Preisregime einigen (Tirole 2017: 213–216). Aber eine Zentralgewalt, die einen solchen Markt auf globaler Ebene durchsetzen könnte, existiert nicht. So könnte man zu dem Schluss gelangen, dass das Erdsystem unweigerlich der Tragik der Allmende zum Opfer fallen wird.

Es ist vor allem das Verdienst der Wirtschaftswissenschaftlerin Elinor Ostrom, gezeigt zu haben, dass Hardins abstrakte Modellierung des Problems sich nicht mit den empirischen Beobachtungen deckt. In ihrem bahnbrechenden Buch *Governing the*

Commons untersuchte sie Beispiele für Gesellschaften, die z.T. über viele Jahrhunderte hinweg Allmendegüter bewirtschafteten, ohne sie zu zerstören (Ostrom 1990). Daraus abstrahierte sie eine Liste von acht »design principles« von erfolgreichen sozialen Regeln, die dies ermöglichen. Zu diesen Prinzipien zählen u.a.: (1) Subsidiarität, d.h., Entscheidungen sollen möglichst dort getroffen werden, wo sie auch umgesetzt werden müssen; (2) klare Zugangsbegrenzungen, d.h., das Gut wird gemeinschaftlich genutzt, steht aber nicht jedem zur Nutzung offen; (3) effektive Aufsicht, d.h., alle Beteiligten müssen sehen können, dass die anderen kooperieren; und (4) Sanktionsmöglichkeiten gegen Teilnehmer, die die Regeln für die Nutzung des Allmendeguts verletzen. Dabei sind die Strukturen, die eine nachhaltige Nutzung von natürlichen Ressourcen ermöglichen, häufig das Resultat von spontaner Kooperation zwischen den beteiligten Akteuren. Sie entwickeln sich also unabhängig von staatlicher Steuerung (Ostrom 1990: 178–181). In vielen Fällen sind es gerade staatliche Interventionen und Privatisierung, die zur Zerstörung von Allmendegütern führen.

Ein Beispiel dafür sind die Maasai, die als halbnomadische Viehzüchter in der Trockensavanne des ostafrikanischen Rift Valley ein System der kollektiven Bewirtschaftung entwickelten, das sich trotz drastischer Umweltschwankungen lange als bemerkenswert robust erwies (Blewett 1995). Dieses System, das auch benachbarte Stämme mit einbezog, beruhte auf einem vor allem durch Heiratsbande und Handel geknüpften Netz von wechselseitigen Verpflichtungen, deren Einhaltung durch einen strengen Ehrenkodex überwacht wurde. Dass einzelne Familien besonders große Viehherden hatten, war ein akzeptierter spekt dieses Systems, denn solche Herden waren in der Lage, längere Dürreperioden zu überstehen und anschließend ehbestand der ärmeren Stammesmitglieder aufzustocken.

Die deutschen und britischen Kolonialherren, die in den 1890er Jahren die politische Kontrolle über das Rift Valley übernahmen, verstanden dieses System nicht. Sie betrachteten die großen Viehherden als Resultat eines selbstzerstörerischen Wettbewerbs um Prestige und die vielen ungenutzten Flächen, welche für die ökologische Flexibilität der pastoralen Lebensweise von essentieller Bedeutung sind, als Zeichen von Ineffizienz. Die fruchtbarsten Teile des Landes wurden an weiße Farmer verteilt! Das Netzwerk von sozialen Beziehungen, welches die Maasai an ihr Territorium gebunden hatte, wurde durch koloniale Grenzziehungen und die juridische Fixierung ethnischer Identitäten zerrissen. Das Ergebnis war ökologische Zerstörung, die dann – ganz im Geiste von Hardins Argumentation zur Tragik der Allmende – zur Rechtfertigung weiterer Enteignungen diente (Blewett 1995: 486–488).

Es geht hier wohlgemerkt nicht darum, exotische Stammesgesellschaften zu idealisieren. Ähnliche Formen der Kooperationen finden sich in traditionellen Gesellschaften überall auf der Welt, und Ostrom bezieht ihre Beispiele in *Governing the Commons* unter anderem aus der Schweiz, Spanien und Japan. Aber die Geschichte der Maasai veranschaulicht auf besonders dramatische Weise die Zerstörung solcher Systeme durch das Zusammenwirken von Staatsmacht und privatwirtschaftlichen Interessen im Zuge des Kolonialismus. Damit illustriert sie einen Prozess, der in der Genese des Anthropozäns eine wichtige Rolle spielt. Karl Marx hatte die »ursprüngliche Akkumulation« von Produktivkräften durch die gewaltsame Aneignung von Land und Arbeitskraft als Vorgeschichte des Kapitalismus beschrieben. Heute herrscht die Ansicht vor, dass sie einen notwendigen Mechanismus des kapitalistischen Systems darstellt, der seit dessen Entstehung durchgängig am Werk gewesen ist (Harvey 2003, Federici 2004). Für Simon Lewis und Mark Maslin ist die Umwandlung von Allmendegütern in Privateigentum, die in England im 16. Jahrhundert mit der »enclosure«-Bewegung einsetzt, ein wichtiger Motor für die Transformation des Erdsystems (Lewis/Maslin 2018a: 173–175). Die Enteignung von Gemeinschaftsgütern produziert ein landloses Proletariat, das in die Städte abwandert, um dort seine Arbeitskraft zu verkaufen. Zugleich ebnet sie den Weg für Formen der Bewirtschaftung, die sich nicht mehr an den Bedingungen der sozialen und ökologischen Reproduktion orientieren, sondern am Imperativ der Kapitalakkumulation. So weicht die Logik der Allmende der Logik der Plantage (Tsing 2015: 23). Traditionelle Formen der Bewirtschaftung wie der Pastoralismus der Maasai (oder auch der Schweizer Bergbauern) sind auf die ökologische Dynamik ihrer lokalen Umwelt eingestellt. Sie zielen nicht auf eine Maximierung der Erträge ab, sondern auf langfristige Resilienz, und sie müssen deshalb für die unterschiedlichen Rhythmen der natürlichen Systeme sensibel sein, von denen sie abhängen. Die industrielle Landwirtschaft hingegen muss Jahr für Jahr Gewinn abwerfen. Sie ist dabei auf die *Skalierbarkeit* des Produktionsprozesses angewiesen und setzt deswegen auf eine radikale Vereinheitlichung sozialer und ökologischer Relationen (Tsing 2015: 33 f.; siehe Kap. 4.3 Skalen I): Der Bauer wird zum Unternehmer oder Lohnarbeiter, der Baum zu soundsoviel Kubikmetern Holz, und wenn das Wachstum von Eichen zu langsam oder unregelmäßig ist, ersetzt man sie durch schneller wachsende Fichten. Die ökologische Homogenisierung der Biosphäre, die mit dem 16. Jahrhundert einsetzt, spiegelt diese Logik der Plantagenwirtschaft wider, weshalb Donna Haraway u.a. die neue erdgeschichtliche Epoche auch als »Plantationocene« bezeichnen (Bubandt et al. 2016).

Das Beispiel der Maasai ist aber nicht nur von historischem Interesse. Etwa zwei Milliarden Menschen, über ein Viertel der

Weltbevölkerung, leben heute noch von der Subsistenzwirtschaft. Diese traditionellen Formen von Fischerei, Viehzucht oder Landwirtschaft hängen oft von Allmendegütern ab (Pearce 2012). Das bedeutet, dass sie keine verbrieften Besitzrechte haben und sich deshalb nur schwer gegen Enteignung wehren können. Durch die Globalisierung geraten solche Lebensformen unter immer größeren Druck. In Asien, Südamerika und vor allem in Afrika verkaufen die Regierungen große Landstriche an internationale Investoren, die z.B. Palmöl, Sojabohnen oder Zuckerrohr für den Weltmarkt produzieren (White et al. 2013). Damit werden nicht nur traditionelle Gesellschaften zerstört, sondern zugleich auch die Ökosysteme, von denen sie abhängen – Ökosysteme, die häufig die letzten Rückzugsräume für biologische Arten darstellen, welche in den intensiv bewirtschafteten Monokulturen der modernen Landwirtschaft keinen Lebensraum finden. Gerechtfertigt wird dies mit der mangelnden Effizienz traditioneller Nutzungsformen und der Notwendigkeit wirtschaftlicher Entwicklung. Jene beiden Kräfte, von denen sich Hardin die Bewahrung der natürlichen Umwelt versprach – staatliche Macht und privatwirtschafliches Interesse –, wirken also bei ihrer Zerstörung zusammen (Radkau 2002: 90).

Damit wird deutlich, warum das traditionelle Wissen und die historische Erfahrung indigener Völker im Anthropozän an Aktualität gewinnen. Ihre sozialen Institutionen und Kosmologien spiegeln oft eine intime Kenntnis ökologischer Zusammenhänge wider, die von wissenschaftlichen Experten und Entwicklungshelfern meist erst dann als solche erkannt wird, wenn es bereits zu spät ist (Lansing/de Vet 2012). Sie sind deshalb unverzichtbare Partner bei der Bewahrung lokaler Ökosysteme und sie können wichtige Anhaltspunkte dafür geben, mit welchen *sozialen* Strukturen man ihre Zerstörung verhindern kann. Sie können zeigen, was es bedeutet, die gesellschaftliche Ordnung auf einen Naturvertrag zu gründen. Dabei geht es nicht nur um die Fragilität der Natur, die für die alte Umweltbewegung im Vordergrund stand. Es geht umgekehrt auch darum, dass die Gesellschaft den Kaprizen eines Systems ausgeliefert ist, das sie zwar beeinflussen, aber nicht steuern kann. In der westlichen Moderne wurde das Verhältnis zwischen Natur und Gesellschaft als eine Art Tauziehen aufgefasst – mehr Macht für die Gesellschaft ist weniger für die Natur und umgekehrt. Das Anthropozän erfordert einen Bruch mit dieser Vorstellung. Dass menschliches Handeln die Qualität einer neuen Naturgewalt angenommen hat, bedeutet nicht, dass die alten Naturgewalten deshalb abdanken. Im Gegenteil: Je tiefer die Menschen in das Erdsystem eingreifen, desto mehr bekommen sie es mit Prozessen zu tun, die sich ihrer Kontrolle entziehen. Der Mensch hat mehr Macht *und* die Natur hat mehr Macht, so Clive Hamilton (Hamilton 2017: 45). Wenn der Mensch zu einem geologischen Akteur geworden ist, gilt im Umkehrschluss auch: Die Geologie ist zu einem politischen Akteur geworden. Im Kern eines politischen Denkens im Anthropozän stehen also das Bewusstsein einer wechselseitigen Abhängigkeit von natürlichen und gesellschaftlichen Prozessen und die Einbeziehung nicht-menschlicher Entitäten in die politische Ordnung. Damit rückt es in die Nachbarschaft indigener Kosmologien.

Das heißt aber nicht, dass die Lebensformen indigener Völker als Blaupause für ein nachhaltiges Management der planetarischen Allmende dienen könnten. Damit würde man einen zentralen Denkfehler der Moderne wiederholen: *one size fits all.* Die Arrangements, die es vielen indigenen Völkern erlaubten, der Tragik der Allmende zu entgehen, beruhen auf Interaktionen, die nur in relativ kleinen Gruppen funktionieren und sich nicht ohne Weiteres auf den Maßstab der Weltgesellschaft übertragen lassen. Ein geiziger Maasai, der seinem Nachbarn Hilfe verweigerte, wurde von seinen Ehefrauen durch das öffentliche Singen von Spottliedern abgestraft – schon deshalb, weil sie die Ersten waren, die unter den Folgen seiner Knauserigkeit zu leiden hatten. (Blewett 1995: 480) Zwar erleben Formen sozialer Kontrolle, die auf der Beschämung von Übeltätern beruhen, heute mit den sozialen Medien eine Renaissance, aber es ist fraglich, wie sich damit nationale Ziele zur CO_2-Reduktion durchsetzen lassen. Trotzdem ist denkbar, dass sie in Verbindung mit anderen Formen der Überwachung individuellen Konsumverhaltens genau diesem Zweck dienen könnten (siehe Kap. 5 Schluss). Versuche, indigene Kosmologien in die Sprache des modernen Rechtssystems zu übersetzen – wie die Verankerung der Rechte von Mutter Natur (als Inka-Gottheit Pachamama) in den Verfassungen von Ecuador und Bolivien oder die Entscheidung des obersten Gerichtshofs von Neuseeland, dem Whanganui River den Status einer Rechtsperson zuzuerkennen (Pecharroman 2017) –, mögen durchaus zu einem besseren Schutz von einzelnen Ökosystemen führen. Ihr Erfolg verdankt sich aber letztlich nicht den indigenen Kosmologien selbst, sondern der Durchsetzungsfähigkeit staatlicher Organe. Denn jene Fruchtbarkeitsgöttin, die den Bewohnern des Andenhochlands Leben spendete, hat mit der Pachamama des ecuadorianischen Verfassungsartikels nicht viel mehr als den Namen gemein.

Das entscheidende Problem ist also, ob und wie sich jene Strukturen zum Schutz von lokalen Allmenden auf das Verhältnis von Weltgesellschaft und globaler Allmende übertragen lassen. Dieser Frage wandte sich Ostrom in ihren letzten Lebensjahren zu. Ihre Antwort lautet: Polyzentrismus (Ostrom 2014). Probleme wie der Klimawandel sind das kumulative Ergebnis von zahllosen Einzelhandlungen auf unterschiedlichen Ebenen: Individuelles Konsumverhalten spielt ebenso eine Rolle wie die Entscheidungen der Kommunalpolitik, der wirtschaftlichen Unternehmen, nationalen Regierungen und supranationalen Organisationen. Das bedeutet, dass auf jeder Ebene unterschiedliche Widerstände und Anreize bestehen, an die z.B. die Klimapolitik anknüpfen muss. Häufig geht es dabei nicht in erster Linie um den Klimaschutz, sondern um positive Nebeneffekte und Synergien. Wer zum Beispiel mit dem Fahrrad zur Arbeit fährt, reduziert nicht nur seinen individuellen CO_2-Ausstoß, sondern spart auch Geld und tut etwas für seine Gesundheit. Für ein Dorf im afrikanischen Hinterland sind Solaranlagen vor allem deshalb sinnvoll, weil sie ohne störungsanfällige Überlandleitungen Strom liefern können. Investitionen in den öffentlichen Nahverkehr reduzieren die Luftverschmutzung und machen eine Stadt attraktiver. Städtepartnerschaften für den Klimaschutz (z.B. im Rahmen des von den UN unterstützten *Cities for Climate Protection-Programms*) erlauben es nicht nur, Erfahrungen mit konkreten Maßnahmen auszutauschen, sondern bieten auch Gelegenheit zur Knüpfung von wirtschaftlichen Kontakten. Ostrom fasst zusammen: »multiple benefits are created by diverse actions at multiple scales.« (Ostrom 2014: 121) Eine erfolgreiche Klimapolitik muss darauf vertrauen, dass die Akteure auf den unterschiedlichen Ebenen am besten wissen, was in dem für sie relevanten Kontext funktioniert. Sie muss ihre Autonomie und ihr Verständnis der lokalen Bedingungen respektieren.

Die Betonung von polyzentrischen Strukturen und »multilevel governance« ist auch für das neue Forschungsfeld der »Earth System Governance« charakteristisch (Biermann et al. 2016). Sie folgt einer grundlegenden Einsicht der Theorie komplexer Systeme. Die unterschiedlichen Ebenen einer Hierarchie sind miteinander verbunden, aber auf jeder Ebene kommen unterschiedliche Faktoren ins Spiel (Berkes 2008: 2). Jede Ebene erfordert deshalb eigene Konzepte und Strategien. Das heißt auch, dass die zwischenstaatliche Zusammenarbeit für die Bewahrung der planetarischen Allmende essentiell bleibt. Höchstens ein Drittel der in den UN-Klimazielen geforderten CO_2-Reduktionen haben genügend positive Nebeneffekte, um von Akteuren unterhalb der staatlichen Ebene freiwillig umgesetzt zu werden (Paavola 2012: 421). Ohne staatliche Eingriffe sind viele Bedingungen für erfolgreiche Klimapolitik kaum herzustellen: Nur ein effektiver Staat ist z.B. in der Lage, eine konsistente Aufsicht über CO_2-Emissionen zu garantieren, wirksame Sanktionsmechanismen für Regelverletzer durchzusetzen und das Verhalten der eigenen Bürger so zu steuern, dass er seinen internationalen Verbindlichkeiten gerecht werden kann. Ein Abkommen wie das Montreal-Protokoll, das Fluorkohlenwasserstoffe (FCKW) verbot und damit die weitere Zerstörung der stratosphärischen Ozonschicht verhinderte, wäre ohne funktionstüchtige staatliche Verwaltungsapparate niemals umsetzbar gewesen. Der Staat ist die wichtigste Institution, die wir besitzen, um das Verhalten großer Kollektive zu regulieren und uns gegen Risiken abzusichern, mit denen kleinere soziale Einheiten überfordert wären.

Gleichzeitig bleibt der Staat auch unser größtes Problem. Sein Verhalten wird nicht selten von lokalen Egoismen und systeminternen Imperativen diktiert, sei es das Streben nach nationaler Größe, der Wunsch der Politiker, im nächsten Jahr wiedergewählt zu werden, die Gewinnmargen der Konzerne oder die Wünsche der Bürger nach billigem Benzin und früher Rente. Die wichtigste Aufgabe einer Politik des Anthropozäns ist und bleibt kollektive Selbstbeschränkung: Die permanente Eskalation des Konsums, die die Industrienationen seit den 1950er Jahren erleben, ist auf Dauer nicht zu halten. Die Weltwirtschaft muss in einen »steady state« übergehen, wie Herman Daly argumentiert hat (Daly [1973] 1993) (siehe Kap. 4.2 Energie). Gerade liberale Demokratien scheitern aber immer wieder spektakulär, wenn es darum geht, Entscheidungen zu treffen, welche die Freiheiten und den Wohlstand ihrer Bürger spürbar einschränken (Purdy 2015: 256). Es ist fraglich, ob ihr politisches System in der Lage ist, die Gesellschaft auf eine Politik der Nachhaltigkeit einzuschwören (Blühdorn 2010).

Angesichts der Entwicklungen in der internationalen Politik seit 2000 ist die Aufwertung von lokalen, regionalen und nichtstaatlichen Akteuren im Sinne einer »Earth System Governance« bestenfalls ein schwacher Trost. Die Zeit, in der »Anthropozän« von einer Fachvokabel zu einem Schlüsselbegriff der Gegenwartskritik avancierte, war auch eine Zeit des wachsenden Nationalismus und der Verhärtung alter und neuer, zunehmend unübersichtlicher Konfliktlinien. Die Zusammenarbeit zwischen »Recht« und »Physik« (Serres [1990] 1994: 80 f.) kommt nur höchst stockend voran. Dagegen nimmt das Militär die Prognosen der Erdsystemwissenschaften mit Interesse zur Kenntnis. Während die Diplomaten weiterhin um verbindliche Klimaziele ringen, spielt man in den Verteidigungsministerien der Welt bereits Szenarien für die Konflikte durch, die die globale Erwärmung bringen wird (United States Department of Defense 2014: 8). Serres' Hoffnung, das Wissen um die Verletzbarkeit der Erde werde zu einer Einhegung geopolitischer Rivalitäten führen, hat sich nicht erfüllt. Aber seine allegorische Formel für diese weltgeschichtliche Situation hat an Prägnanz nur gewonnen: Die Duellanten müssen ihre Knüppel beiseitelegen, wollen sie nicht vollends im Treibsand versinken. Ob sie das rechtzeitig erkennen, ist eine andere Frage.

HB

3.4 Ästhetik

Was kann es heißen, eine Ästhetik des Anthropozäns zu skizzieren? Wie kaum ein anderer Begriff ist das Anthropozän vor allem im Kunstbetrieb zu einem Schlagwort geworden, das wenig mehr signalisieren soll als Aktualität und politische Relevanz. Wird in Ausstellungen, Seminaren und Diskussionsveranstaltungen eine Ästhetik des Anthropozäns beschworen, geht es dabei meist allgemein um die ›ökologische Krise‹, *global warming*, gelegentlich auch um Müll, Artensterben oder Fragen der Koexistenz mit anderen Spezies. Zugrunde liegt dem weniger ein ästhetisches Programm als bestimmte Erwartungen an Kunst: Sie soll (1) das abstrakte Konzept ›Anthropozän‹ *denk-* und *wahrnehmbar* machen: »As the vehicle of aesthesis, [art] is central to *thinking with and feeling through* the Anthropocene.« (Davis/Turpin 2015: 3) Sie soll (2) Ausdrucksformen zur Verfügung stellen, die eine Alternative zum Diskurs von Wissenschaft und Politik bieten: »Art provides [...] a non-moral form of address that offers a range of discursive, visual, and sensual strategies that are not confined by the regimes of scientific objectivity, political moralism, or psychological depression.« (ebd.: 4) Sie soll ›Bewusstsein schaffen‹ und so ein Gefühl von Dringlichkeit angesichts der ökologischen Krise vermitteln. Und sie soll (3) neue Instrumentarien des Denkens zur Verfügung stellen: »Modernity was a way to differentiate past and future, north and south, progress and regress, radical and conservative. However, at a time of profound ecological mutation, such a compass is running in wild circles without offering much orientation anymore. This is why it is time for a reset.« So heißt es im *Field Book* der von Bruno Latour kuratierten Ausstellung *Reset Modernity!* (Latour 2016: 2).

Dies alles stellt jedoch kein ästhetisches Programm dar, sondern formuliert lediglich mehr oder minder überzogene Erwartungen an Kunst und ihre gesellschaftliche Innovationskraft. Der Bezug zwischen Ästhetik und Anthropozän besteht dabei meist in einer *Thematisierung* einzelner Motive wie Klimawandel, der Darstellung von zerstörten Landschaften, schmelzenden Eisbergen, dem Verschwinden bestimmter Arten, neuerdings auch Erdgeschichte und Stratigraphie. Viele Romane, Filme oder Kunstwerke, die sich mit dem Klimawandel beschäftigen (wie *Climate Fiction* oder bestimmte Formen der Landschaftsphotographie) werden so neuerdings als »Anthropozän-Kunst« tituliert. Adam Trexlers Studie über *Climate Fiction* etwa trägt den Titel *Anthropocene Fiction*, ohne auch nur mit einem Wort auf die spezifische Rolle des Klimawandels in der sehr viel umfassenderen und komplexeren Anthropozän-Diagnose einzugehen (Trexler 2015).

Eine genuine Ästhetik des Anthropozäns muss aber über die Rhetorik der politischen Mobilisierung und über bloße Thematisierungen hinausgehen. Sie hat zu fragen, was es eigentlich heißen könnte, sich dem Befund des Anthropozäns in der *Form* ästhetischer Darstellung zu stellen. Dies zeigt eine Bildlektüre, die Bruno Latour der siebten Vorlesung seiner *Gaia-Lectures* voranstellt (Latour 2017: 373–377). Es geht um Caspar David Friedrichs Gemälde *Das Große Gehege bei Dresden* (1831/2) (siehe Abb. 7). Das Bild zeigt eine Landschaft von Uferschlamm, Flussbänken und Wasserlachen. Dieser flache Ufersaum ist seltsam gewölbt, als sähe man hier die Krümmung des Globus selbst. Ähnlich gewölbt ist auch der Himmel, er zeigt eine konkave Biegung nach oben. Nur die Horizontlinie in einer mittleren Ferne ist gerade und trennt die zwei perspektivisch verzerrten Räume, Himmel und Erde. Der Blickpunkt des Betrachters ist schwer auszumachen – weder steht er auf dem Grund, dessen merkwürdige Kurvatur der Vordergrund zeigt, noch steht er in irgendeiner fixierbaren Höhe über dem Grund. Es ist diese Ver-

Abb. 7: Caspar David Friedrich: Das Große Gehege bei Dresden, 1831/2, 73,5 x 102,5 cm, Öl auf Leinwand, © Staatliche Kunstsammlung, Galerie Neue Meister, Dresden; Fotografie von Jürgen Karpinski.

zerrung des Raumes, die Latour als Inbegriff jener Erschütterung liest, die das Anthropozän für das Weltverhältnis des Menschen bedeutet.

Die klassische Form-Konvention der europäischen Kunstgeschichte, einen Raum perspektivisch durch einen distanzierten, aber fixen Betrachterstandpunkt visuell zu ordnen, ist hier aufgehoben. Diese Konvention, so Latour, war der Ausdruck des abendländischen Verhältnisses zu den Dingen der Natur: Sie werden dem objektivierenden Blick untergeordnet, als hätten sie ausschließlich die Funktion, diesem Blick präsentiert zu werden (Latour 2017: 37). Diese Konvention wird in Friedrichs Gemälde zwar zitiert – vor allem in der Fluchtpunktkonstruktion des Bildes. Aber gerade dadurch wird die Abweichung umso deutlicher. »[D]as ist keine Landschaft, in die man sich beschaulich vertiefen könnte. Nichts, das Halt bietet, es sei denn, man wäre auf dem Kahn, aber auch dann wäre man noch in Bewegung.« (ebd.: 375) Den gekrümmten, nicht-euklidischen Raum des Bildes, den ortlosen Blick des desorientierten Betrachters versteht Latour nun als Allegorie des menschlichen Standpunkts im Raum einer Natur, in der der Mensch keinen fixierbaren Ort mehr hat. Im Anthropozän ist Natur nicht mehr als stabile Gegebenheit darzustellen, sondern nicht-totalisierbar und nicht-objektivierbar. Der Betrachter ist in diesem Raum gefangen, aber auf einer schwankenden Position.

> »Das Geniale an diesem Gemälde liegt darin, daß es die Instabilität jedes Blickpunkts auf die Welt – von oben, von unten, oder von der Mitte aus – bezeichnet hat. Das Große Gehege, die große Unmöglichkeit, besteht nicht darin, auf ERDEN eingeschlossen zu sein, sie besteht in dem Glauben, diese sei als ein vernünftiges und in sich stimmiges GANZES erfaßbar, wenn man die unterschiedlichen Größenordnungen in einander schachtelt, von den lokalsten bis zu den globalsten – und rückwärts –, oder es sei damit getan, daß man sich zufrieden auf sein Stück Wiese zurückzieht und damit seinen Garten bestellt.« (ebd.: 377)

Latours Lektüre dieses Bildes ist emblematisch für eine Ästhetik des Anthropozäns. Friedrichs Bild ist scheinbar eine konventionelle Landschaftsdarstellung, jedoch mit einer winzigen, aber entscheidenden Abweichung *in der Form*, einer Verzerrung des dargestellten Raumes. Die Vorstellung einer transparenten und intelligiblen Anordnung von Welt, die ästhetisch reinszeniert und sinnlich fassbar gemacht werden kann, wird hier verabschiedet. An ihre Stelle tritt eine tiefgreifende Desorientierung, die den Betrachter ebenso umfasst wie das Dargestellte: eine »Beeinträchtigung der Beziehung zur Welt« (ebd.: 27) und ihrer Kategorien von Subjekt und Objekt, Menschlichem und Nicht-Menschlichem, Ganzem und Teil, Position des Betrachters und Raum der Darstellung. Das Anthropozän ist die fundamentale Erschütterung eines Dualismus, der lange Zeit nicht nur den theoretisch-technischen Zugang zur Welt, sondern auch die Konventionen einer Ästhetik geprägt hat, die sich eigentlich als Gegenentwurf zu diesem Weltzugang verstanden hatte (Böhme 2002: 435). Bezeichnenderweise wird diese Erschütterung eben nicht durch das Sujet des Bildes vollzogen, sondern allein durch die Art und Weise, wie eine Welt hier in eine spezifische Form, in ein spezifisches Verhältnis zum Betrachter gebracht wird. Wenn das Anthropozän nicht weniger ist als eine *neue Art des In-der-Welt-Seins*, so bedeutet dies eine Erschütterung auf zwei Ebenen: (1) als Frage, welche epistemologischen Zugangsweisen und Erkenntnisformen vom Nicht-Menschlichen wir unter den Bedingungen des Anthropozäns haben; und (2) als Frage, wie dieses neue Verhältnis zwischen Menschlichem und Nicht-Menschlichem zum Gegenstand ästhetischer Darstellung werden kann.

Die neuzeitliche Konstruktion von Natur, deren Erschütterung Latour in Friedrichs Bild erkennt, beruhte auf einem fundamentalen Dualismus von Subjekt und Objekt (siehe auch Kap. 3.1 Natur und Kultur). Während das Subjekt erkennend, reflektierend, aber auch affektiv bewegt gedacht ist, wurden der Natur bestimmte Eigenschaften zu-, aber auch abgesprochen: Die Dinge der Natur werden als stabile Materie verstanden, die bestimmten, für den Menschen grundsätzlich erkennbaren Regeln – den Naturgesetzen – gehorchen, aber keine eigenen Intentionen, Wahrnehmungen oder Bewusstsein haben. »Die Natur macht keine Sprünge«, war dafür lange die Formel. Unveränderlich und nach berechenbaren Gesetzen funktionierend, kontinuierlich in Raum und Zeit, lässt sich Natur methodisch beobachten, in Teilaspekte zerlegen, experimentell erschließen und technologisch manipulieren (Daston/Galison 2007). Was mit diesem Naturverständnis der Neuzeit zum Verschwinden gebracht wird, ist eine Natur, die in vielfältigen, komplexen Verflechtungen besteht, die eben durchaus Sprünge macht – also Diskontinuitäten und Überraschungen enthält. Eine Natur, die nicht objektiviert, d.h. epistemologisch auf Abstand gehalten werden kann, und nicht in Teile zerlegbar ist, ohne dass damit wesentliche Zusammenhänge aus dem Blick geraten. Vor allem die Ökologie wird diese Verwobenheit der unterschiedlichsten Dimensionen und Akteure in der Natur – und die Verwobenheit menschlicher Lebensformen mit diesen – in den Fokus eines modernen Naturverständnisses stellen. Die Erdsystemwissenschaften beschreiben heute eine Natur der gegenseitigen Abhängigkeiten und Selbstregulationsmechanismen, eine Natur, die unberechenbare »tipping points« und Emergenzeffekte kennt. Spätestens mit dem Klimawandel wird dies allgemeines Wissen.

Der neuzeitliche Dualismus zwischen einer gesetzmäßigen Natur und einem beobachtenden und erkennenden Menschen, zwischen Objekt und Subjekt, war die Basis der modernen Naturästhetik (Böhme 2002). Ein ästhetischer Blick auf Natur wird dabei – dafür steht exemplarisch Kants *Kritik der Urteilskraft* (Kant 1790) – als Alternative und Ergänzung zur wissenschaftlichen und technischen Herangehensweise verstanden, als eine Vermittlung zwischen einem theoretisch-wissenschaftlichen Weltzugang, niedergelegt in der *Kritik der reinen Vernunft* (Kant 1787), und der Sphäre menschlichen Handelns, von der die *Kritik der praktischen Vernunft* (Kant 1788) handelt. Ästhetische Erfahrung von Natur, so Kant, liegt nicht im Objekt selbst, sondern in der Haltung des Subjekts, das einen Gegenstand entweder als »schön« oder »erhaben« erfahren kann. Während das »Naturschöne«, wie Kant schreibt, »uns eine Technik der Natur entdeckt«, d.h. ihren zweckmäßigen inneren Zusammenhang (Kant [1790] 1913: §23, 246) erkennen lässt, ist die Erfahrung des Erhabenen eine der Überwältigung durch den Gegenstand der Betrachtung. Überwältigt das »mathematisch Erhabene« durch seine »schlechthinnige Größe« (ebd.: §25, 248–250), so flößt das »dynamisch Erhabene« dem Betrachter Ehrfurcht ein durch die Kraft oder Gewalt, die in ihm zum Ausdruck kommt. Das, »was in uns das Gefühl des Erhabenen erregt«, erscheint »der Form nach [...] zweckwidrig für unsere Urtheilskraft, unangemessen unserem Darstellungsvermögen und gleichsam gewaltthätig für unsere Einbildungskraft« (ebd.: §23, 245). Wahrnehmung, Imagination und Urteilsvermögen geraten an eine Grenze. Typische Gegenstände dieser Erfahrung des Erhabenen sind für Kant vor allem (aber nicht ausschließlich) Dinge der Natur – riesige Berge, Unwetter, Eismassen, Gewitter, bedrohliche Felsen, melancholische Einöden oder reißende Ströme. Wichtig ist dabei jedoch die Leistung einer reflexiven Distanzierung des Betrachters. Durch die Fähigkeit, zugleich vom Gegenstand überwältigt zu werden und diese Erfahrung in eine Reflexion zu überführen, also z.B. angesichts der Riesenhaftigkeit eines Berges ein Gefühl für die Unendlichkeit des Alls zu bekommen, wird die »*Überlegenheit* der Vernunftbestimmung unserer Erkenntnisvermögen über das größte Vermögen der Sinnlichkeit gleichsam anschaulich gemacht« (ebd.: §27, 257). So wird die Negativitätserfahrung des Erhabenen, der sublime Schrecken, bei Kant am Ende eingefangen in der Selbstvergewisserung des Subjekts.

Natur kann aber nicht nur als schön oder erhaben, sondern auch als verlorene oder entfremdete in den Blick genommen werden. Ästhetische Darstellung wäre dann entweder der Versuch, dieses Verlorene zu retten oder zurückzugewinnen – etwa in Formen des *nature writing*, aber auch in der modernen Landschaftsmalerei und -photographie –, oder aber eine Form, deren Verlorenheit in die Darstellung zu integrieren. Eine solche *negative Ästhetik* insistiert gerade auf der Nicht-Darstellbarkeit der entfremdeten Natur. In der Ästhetik der Moderne wird die von Kant beschworene Distanzierungsleistung des Subjekts angesichts des Erhabenen fragwürdig. Theodor W. Adorno etwa versteht sie weniger als den Ausweis der Überlegenheit über die Natur als seiner *Verfallenheit an die Natur*: »Weniger wird der Geist, wie Kant es möchte, vor der Natur seiner eigenen Superiorität gewahr als seiner Naturhaftigkeit.« (Adorno 1970: 410) In der Figur des Erhabenen sieht der Philosoph Jean-François Lyotard die Signatur einer postmodernen Ästhetik, die immer auf ein irreduzibles Undarstellbares und Unkommunizierbares verweist: »The sublime«, so Lyotard, »*denies itself the solace of good forms*, the consensus of a taste which would make it possible to share collectively the nostalgia for the unattainable; that which searches for new presentations, not in order to enjoy them, but in order to *impart a stronger sense of the unpresentable.*« (Lyotard 1984: 81, Hervorh. EH)

An diese Diagnose einer Formlosigkeit des Gegenstands – eines Widerstands gegen Darstellung schlechthin – schließt eine ästhetische Theorie des Anthropozäns an. Aber sie kann sich weder auf die klassische Naturästhetik Kants noch auf Denkfiguren der Entfremdung oder einer »Sehnsucht für das Unerreichbare« unberührter Natur zurückziehen, sondern muss die Vorstellung von Natur als Anderes und Gegenüber des Menschen selbst infrage stellen. Timothy Morton hat daher vorgeschlagen, den emphatischen Naturbegriff ganz aus einem ästhetischen Programm zu verbannen, das sich statt »Natur« »Ökologie« auf die Fahnen schreibt – also keinen unmittelbaren, sondern einen radikal vermittelten, theoretischen Zugang zu Natur. *Ecology without Nature* ist der programmatische Titel seiner Studie, die sich mit den Aporien des *nature writing* beschäftigt (Morton 2007).

Statt dieser Verabschiedung von ›Natur‹ erscheint es uns jedoch sinnvoller, von einer fundamentalen Transformation auszugehen, die sowohl die ›Natur‹ als auch den ›Menschen‹ betrifft (siehe Kap. 3.1 Natur und Kultur). Eine Ästhetik des Anthropozäns, so unser Vorschlag, muss sich weniger mit der *Entfremdung* von Mensch und Natur als mit deren fundamentaler *Verfremdung* auseinandersetzen, einem »Unheimlich-Werden« von Lebenswelt. Der Journalist Thomas Friedman hat dafür (im Wortspiel auf *global warming*) den Begriff »*global weirding*« vorgeschlagen, ein globales Fremd- oder Seltsam-Werden der Welt und des Weltbezugs (Friedman 2010). Natur kann im Anthropozän nicht mehr als objektivierbare Materie verstanden werden, als etwas, das wahrgenommen wird, aber ohne Wahrnehmung ist, das bearbeitet wird, aber keine Wirkmacht hat. Die Natur, so Amitav Ghosh, erwidert den Blick, sie ist auf eine unheimliche – d.h. zugleich verdrängte und vertraute – Weise lebendig, bedrohlich, unberechenbar, empfindungsfähig und affektgeladen: »Damit kehren wir [...] zu unserem wiedererwachenden Gewahrsein von einem der unheimlichsten Aspekte des Klimawandels zurück – dass wir uns Elemente unserer Wirkmacht und Bewußtheit mit anderen Wesen und vielleicht sogar mit dem Planeten selbst teilen.« (Ghosh 2017: 91) Sie fordert damit »recognition«, d.h. sowohl ein »Wiedererkennen« von etwas bereits Gewusstem, aber Verdrängtem, als auch die »Anerkennung« des Nicht-Menschlichen als eigenwillig, gefährlich, monströs, diskontinuierlich und unberechenbar. Was mit der Verabschiedung eines emphatischen Naturbegriffs als das *Andere der Kultur* sichtbar wird, ist nicht mehr die Ferne von Mensch und Natur, sondern gerade die unauflösbare Verwobenheit des Menschen mit der

Welt (d.h. anderen Lebewesen, anderen Lebensformen, Dingen, Technologien) – eine Existenz »within the thick of the world, life in a vortex of shared precariousness and unchosen proximities« (Cohen 2015: 107).

So findet sich der Mensch nicht mehr als Gegenüber, sondern gleichsam im *Inneren der Dinge* wieder: im Inneren des Klimawandels, inmitten von koexistierenden Lebensformen, umstellt von Technologien und ihren Folgen, abhängig von Kapital- und Materialflüssen, die Ökonomien und Ökologien unkontrolliert verändern. In dieses »Gewühl der Welt« (Cohen) ist der Mensch in den unterschiedlichsten Modi der Verantwortlichkeit und des Betroffenseins, der Wahrnehmung und – wichtiger noch – des *Nicht-Wahrnehmens* involviert. Jede Kunst des Anthropozäns, die sich nicht auf bloße Thematisierung beschränkt, muss diese Un-Wahrnehmbarkeit und Unheimlichkeit *in ihrer Form* ausdrücken, als ein Sicht-, Fühl-, Spür-, und Denkbarmachen von etwas, das sich phänomenaler Erfahrbarkeit gerade durch seine *Nähe* entzieht. Anders als in den Ästhetiken der klassischen Moderne hat die Undarstellbarkeit also nicht mit einem Entzug der Dinge zu tun, sondern mit einer unheimlichen – unkontrollierbaren, unüberschaubaren – Intimität mit den Dingen, einer Hyperkomplexität und Überdimensionalität der Welt. Sie sind zu nah, um sie objektivieren zu können, zu groß, um sie abbilden zu können, zu komplex, um sie erzählen zu können.

Damit lassen sich drei fundamentale Schwierigkeiten einer Ästhetik des Anthropozäns benennen: *Latenz* als ein Entzug der Wahrnehmbarkeit und Darstellbarkeit; *Verstrickung* (*entanglement*) als Struktur eines neuen Bewusstseins von Ko-Existenz und Immanenz; und das Aufeinandertreffen inkompatibler Größenmaßstäbe, ein »clash of scales« (Clark 2015). Dieser *clash of scales* präsentiert sich auf verschiedenen Ebenen, als Aufeinanderprallen von Zeitskalen (kurze Menschenzeit vs. Tiefenzeit der Erdgeschichte, aber auch *deep future*), von Raumdimensionen (lokale Lebensformen vs. planetarische Veränderungen des Erdsystems) und der Anzahl von Handelnden (individuell ›harmlose‹ Praktiken vs. ihre milliardenfache Multiplikation) (siehe Kap. 4.3 Skalen I und 4.4 Skalen II). *Latenz*, *entanglement* und *clash of scales* sind dabei eng miteinander verbundene Herausforderungen. Ihnen ist gemeinsam, dass sie sich für die künstlerische Darstellung nicht auf der Ebene der Gegenstände stellen, sondern als *Probleme der Form.*

Bemerkenswert ist, dass diese Herausforderungen sowohl an eine ästhetische Theorie wie eine Kunst des Anthropozäns gegenwärtig oft unter einem allzu bekannten Begriff diskutiert werden: der ästhetischen Erfahrung des *Erhabenen* (Guénin 2016, Kainulainen 2013, Williston 2016). Schon Kants Begriff des »mathematisch Erhabenen« adressiert ausdrücklich eine Konfrontation inkommensurabler Größenordnungen, wenn erhaben das ist, was nicht in Relation zu etwas anderem, also »größer als ...«, sondern »schlechthin groß« ist (Kant [1790] 1913: §25, 248). Auch wenn diese Wiederkehr des Erhabenen in der Ästhetik des Anthropozäns das Zeichen einer gewissen theoretischen Einfallslosigkeit sein mag, stellt sie jedoch keine Einigkeit der Positionen her.

In kritischer Absicht hat etwa Jean-Baptiste Fressoz die Affinität des Anthropozän-Konzepts mit dem Erhabenen als ästhetische Signatur eines Weltverhältnisses gedeutet, das in einem Wunsch nach demiurgischer Kontrolle und epistemischer Distanzierung besteht. Am »leicht schuldbewußten Vergnügen« in der Erfahrung des Erhabenen, an seiner Affinität zu Gewalt (in der Ikonographie des Katastrophischen), aber auch zu technologischer Dominanz (im modernen Phänomen des technologisch Erhabenen), zeige sich die technizistisch-apolitische Ideologie im Kern des Anthropozän-Begriffs: »Es scheint aufregender, die Bewegungen der Menschheit als tellurische Kraft zu denken als die Rückentwicklung eines ökonomischen Systems.« (Fressoz 2016: 49, Übers. EH) Insbesondere werde dies in der Perspektive aus großer Ferne deutlich, die viele zeitgenössische Kunstwerke prägt.

Die Frage ist, ob aus dem distanzierten Blick ›von oben‹ oder ›von außen‹ notwendig eine technizistische Ideologie spricht. In der bildenden Kunst, insbesondere der Photographie, die sich unmittelbar der Diagnose des Anthropozäns widmet (etwa bei David Meisel, Edward Burtynsky oder Andreas Gursky), geht es darum, gerade durch den Blick von oben oder aus großer Ferne die *Größenordnung* ökologischer Zerstörung, massiver Landschaftstransformation oder auch exzessiven Konsums vor Augen zu stellen. Dies erscheint weniger als Perspektive demiurgischer Dominanz denn als Versuch, das »schlechthin große« Ausmaß anthropogener Weltveränderung visuell zu fassen. Die fernen, mal infernalisch zerstörten, mal dämonisch schönen Landschaften, die diese Photographie zeigt, werden so aus der Latenz ihres Unbeachtet-Seins gehoben. Der nicht-menschliche Blick von oben ist eine Bedingung dieses Manifest-Werdens.

Andere Theoretiker des Erhabenen im Anthropozän verstehen dieses dagegen als Erfahrung, die statt der Überlegenheit des Betrachters gerade dessen *Verstricktheit in das Dargestellte* aufruft – oder auch erst herstellt. Die Überwältigung und der affektive Terror im Erhabenen machen dies zum Schauplatz von Grenzverwischungen zwischen Subjekt und Objekt, Eigenem und Anderem, Notwendigem und Kontingentem, Vordergrund und Hintergrund. Das Erhabene des Anthropozäns vermittelt eine Einsicht in eine *nicht-natürliche Natur*, in die der Mensch zutiefst involviert ist, ohne sie jedoch zu überschauen, für die er Verantwortung trägt, ohne sie zu beherrschen. »A sublime encounter with climate change«, so Maggie Kainulainen, »is marked by uncanny and unwanted potency, as one finds oneself implicated in the complex web of interactions that will produce some level of global catastrophe.« (Kainulainen 2013: 113) In dieser Erfahrung der unvorhersehbaren Berührungen und Austauschprozesse liegt die ökologische Pointe eines Erhabenen im Anthropozän. Hier ist keine ästhetische oder epistemische Distanz mehr möglich, die das Kantische Erhabene noch ausgemacht hatte, sondern die ästhetische Erfahrung ist eine der radikalen Immanenz. Die reflexive Freiheit der erhabenen Erfahrung weicht einer verstörenden Intimität mit einer Welt, die nicht mehr allein als Lebenswelt des Menschen gefasst werden kann.

Diese Denkfigur einer ästhetischen Erfahrung, die im Modus der Überwältigung gerade nicht epistemische Objektivierung, sondern unheimliche Koexistenz vermittelt, hat der wohl schillerndste Theoretiker einer Ästhetik des Anthropozäns, Timothy Morton, zu einer Ontologie umgemünzt (Morton 2013). Seine Amalgamierung von Thesen der Objekt-orientierten Ontologie mit Denkfiguren des Ecocriticism, der Philosophie, theoretischen Physik und Popkultur, vorgetragen im Ton flapsiger Überpointierung, hat ihn zu einem der populärsten Autoren im Diskurs um das Anthropozän gemacht. Seine erfolgreichste Begriffsprägung, das »Hyperobjekt«, greift Kants Figur des Erhabenen auf, wendet sie allerdings in ihr Gegenteil um. Aus einer *Erfahrung des Subjekts* bei Kant wird bei Morton ein *Objekt* – wenngleich eines, das sich jeder Objektivierbarkeit radikal entzieht: »Hyperobjects are things that are massively distributed in time and space relative to humans.« (ebd.: 1) Mit dem Hyperobjekt, das alles sein kann, was sich der sinnlichen Erfahrbarkeit entzieht – ein Schwarzes Loch, der Klimawandel, die Everglades in Florida oder die Gesamtheit des auf der Welt verteilten Styropors –, wendet Morton die Immanenzerfahrung des Erha-

Abb. 8: Tara Donovan: Untitled (Plastic Cups), 2006, 5 x 50 x 60 cm, Plastic Cups, Installation Pace Gallery; Foto: Kerry Ryan McFate.

benen im Anthropozän zu einer *Ontologie* der unheimlichen, ›dunklen‹ Koexistenz mit den Dingen der Welt. Das Hyperobjekt erschüttert die Größendimensionen des menschlichen Weltzugangs – und damit die Lebenswelt als solche: »The vastness of the object's scale makes smaller beings – people, countries, even continents – seem like an illusion, or a small colored patch on a large dark surface. How can we know it is real? What does real mean? The threat of global warming is not only political, but also ontological.« (ebd.: 32) Was als *clash of scales* im Anthropozän ein *epistemisches* Problem ist – die Herausforderung, menschliche und nicht-menschliche Skalen ineinander zu übersetzen –, wird von Morton zum *ontologischen Problem* umformuliert. Diese Ontologisierung des Erhabenen bringt nicht nur Fragen der Epistemologie, sondern auch der äs-

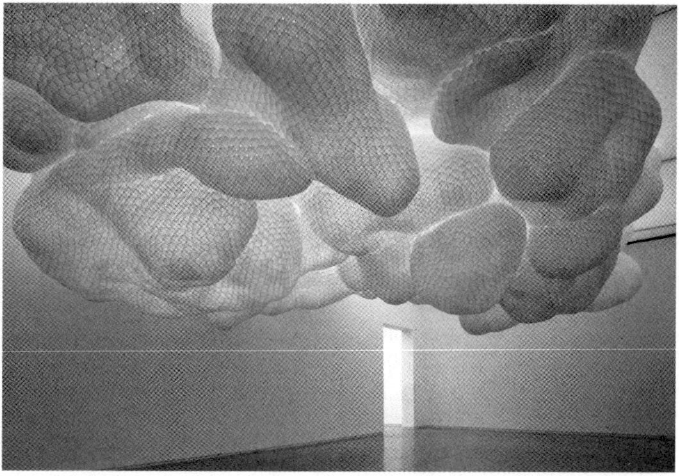

Abb. 9: Tara Donovan: Untitled (Styrofoam Cups), 2004/2008, Styrofoam cups, glue, Installation Institute of Contemporary Art, Boston; Foto: Frieze.

thetischen Darstellung zum Verschwinden – zugunsten einer »Dunkelheit« und »Entzogenheit« der Dinge selbst (Morton 2016). Die Herausforderungen einer Ästhetik des Anthropozäns ergeben sich aus dieser Sicht nicht mehr aus epistemischen oder ästhetischen Formatierungen, sondern aus einem *So-Sein* der Dinge selbst. Fragen der *Form* werden so zu Fragen des *Seins.*

Anschaulich wird dies an einem Beispiel, das eine für eine Ästhetik des Anthropozäns zentrale ästhetische Strategie vorführt: die Übersetzung von Größenordnungen. Die amerikanische Künstlerin Tara Donovan benutzt industrielle Materialien und Alltagsgegenstände (Plastikbecher, Kunststoffschläuche, Papier oder Folien), die sie zu großen Installationen verbaut (siehe Abb. 8 und 9). So werden aus Abertausenden aneinandergeklebten Plastikbechern fraktale Objekte, die wie eine erstarrte Welle, ein massiver Schaumberg oder eine Kumuluswolke aussehen. In der massenhaften Akkumulation wird das durchsichtige Material der Becher halbtransparent oder opak, ihre konische Form ermöglicht eine Installation mit gekrümmten Flächen und Rundungen. So wirken Donovans Objekte wie monströs vergrößerte organische Strukturen oder Naturformen.

Im Rückgriff auf einige der emblematischen Materialien und Wegwerfprodukte des Anthropozäns (Plastik, Styropor, Papier, Folien etc.) erzeugt Donovan so eine neue, gänzlich *post-naturale Natur*: organische Formen, die aussehen wie Moose oder Schimmel, wie pflanzliche Gewebe oder Gewächse, wie Formationen von Steinen, Sand oder Wolken. Morton bemerkt dazu: »In massive piles, *the cups reveal properties hidden* from the view of a person who uses a single cup at a time, *a viscous (in my terms) malleability*.« (Morton 2013: 114)

Während Morton also in der Installation eine verborgene Eigenschaft des Objekts enthüllt sieht, lässt sich Donovans Operation – beschreibt man sie als *ästhetische* und nicht als *ontologische* – vor allem als ein Spiel mit Skalen verstehen. Dieses Spiel reflektiert die kumulativen Skalen-Effekte des Anthropozäns: Ein Plastikbecher ist nichts als ein harmloses Alltagsding, Milliarden davon ein ökologisches Desaster (siehe Kap. 4.3 Skalen I). In der Vervielfältigung, im Übergang vom Kleinen zum Großen, im Arrangement zu Strukturen, die sehr präzise organische Formen zitieren, entsteht ein Objekt, das eine neue und andere Erfahrung des Alltagsobjekts ermöglicht, zugleich aber auch mikroskopische organische Strukturen zu ungewohnter Größe aufbläht. Während Morton über die Seinsweise des Plastiks, nämlich seine Formbarkeit (*malleability*) spricht, übersieht er gänzlich die *Form der Installation* – eine Form, die den ökologisch toxischen Plastikbecher in die Figur eines faszinierend schönen, schimmernden Natur-Dings rück-überführt. Dabei werden seine materialen Eigenschaften zugleich herausgestrichen und zum Verschwinden gebracht: Was entsteht, ist die – aus Industriemüll hergestellte – Illusion von Prozessen des organischen Wachstums und der spontanen Emergenz. Ihre Strukturen sind solche, wie sie durch Selbstorganisation oder eben Prozesse des Lebens entstehen. Donovan spielt bewusst mit solchen *Formprozessen der Natur*, die sie durch ihre Skalen-Übersetzung aus der Latenz holt. Sie tut dabei (scheinbar) nichts anderes als die Natur selbst, wenn Sandkörner sich zu einer Düne, Vögel zu einem Schwarm, Atome zu einem Kristall, Wassermoleküle zu einer Wolke anordnen.

Statt der Ontologisierung, die Morton vorschlägt, erscheint es uns daher sinnvoller, eine Ästhetik des Anthropozäns nicht als Experiment mit *Seinsweisen*, sondern als Experiment mit *Formen* zu verstehen. Die bildenden Künste haben dabei Strategien gefunden, die in höchst unterschiedlicher Weise daran arbeiten, die Latenz von Transformationsprozessen des Anthropozäns – wie dem Klimawandel – in etwas Manifestes zu überführen: sei es in den massiven Maßstäben der zeitgenössischen Photographie, die Umweltzerstörung und Landschaftstransformation in riesigen Formaten in Szene setzt; sei es in den post-naturalen Installationen einer Tara Donovan oder des britischen Künstler-Duos Ackroyd & Harvey; den künstlichen Atmosphären eines Philippe Rahm oder Olafur Eliasson; oder experimentellen Installationen wie Tomás Saracenos *Aerocene*. In anderen Medien versuchen Klanginstallationen Unhörbares hörbar, Nicht-Wahrnehmbares wahrnehmbar zu machen, wie etwa Felix Hess' Infrasound-Klanginstallationen, die Druckschwankungen über dem Atlantik hörbar machen (Hess 2001), oder die Licht-Ton-Installation *The Place Where You Go to Listen* von John Luther Adams, die seismologische, geomagnetische und meteorologische Daten in Alaska in elektronischen Klang umsetzt (Adams/Ross 2009).

Diese Strategie, das Latente manifest zu machen, einen unbeachteten oder nicht-wahrgenommenen Hintergrund in den Vordergrund zu bringen, hat Peter Sloterdijk als »Explikation« beschrieben – eine Geste, die kulturhistorisch nicht zuletzt häufig in der Störung oder Zerstörung des Gegenstands bestanden hat: »Der Hintergrund bricht sein Schweigen erst, wenn Prozesse im Vordergründigen seine Tragkraft überfordern. Wie viele reale ökologische und militärische Katastrophen waren vonnöten, bevor in juristischer, physikalischer, atmotechnischer Präzision gesagt werden konnte, wie man menschlich atembare Luftumgebungen anlegt?« (Sloterdijk 2004: 66)

Einer Ästhetik des Anthropozäns als Arbeit an Latenz, Verstrickung und dem *clash of scales*, so lässt sich zusammenfassen, geht es weniger um eine Ästhetik des Undarstellbaren als um eine solche *Explikation*, ein analytisches, häufig experimentelles und hochgradig wissensgestütztes Ausdrücklich-Machen von Prozessen, Gegenständen und Praktiken des Anthropozäns, deren Dunkelheit eben keine ontologische ist, sondern eine epistemische. Eine solche Ästhetik befasst sich mit der Unfähigkeit, diesen Prozessen die nötige Aufmerksamkeit zu schenken, und versucht, sie in eine *Form* zu bringen, die das Latente manifest macht.

In den erzählenden Künsten – Literatur und Film – stellt sich das gleiche Problem, aber im immer schon zeichenhaften Medium Sprache, das sich für eine Ontologisierung noch weniger eignet, auch wenn Morton oder Iovino/Oppermann (2012) genau dies versuchen, indem sie der Materie selbst eine eigene »narrative agency« zusprechen. Auch in der Literatur steckt das Problem weniger in den Möglichkeiten einer Thematisierung (Trexler 2015, Goodbody 2013, Kaplan 2016, Houser 2014) oder in bestimmten Wirkungseffekten: »climate change should [...] awaken us from our all-too-human narrative slumbers.« (Colebrook 2013: 60) Vielmehr stellt sich auch hier zuallererst die Frage nach den *poetischen und narrativen Formen*, die der Latenz, Verstrickung und den Skalenproblemen des Anthropozäns gerecht werden könnten.

Das Problem einer *Explikation des Latenten* präsentiert sich in der Erzählkunst jedoch anders. Denn Narrative sind immer schon kulturell hochgradig codierte Ordnungsentwürfe von Wirklichkeit: Sie strukturieren zeitliche Abfolgen und kausale Zusammenhänge, unterscheiden zwischen aktiven Protagonisten und passiven Hintergründen. Sie etablieren Raumordnungen und Grenzregime, die die erzählte Welt strukturieren und durch die hindurch sich die Protagonisten bewegen. Und sie entscheiden, aus welcher Perspektive etwas beobachtet und erzählt werden kann. Mit diesen Entscheidungen und Strukturierungen spiegeln Erzählungen die ästhetischen und sozialen Werte der Gesellschaften wider, in denen sie entstehen und zirkulieren. Dabei unterliegen sie Gattungsregeln, die darüber entscheiden, in welcher literarischen Form welche Stoffe transportiert werden, welche Welten geschildert, welche Arten von Protagonisten präsentiert werden können. Während sich gegenwärtig ein wachsendes Genre von *Climate Fiction* etabliert, das versucht, Klimawandel als Wissenschaftsthriller, Katastrophennarrativ oder Dystopie erzählbar zu machen (Goodbody/Johns-Putra 2018), argumentiert Amitav Ghosh, dass die Herausbildung eines solchen Genres eher als Symptom eines Darstellungsproblems denn als dessen Lösung zu verstehen ist: Die radikale Transformation der Welt im Anthropozän wird in eine Unterhaltungsgattung ausgelagert. Der moderne Roman, so Ghosh, habe Natur bestenfalls als stabilen Bestandteil eines »Settings« – eines die Erzählwelt spezifizierenden Hintergrunds – behandelt, nicht als eigenständigen und wandelbaren Akteur. Die Gattungskonventionen des Romans beschränken dessen Welt auf begrenzte Zeit- und Raum-Ordnungen, stellen die individuelle Psychologie einzelner Protagonisten in den Vordergrund und setzen auf Plots, die im Sinne der modernen Ontologie ›wahrscheinlich‹ sind:

> »In Romanen waren räumliche Diskontinuitäten von zeitlichen Diskontinuitäten begleitet. Ein Setting erfordert üblicherweise eine ›Periode‹, die in einem bestimmten Zeithorizont verwirklicht wird. Anders als das Epos, das sich oft über Äonen und Epochen erstreckt, dehnen sich Romane selten über mehr als einige wenige Generationen aus. Die *longue durée* ist nicht Sache des Romans. [...] Der Roman beschwört Welten herauf, die gerade ihrer Endlichkeit und Unverwechselbarkeit wegen real werden. Im Palast der ernsten Erzählliteratur wird niemand die Frage stellen, wie Kontinente entstanden, niemand wird sich auf einen Zeitenlauf von Tausenden Jahren beziehen. Zusammenhänge und Ereignisse dieser Größenordnung wirken im begrenzten Rahmen eines Romans nicht nur unpassend, sondern regelrecht absurd [...]. Doch die Erde des Anthropozäns ist eine Welt beharrlicher und unentrinnbarer Kontinuitäten, belebt von Kräften unvorstellbarer Ausdehnungen.« (Ghosh 2017: 85–88)

Ghosh zielt damit exakt auf das Formproblem einer Ästhetik des Anthropozäns: die Schwierigkeit, die *longue durée* geologischer Zeit, unwahrnehmbare Transformationen und katastrophische Brüche, hyperkomplexe Verstrickungen und nicht-menschliche Formen der Wirkmacht *in die Form eines Narrativs zu bringen.* Als Alternative für die Begrenztheit der Roman-Form verweist Ghosh auf die Integrationskraft alter und nicht-europäischer Gattungsformen – insbesondere des Epos. Dabei unterschätzt er unseres Erachtens jedoch die radikalen Formexperimente des modernen Romans, die gerade am Bruch der klassischen Gattungskonventionen gearbeitet haben, indem sie Perspektiven und Textgattungen verfremden, unzuverlässige Erzähler einführen, lineare Handlungsbögen brechen oder nicht-menschliche Protagonisten auftreten lassen (Bergthaller 2018). Umgekehrt lässt sich fragen, ob eine alte, in traditionelle Lebensformen eingebettete literarische Form wie das Epos für eine Poetik des Anthropozäns wirklich reaktualisiert werden kann. Ist das Epos nicht eine literarische Form, die zutiefst an die Lebensbedingungen und das Wertsystem des Holozäns gebunden ist? »Global weirding« zu erzählen kann eigentlich nur heißen, dass eine Poetik des Anthropozäns die Formexperimente des modernen Erzählens nutzt und weitertreibt, sie aber auf die spezifischen Herausforderungen des Anthropozäns ausrichtet (Heise 2008: 84).

Dies kann in unterschiedlichen Strategien bestehen. Die Hyperkomplexität ökologischer Zusammenhänge und menschlicher Verstrickung in sie kann narrativ in ein dezentriertes Geflecht von Narrativen übersetzt werden, wie etwa in der Form von David Mitchells Roman *Cloud Atlas* (2004), dessen verschlungene Erzählstränge sich über Jahrhunderte bis in die Zukunft hinein entfalten und dabei unterschiedlichste Genres inkorporieren (vom Tagebuch und Briefzyklus bis hin zu Thriller und Science Fiction) (Baucom 2015). Sie kann aber auch in Schilderungen eingehen, die die in einer Landschaft verborgenen tiefenzeitlichen Schichten und Geschichten freilegen, wie in Don DeLillos *Point Omega* (2010) oder Peter Handkes *Langsame Heimkehr* (1979). Sie kann umgekehrt versuchen, den Menschen in dieser erdgeschichtlichen Tiefenzeit anthropologisch zu verorten, wie etwa in Max Frischs *Der Mensch erscheint im Holozän* (1979), das die prekär gewordene Beobachterrolle des Menschen auf die Natur in einer collagehaften Textstruktur spiegelt, die teils aus den Reflexionen eines unzuverlässigen Erzählers, teils aus Lexikonartikeln über Menschen- und Erdgeschichte besteht. Oder sie kann ausloten, was ein Epos im Anthropozän sein könnte: so etwa in Raoul Schrotts umfänglichem Werk *Erste Erde Epos* (2016). Es handelt sich dabei um eine säkulare Schöpfungserzählung, die die Genese des Lebens auf der Erde und seiner inhärenten Formprinzipien mit individuellen Forscher-Biographien und Erkenntnisinteressen verbindet. Schrotts Text ist ein großes Experiment mit heterogenen Textformen, Wissensdiskursen, intertextuellen Referenzen und Gattungsgeschichten.

Was in diesen literarischen Experimenten in den Hintergrund tritt, ist die Rolle derjenigen Instanzen, die traditionell Platzhalter des Menschen im Text sind, gleichsam seine ›literarischen Anthropomorphismen‹: die Protagonisten und ihre Innenwelten einerseits, die Perspektive eines Erzählers als eines mehr oder weniger involvierten Beobachters und Ordners des Geschehens andererseits. Der Hintergrund, das ›Setting‹ einer Erzählung, wird zum eigentlichen Protagonisten, die menschlichen Akteure zu Medien und Reflektoren einer Verflochtenheit und Transformation der Welt, die weit über sie hinausgeht. Ein Erzählen des Anthropozäns wird, so unsere Vermutung, diese Anthropomorphismen infrage stellen, brechen oder hinter sich lassen – nicht aber die Arbeit an einem Möglichkeitsraum des Erzählens. Die Formexperimente der klassisch modernen wie der Gegenwartsliteratur, die intertextuelle und metafiktionale Reflexivität, die Experimente mit Fokalisierung und Erzählzeit müssen als Versuche verstanden werden, der Erschütterung des Weltverhältnisses im Anthropozän ästhetisch gerecht zu werden. Was immer sie erzählen, erzählen sie doch immer auch davon, dass es nicht mehr einfach um eine ›gute Story‹ gehen kann.

EH

4. Verwerfungen

4.1 Biopolitik

»Jahrtausende hindurch ist der Mensch das geblieben, was er für Aristoteles war: ein lebendes Tier, das auch einer politischen Existenz fähig ist. Der moderne Mensch ist ein Tier, in dessen Politik sein Leben als Lebewesen auf dem Spiel steht.« (Foucault [1976] 1983: 138) Ein halbes Jahrhundert nach ihrer Veröffentlichung lesen sich diese berühmten Sätze aus Michel Foucaults *Sexualität und Wahrheit I* wie ein luzider Ausblick auf die politischen Herausforderungen des Anthropozäns. Es sind die Formen unseres Zusammenlebens und unserer politischen Ordnung, welche die menschliche Gattung von einem Tier unter Tieren zu einem geologischen Akteur gemacht haben und heute ihre Existenzgrundlagen bedrohen. Das Anthropozän impliziert eine Transformation des Politischen, die sich nicht nur auf kollektive Entscheidungen bezieht (siehe Kap. 3.3 Politik), sondern auch auf Bereiche erstreckt, die normalerweise der Privatsphäre zugeschlagen werden: Privates Eigentum, Konsum, Freizügigkeit oder die Anzahl der Kinder sind nicht einfach nur Freiheitsrechte, sondern müssen nun im Hinblick auf ihre kumulativen Effekte auf das Erdsystem betrachtet werden. Wie viele Kinder wir haben, ob wir Auto oder Fahrrad fahren, wie viel Fleisch wir essen, wie wir unsere Wohnung heizen: All dies sind individuelle, scheinbar belanglose Entscheidungen. Auf die Gesamtbevölkerung hochgerechnet können sie aber die ökologischen Grundlagen der Gesellschaft gefährden (auch hier hat man es also mit einem Skalenproblem zu tun, siehe Kap. 4.3 Skalen I). Im Anthropozän wird die Frage, wie die Menschen ihre Bedürfnisse definieren und befriedigen, zu einem Problem der Politik. Dabei steht allerdings längst nicht mehr nur das Schicksal des Menschen auf dem Spiel, sondern auch die Zukunft zahlloser anderer Lebewesen.

Foucault bezeichnet eine solche Politik, die mit dem Menschen als Lebewesen rechnet, als Biopolitik und er beschreibt sie als ein spezifisch modernes Phänomen, das mit einem fundamentalen Wandel in den Lebensbedingungen einhergeht:

> »[Der] Druck des Biologischen auf das Historische war Jahrtausende hindurch äußerst stark; die Seuche und der Hunger bildeten die beiden dramatischen Formen dieses Verhältnisses [...]. Der Kreislaufprozeß der ökonomischen und vor allem landwirtschaftlichen Entwicklung des 18. Jahrhunderts und die Steigerung der Produktivität und der Ressourcen, die noch rascher vor sich ging als das von ihr begünstigte Bevölkerungswachstum, milderten jene elementaren Bedrohungen [...]. Gleichzeitig trugen die Entwicklung der Kenntnisse über das Leben im allgemeinen, die Verbesserungen der landwirtschaftlichen Techniken, die Beobachtungen und Messungen am Leben und Überleben der Menschen zu dieser Lockerung bei [...]. In dem von ihnen gewonnenen und forthin organisierten und ausgeweiteten Spielraum nehmen Macht- und Wissensverfahren die Prozesse des Lebens in ihre Hand, um sie zu kontrollieren und zu modifizieren.« (Foucault [1976] 1983: 137)

Die Entstehung der Biopolitik ist demnach untrennbar verknüpft mit dem, was der Historiker Emmanuel Le Roy Ladurie wenige Jahre zuvor die Überwindung des »Malthusianischen Fluchs« (»malédictions malthusiennes«; Le Roy Ladurie 1969: 370) genannt hatte. Damit bezog er sich auf jenes zyklische Entwicklungsmuster, welches der englische Pfarrer und Ökonom

Thomas Malthus 1798 in seinem *Essay on the Principle of Population* beschrieben hatte: Die menschliche Bevölkerung wächst, da exponentiell, grundsätzlich schneller als die Nahrungsproduktion. Demographisches Wachstum führt deshalb über kurz oder lang zu Elend, Hungersnot und Seuchen – und damit wieder zu einem Rückgang der Bevölkerung. Laut Le Roy Ladurie hatte Frankreich schon Anfang des 14. Jahrhunderts das Bevölkerungsmaximum erreicht, welches mit traditionellen Formen der Landwirtschaft ernährt werden konnte. Im Zuge der Großen Pest brach sie von fast zwanzig Millionen auf zehn Millionen ein. Zur Mitte des 16. Jahrhunderts hatte sie sich wieder erholt und schwankte während der folgenden zwei Jahrhunderte zwischen 18 und zwanzig Millionen. Erst nach 1720 – dem Jahr der letzten großen Pestepidemie – begann eine Phase schnellen und konstanten Wachstums. Um 1800 war die französische Bevölkerung bereits auf dreißig Millionen angestiegen (Le Roy Ladurie [1973] 1977: 123 f.).

Es war eben diese »Bevölkerungsexplosion« (Foucault [1992] 2001: 294), welche nun laut Foucault die Entwicklung neuer Machttechniken herausforderte und ihrerseits von diesen befördert wurde. Im Gegensatz zur alten Macht des Souveräns zielt diese »Biomacht« nicht mehr auf ein rechtlich definiertes »Volk« von Untertanen ab, sondern versucht, durch die Erhebung statistischer Daten und daran gekoppelte Verwaltungsapparate die Bevölkerung als *biologische* Größe in den Griff zu bekommen. Es geht ihr darum, das Leben »zu steigern und zu vermehren«, um die Regulierung von Lebensbedingungen, Geburts- und Sterberaten. War die Macht des Souveräns vor allem eine »Abschöpfungsinstanz«, die auf dem Recht beruhte, den Untertanen »Güter, Dienste, Arbeit und Blut« abzupressen, so zielt die Biopolitik auf die »Anreizung, Verstärkung, Kontrolle, Überwachung, Steigerung und Organisation« des Lebens ab (Foucault

[1976] 1983: 65). Foucault bringt diesen Gegensatz auf eine prägnante Formel: »das alte Recht, sterben zu machen oder leben zu lassen wurde abgelöst von einer Macht, leben zu machen oder in den Tod zu stoßen.« (ebd.: 66) Sein Interesse gilt dabei vor allem der Frage, wie die Biopolitik neue Formen der Herrschaft über Menschen hervorbringt, und darauf lag auch lange der Fokus der Debatte um Biopolitik.

Aus einer Perspektive des Anthropozäns tritt Biopolitik nun unter einem anderen Aspekt in den Blick: Biopolitik muss nun als sehr viel weiter gefasste *Kontrolle über biologische Prozesse* gedacht werden. Sofern sie auf die Prävention von Hunger und Krankheit zielt, kann sich ihr Kalkül nicht allein auf die menschliche Bevölkerung beschränken, sondern muss auch die Populationen aller anderen Spezies einbeziehen, von denen das Wohlergehen der Menschen abhängt. So hat sie es nicht nur mit Menschen zu tun, sondern auch mit Rindern und Stechmücken, mit Mais und Milben, Weizen, Pilzen und Bakterien. Letztlich geht es ihr um die Regulierung der ökologischen Bedingungen menschlicher Existenz. Biopolitik ist also immer schon ökologische Politik (vgl. Medovoi 2010). Die industrielle Massentierhaltung bietet ein Paradigma für das immer feinmaschigere Management biologischer Prozesse, um das es einer Biopolitik des Anthropozäns geht: Bei der Züchtung der Tiere bedient man sich der modernsten Techniken der Reproduktionsmedizin, ihr Wachstum wird durch eine genaue Kontrolle der Lebensbedingungen und die Verabreichung von Hormonen optimiert (Wolfe 2013: 48–51). Diese Form der biopolitischen Durchdringung des Lebendigen vollzieht sich im planetarischen Maßstab. Seit dem Beginn der industriellen Revolution hat sich die Biomasse landlebender Wirbeltiere beinahe verzehnfacht (Barnosky 2008), wovon über 95 Prozent auf den Menschen und die von ihm domestizierten Tiere entfallen (Williams et al. 2016: 44). Ein stratigraphischer Marker des Anthropozäns werden daher auch Hühnerknochen sein: seit den 1950er Jahren hat sich die Zahl der jährlich geschlachteten Hühner verfünfzehnfacht, von etwa 580 Millionen auf über neun Milliarden (Pew Environment Group 2011).

Dabei beruht die Biopolitik auf einer Doppelbewegung, die für das Anthropozän von zentraler Bedeutung ist und auf der Unterscheidung zwischen *homo* und *anthropos*, *bíos* und *zoë* beruht (siehe Kap. 3.2 Anthropos). Einerseits setzt sie die *Naturalisierung* des Menschen als *anthropos* voraus, also ein Wissen darum, dass der Mensch ein biologisches Lebewesen unter anderen ist. Die Bedrohungen, die Biopolitik abzuwenden versucht, entstehen auf der Ebene dieser biologischen Existenz: Nahrungsmangel und Krankheit sind Gefahren, denen alle lebenden Organismen ausgesetzt sind. Biopolitische Herrschaftstechniken entwickelten sich zusammen mit der Erkenntnis, dass diese Plagen keine göttliche Strafaktionen sind, sondern natürliche Ursachen haben und durch natürliche Mittel kontrolliert werden können. Das Resultat solcher Herrschaftstechniken ist jedoch andererseits eine radikale *Entnaturalisierung* des Menschen und seiner ökologischen Umwelt. Sind mit der Abwendung von Hunger und Krankheit die biologischen Kontrollmechanismen ausgehebelt, welche die Bevölkerung in der Vergangenheit reguliert hatten, fällt ihre Funktion notgedrungen in die Hände der Gesellschaft. Während die Biopolitik also einerseits die Kluft zwischen dem Menschen und anderen biologischen Arten schließt, reißt sie zugleich einen neuen Graben auf zwischen jenen Lebensformen, deren Gedeihen befördert wird, und jenen, die dem Tod überlassen werden. Diese biopolitische Trennlinie wird von der Gesellschaft selbst gezogen und kann deshalb nicht mehr im herkömmlichen Sinne ›natürlich‹ sein – obwohl die Notwendigkeit, sie zu ziehen, als naturgegeben aufgefasst und gerechtfertigt wird. Genau dies, argumentiert Foucault, sei die Funktion der modernen Begriffe von ›Rasse‹ und ›Entartung‹ gewesen: Sie erlaubten es, im biologischen Kontinuum eine Zäsur zu setzen zwischen dem, »was leben und dem, was sterben soll« (Foucault [1992] 2001: 301).

In diesem Zusammenhang spielen nun die von Thomas Malthus im *Essay on the Principle of Population* artikulierten Ideen eine zentrale Rolle. Es ist daher bemerkenswert, dass Foucault sich kaum mit ihm befasste (Tellmann 2013: 136). Malthus' *Essay* war zunächst einmal eine Polemik gegen die Auffassung von Sozialutopisten wie William Godwin und dem Marquis de Condorcet, Armut lasse sich durch staatliche Wohlfahrt dauerhaft beseitigen. Das überschießende Bevölkerungswachstum, so Malthus' Argumentation, könne allein durch repressive oder präventive Hemmnisse (»positive checks« und »preventative checks«) auf ein stabiles Niveau reduziert werden, also entweder durch Hungersnöte, Seuchen und Kriege, in denen die überzähligen Menschen umkommen, oder aber durch die vorausschauende Beschränkung der Fortpflanzung (Malthus [1798] 1998: 20). Malthus argumentiert dabei gegen jede staatliche Versorgung der Armen. Da diese den Druck des akuten Elends aufhebt, trage sie zur weiteren Fortpflanzung der Armen bei, was letztlich zu einer Zunahme des Elends führe. Malthus' Schlussfolgerung: Eine vernünftige Politik überlässt die Armen ihrem Schicksal.

Damit stellte Malthus ein ›natürliches‹ Prinzip bereit, welches den Ausschluss marginalisierter Bevölkerungsgruppen von staatlichen Schutzmechanismen legitimiert, also in Foucaults Sinne eine biopolitische Zäsur zu setzen erlaubt. Nachdem Charles Darwin das »Bevölkerungsgesetz« in seiner Evolutionstheorie als zentrale Instanz natürlicher Auslese benannt hatte (siehe Kap. 2.2 Genealogien), konnte es auch die Ausmerzung ›erblich belasteter‹ Individuen und ›minderwertiger‹ Rassen im Namen des

Fortschritts rechtfertigen. Die entsprechende diskursive Weichenstellung vollzog der britische Gelehrte Francis Galton: Der Zivilisationsprozess verringere jenen Selektionsdruck, der erforderlich sei, um die Dominanz biologisch überlegener Typen sicherzustellen, und berge deshalb die Gefahr einer Degeneration der menschlichen Rasse, der man nur durch organisierte Züchtungsmaßnahmen entgegenwirken könne (Galton 1865). So verläuft eine direkte Linie von Malthus' Bevölkerungsgesetz zu den biologischen Rassetheorien und vom *laissez faire* des klassischen Liberalismus zum *laissez mourir* der sozialdarwinistischen Eugenik.

Dass Foucault auf Malthus nur am Rande zu sprechen kommt, ist bemerkenswert, da seine Ausführungen zur Biopolitik zu einer Zeit entstehen, als das Problem des Bevölkerungswachstums im Mittelpunkt der öffentlichen Aufmerksamkeit stand. Paul und Anne Ehrlichs Buch *The Population Bomb*, das die globale »Bevölkerungsexplosion« in grellen Farben ausmalte, wurde 1968 zu einem der meistverkauften Sachbücher in den USA. Die Debatten rund um den ersten »Earth Day« (1970) gingen davon aus, dass die Kontrolle des Bevölkerungswachstums den Generalschlüssel zur Lösung der globalen Umweltkrise darstelle (Mayhew 2016: 265 f.). Seinen einflussreichsten Ausdruck fand dieses neomalthusianische Denken in dem 1972 unter dem Titel *Die Grenzen des Wachstums* veröffentlichten Bericht des Club of Rome, dessen Autoren mithilfe von Computermodellen einen weltweiten ökologischen Kollaps vorhersagten, sollte das exponentielle Wachstum der Weltbevölkerung und der industriellen Produktion nicht bald unter Kontrolle gebracht werden (Meadows et al. 1972; siehe Kap. 2.2 Genealogien). Populäre Kinofilme entwarfen auf der Grundlage solcher Projektionen dystopische Szenarien, in denen die Überbevölkerung in den Kannibalismus führt (z.B. *Soylent Green*, 1973) oder zur Rechtfertigung drakonischer Zwangsmaßnahmen missbraucht wird (*Logan's Run*, 1976, vgl. dazu Horn 2014: 181–240).

Am Anfang dieser Entwicklung stehen zwei 1948 erschienene Bücher, welche die Begrenzung des globalen Bevölkerungswachstums zur zentralen Herausforderung für die Zukunft der Menschheit erklären: Fairfield Osborns *Our Plundered Planet* und William Vogts *Road to Survival.* Schon in seiner Formulierung des Problems nimmt Osborn ein Denken des Anthropozäns vorweg: Der Mensch sei heute »for the first time a *large-scale geological force*« (Osborn 1948: 29, Hervorh. i.O., vgl. Steffen et al. 2011: 844). Beide Autoren waren studierte Biologen, und ihre Argumentation importiert den Begriff der »ökologischen Tragfähigkeit« (*carrying capacity*) aus der Tierökologie in die gesellschaftspolitische Debatte. Die Geschichte sei voller Beispiele von Gesellschaften, welche ihre natürliche Umwelt überstrapaziert und ihren Niedergang herbeigeführt hätten (Vogt 1948: 40). Der Raubbau, den die westlichen Industriegesellschaften betrieben, sei indessen historisch beispiellos, und der Versuch, dieses Wirtschaftssystem auf den Rest der Welt zu übertragen, führe direkt in den zivilisatorischen Suizid: »Like Gadarene swine, we shall rush down a war-torn slope to a barbarian existence in the blackened rubble.« (Vogt 1948: 288)

Das Zitat verdeutlicht, wie sich im Diskurs der Überbevölkerung ökologische und sicherheitspolitische Anliegen miteinander vermischen. Dass Familienplanung und Geburtenkontrolle im Laufe der 1950er Jahre zu einem Kernelement der westlichen Entwicklungspolitik wurden, hängt auch mit dem Kalten Krieg zusammen. Man befürchtete, das durch Überbevölkerung verursachte Elend mache die armen Länder für den Kommunismus anfällig (Nally 2016: 217–219). Der Vorwurf der neokolonialistischen Arroganz, der gegen solche Programme erhoben wurde (z.B. Connelly 2008), ist daher nicht unberechtigt. Die Vordenker des Neomalthusianismus vermieden zwar das Vokabular der Eugenik und biologischen Rassenlehre, aber auch ihnen ging es um nichts anderes als die Setzung einer biopolitischen Zäsur. Die Ehrlichs sahen die Notwendigkeit von Zwangssterilisationen in den »unterentwickelten« Ländern voraus (Ehrlich 1968: 165) und schlugen für die internationale Hungerhilfe ein System der Triage vor, wie es auch in der Militärmedizin üblich ist: Nahrungsmittel sollten nur an solche Länder verteilt werden, die wirksame Maßnahmen zur Kontrolle ihres Bevölkerungswachstums ergriffen hätten. In Ländern, bei denen nicht absehbar sei, dass sie ihre Bevölkerung selbst ernähren könnten (wie z.B. Indien), seien Hungerkatastrophen unvermeidbar und man solle sie deshalb sich selbst überlassen (ebd.: 159 f.). Noch drastischer argumentierte Garrett Hardin in seinem Essay *Life Boat Ethics*, das direkt an seine Argumentation zur »Tragik der Allmende« anknüpft (siehe Kap. 3.3 Politik), mit dem sprechenden Untertitel »The Case Against Helping the Poor«: Indem Hilfsmaßnahmen die Länder der Dritten Welt vor den Konsequenzen ihrer politischen Fehler abschirmten, perpetuierten sie nur deren Elend. Wenn man den Bewohnern dieser Länder erlaube, in die reichen Länder auszuwandern, zerstöre man die natürlichen Ressourcen der letzteren, ohne die Situation der ersteren nachhaltig zu verbessern. Die einzig vernünftige Vorgehensweise sei daher, internationale Hilfsleistungen einzustellen und Migrationsbewegungen zu unterbinden (Hardin 1974: o.S.).

Solche Argumentationen zeigen, wie die malthusianische »Biopolitik der Knappheit« in eine Logik des Ausnahmezustands mündet, welche ethische Verpflichtungen suspendiert (Horn 2013: 1003, Horn 2014: 181–240). Die rationalisierte Unmenschlichkeit, zu welcher der Neomalthusianismus tendiert, ist ein wesentlicher Grund dafür, warum ›Überbevölkerung‹ heute zu einem Tabubegriff geworden ist (und zur bevorzugten *ideé fixe* von allerlei Bösewichtern in Literatur und Film, siehe z.B. in *Inferno*, 2016, oder *Avengers: Infinity War*, 2018). Dass das Thema im Laufe der 1980er Jahre allmählich aus den Schlagzeilen verschwand, hat aber auch andere Ursachen (Campbell 2012) – vor allem die Tatsache, dass die von den Neomalthusianern prognostizierten Katastrophen ausblieben. Im Zuge der sogenannten ›Grünen Revolution‹, also der Einführung neuer Pflanzensorten und der verstärkten Nutzung von Kunstdünger und Pestiziden (die auf fossilen Rohstoffen beruht, siehe Kap. 4.3 Energie), kam es seit den 1960er Jahren zu einer dramatischen Steigerung der landwirtschaftlichen Erträge. Von einer Rohstoffverknappung dagegen war wenig zu spüren. Ehrlich verlor seine 1980 mit dem Wirtschaftswissenschaftler Julian Simon abgeschlossene Wette, dass die Preise für Kupfer, Zinn und andere Metalle über das folgende Jahrzehnt ansteigen würden (Sabin 2013: 181). All dies schien den ›cornucopians‹ recht zu geben, also jenen, die wie Simon davon ausgingen, dass das Füllhorn des technischen Fortschritts materiellen Wohlstand auch für eine wachsende Weltbevölkerung garantieren werde. Zudem begann sich in vielen Ländern die Bevölkerung zu stabilisieren, entsprechend dem Modell des ›demographischen Übergangs‹, wonach wachsender Wohlstand zunächst zu sinkenden Sterberaten und erst zeitversetzt zu einem Rückgang der Geburtenraten führt. So durfte man hoffen, dass sich das Bevölkerungsproblem im Zuge der wirtschaftlichen Entwicklung von selber lösen werde. Diese optimistische Annahme lag auch dem 1987 veröffentlichten Abschlussbericht der UN Kommission für Umwelt und Entwicklung (besser bekannt als *Brundtland-Bericht*) zugrunde, der das Ziel der »nachhaltigen Entwicklung« als entwicklungspolitische Leitlinie etablierte (World Commission on Development and Environment 1987).

In der Diskussion um das Anthropozän ist aber auch das Bevölkerungsproblem wieder auf die Tagesordnung zurückgekehrt, wenngleich unter veränderten Vorzeichen und oftmals in verklausulierter Form. Die Herausforderungen des Anthropozäns sind die Herausforderungen einer Welt, in der die Menschheit lernen muss, sich innerhalb der Belastungsgrenzen des Erdsystems einzurichten. Wenn heute von einem »safe operating space for humanity« die Rede ist, schwingt darin ein kaum zu überhörendes Echo der *Grenzen des Wachstums* mit – auch wenn die Forschergruppe um Johan Rockström sich ausdrücklich vom Neomalthusianismus distanziert. Es gehe nicht mehr um absolute Bevölkerungszahlen und Ressourcenknappheit, sondern um die Beschreibung der Erde als eines dynamischen Systems (zu Rockströms Modell siehe Kap. 2.1 Definitionen). Statt mit »harten« Grenzen habe man es mit komplexen Rückkoppelungsschleifen zwischen den Komponenten des Erdsystems zu tun und mit »tipping points«, die sich nicht durch lineare Extrapolation gegenwärtiger Trends vorhersagen lassen. Ihre Überschreitung hat Effekte, die sich erst mit zeitlicher Verzögerung bemerkbar machen (Cornell 2015).

Das Problem des Klimawandels kann diese Unterschiede zwischen dem Modell der »Grenzen des Wachstums« und Rockströms »Planetary Boundaries« veranschaulichen: Galt die Sorge der Neomalthusianer noch in erster Linie der Knappheit an fossilen Brennstoffen (wie etwa in den Ölkrisen der 1970er Jahre), so wissen wir heute, dass die relevante Beschränkung vielmehr in der begrenzten Kapazität des Erdsystems liegt, deren Treibhausgase zu absorbieren. Wir wissen auch, dass die Konsequenzen ihrer Überschreitung erst in Jahrzehnten oder gar Jahrhunderten zu übersehen sein werden. Ein wesentliches Charakteristikum der planetarischen Grenzen ist demnach ihre *Latenz*. Sie werden erst dann manifest, wenn sie bereits überschritten worden sind. Vor diesem Hintergrund wird gelegentlich argumentiert, dass Nachhaltigkeit als politische und wirtschaftliche Zielvorgabe ausgedient habe, denn sie beruht auf der Vorstellung, das Erdsystem lasse sich in einem stationären, langfristig stabilen Zustand halten. Unter den Bedingungen des Anthropozäns müsse man stattdessen darauf hinarbeiten, gesellschaftliche und natürliche Systeme *resilient* zu machen, also ihre Fähigkeit stärken, auf Schwankungen der Umweltbedingungen flexibel zu reagieren (Benson/Craig 2017).

Letztlich sind all dies aber eher rhetorische als sachliche Differenzen. So wird Resilienz in der einschlägigen Literatur schon seit Langem als notwendiger Aspekt nachhaltigen Wirtschaftens verstanden (Caradonna 2014: 243 f.). Auch die Einsicht, dass ein ökologischer »overshoot«, also eine Überschreitung der ökologischen Belastungsgrenzen, erst in der Rückschau als solcher erkennbar wird, ist nicht neu (siehe z.B. Catton 1980: 36–47). Die biophysikalischen Modelle von Rockström et al. (2009) mögen um ein Vielfaches raffinierter sein als die des Club of Rome, aber sie führen zu ähnlichen Schlussfolgerungen. Dass sie demographische und ökonomische Projektionen nicht in ihre Berechnungen einbeziehen, heißt lediglich, dass sich die Erdsystemwissenschaften für unzuständig erklären, wenn es darum geht, eine Weltgesellschaft zu beschreiben, die dauerhaft mehr als zehn Milliarden Menschen versorgen kann. Das Problem, um das es den Neomalthusianern ging, hat im Anthropozän an Dringlichkeit nur gewonnen.

Dabei sind der Lebensstandard und die Bevölkerungszahl, die in der Diskussion oft als Alternativen gegeneinander geführt werden, miteinander gekoppelte Größen. Dies zeigt sich schon an der nach ihrem japanischen Erfinder benannten »Kaya-Identität«, mit der das IPCC die Entwicklung der globalen CO_2-Emissionen kalkuliert. Laut Kaya entspricht der anthropogene CO_2-Ausstoß dem Produkt von vier Faktoren: Weltbevölkerung, Bruttosozialprodukt, Energieeffizienz und CO_2-Intensität

(Knutti 2014). Anders gesagt: Die Menge von CO_2 hängt davon ab, wie viel Öl, Gas oder Kohle verbrannt werden muss, um die für einen bestimmten Lebensstandard gebrauchte Energie zu produzieren, und von der Zahl der Menschen, die diesen Lebensstandard genießen. Im Grunde handelt es sich dabei um eine Neufassung der bereits 1971 von Paul R. Ehrlich und John Holdren postulierten I=P*A*T- Formel: Die durch menschliches Handeln verursachten ökologischen Belastungen (*Impact*) sind demnach als Produkt der Bevölkerungsgröße (*Population*), des durchschnittlichen Lebensstandards (*Affluence*) und des technischen Entwicklungstands (*Technology*) zu beschreiben (Ehrlich/Holdren 1971). Wenn es darum geht, den Einfluss der Weltgesellschaft auf ein für das Erdsystem verkraftbares Maß zu begrenzen, müssen also *alle drei Faktoren* in Rechnung gestellt werden.

Man kann die unterschiedlichen Fassungen einer Biopolitik des Anthropozäns als ebenso viele Ansätze zur Lösung dieser Gleichung betrachten. Der *Neomalthusianismus* wird gewöhnlich so verstanden, dass er vor allem auf eine Reduktion der Bevölkerung (P) setzt (wobei die Tatsache, dass Ehrlich das Problem in der I=P*A*T-Formel zu fassen versuchte, bereits anzeigt, dass dies eine grobe Vereinfachung ist). Der *Ökomodernismus* mit seinen Hoffnungen auf ein »gutes Anthropozän« (vgl. Dalby 2015, siehe Kap. 3.2 Anthropos) beruht hingegen auf der Vorstellung, unser Energie- und Materialverbrauch lasse sich durch technische Effizienzsteigerung (T) so weit reduzieren, dass die ökologischen Belastungen (I) trotz einer weiteren Zunahme von Bevölkerung (P) und Wohlstand (A) gesenkt werden können. Genau dies ist mit dem Begriff des »de-coupling« gemeint, den sich inzwischen auch das Umweltprogramm der Vereinten Nationen zu eigen gemacht hat (UNEP 2011). Erneuerbare Energien, Recycling und Effizienzsteigerungen in Industrie, Landwirtschaft und Transportwesen sollen ausreichen, um Freiheit und materiellen Wohlstand für alle Menschen zu ermöglichen, ohne die ökologischen Grundlagen der Gesellschaft zu zerstören.

In Europa hat sich dieses Programm unter dem Titel der ›ökologischen Modernisierung‹ schon seit den 1980er Jahren etabliert (Hajer 1995). In der Debatte um das Anthropozän wird es heute vor allem von Autoren im Umfeld des kalifornischen Breakthrough Institute mit Nachdruck vertreten. So zeichnet der Geograph Erle Ellis das optimistische Bild einer Zukunft, in der sich eine weiter wachsende und zunehmend wohlhabende Weltbevölkerung in energetisch effizienten Städten konzentriert, während die Produktivität der menschenleeren Agrarlandschaften so weit gesteigert wird, dass Lebensraum für ›erwünschte‹ Spezies frei wird. Für Ellis ist dies die logische Fortsetzung eines jahrtausendelangen Prozesses, in dem die Menschheit ihre biophysischen Spielräume ausgedehnt und überholte Lebensformen hinter sich gelassen hat: »As we did at the end of the Paleolithic, most of humanity is defecting from the older ways, which will soon become hobbies for the elite and nostalgic memories for the rest of humanity. Just as wild forests, wild game, and soon, wild fish disappear, so do the human systems associated with them.« (Ellis 2011: 44)

Im Gegensatz zur malthusianischen »Biopolitik der Knappheit« (Horn 2014: 214–223) hat man es hier mit einer *Biopolitik der Fülle* zu tun, die darauf setzt, dass ökologische Tragfähigkeit durch ein intensiveres Management biologischer und gesellschaftlicher Prozesse beliebig gesteigert werden kann. Das Anthropozän markiert in dieser Logik lediglich den historischen Moment, an dem der Mensch sich als den ökologischen Ingenieur erkennt, der er immer schon gewesen ist: das Welt-schaffende Wesen (siehe Kap. 3.2 Anthropos). Die totale Zurichtung des Erdsystems auf menschliche Zwecke wird dabei häufig mit der

Metapher der »stewardship« beschrieben, also als eine verantwortungsvolle Verwaltung der planetarischen Ressourcen zum Wohle zukünftiger Generationen. Aber das Streben nach mehr Effizienz und Produktivität hat bekanntlich regelmäßig dazu gedient, die gewaltsame Enteignung der armen Landbevölkerung zu rechtfertigen. Die Folge waren oft genug die Zerstörung kooperativer Formen von Bewirtschaftung und ökologische Degradation (siehe Kap. 3.3 Politik). Was Ellis euphemistisch das »Verschwinden menschlicher Systeme« nennt, ist bei Licht betrachtet Landraub und Genozid. Auch die Biopolitik der Fülle kommt nicht ohne Zäsuren aus. Warum sollte eine ökologische Modernisierung mit weniger Gewalt und Zwang verbunden sein als die Modernisierungsschübe der Vergangenheit?

Insofern scheint das Misstrauen gerechtfertigt, das dem Begriff der »stewardship« entgegengebracht wird. Bonneuil und Fressoz sehen darin nichts als einen rhetorischen Deckmantel für ›Geomacht‹ – ein Begriff, mit dem sie in direkter Anlehnung an Foucaults ›Biomacht‹ die technischen Systeme zur Überwachung und Modellierung des Erdsystems beschreiben, aber auch die Diskurse der Nachhaltigkeit und des ethischen Konsums. Sie alle bilden Aspekte einer neuen, den Planeten umspannenden Formation von Macht-Wissen. Wie Foucaults ›Biomacht‹ ein kritischer Begriff war, um den Zugriff moderner Herrschaftstechniken auf die Funktionen des Lebens analysierbar zu machen, so soll ›Geomacht‹ das Denken des Geo-Engineering (als technische Steuerung des gesamten Erdsystems) benennen und kritisierbar machen. Hatte die Biopolitik dem Nationalstaat dazu gedient, die Produktivkräfte innerhalb des von ihm kontrollierten Territoriums zu maximieren, so das Argument, muss die Geomacht als Instrument einer globalen, technokratischen Elite verstanden werden (Bonneuil/Fressoz 2016: 87–94, ähnlich bereits Luke 1995).

Dennoch kann man Biopolitik nicht einfach abschreiben. Die Überwindung des ›malthusianischen Fluchs‹ ist schließlich keine propagandistische Erfindung, sondern die empirische Voraussetzung für das extreme Bevölkerungswachstum seit der industriellen Revolution. Wenn Foucault davon spricht, dass Biopolitik darauf abzielt, das Leben »zu steigern und zu vermehren« (Foucault [1976] 1983: 65), dann bedeutet dies auch die Überwindung eines Zustandes, in dem fast die Hälfte aller Kinder vor dem fünften Lebensjahr starben (Roser 2017), in dem ein Großteil der Bevölkerung unter Mangelerkrankungen litt und das durchschnittliche Körpergewicht ein Drittel unterhalb dessen lag, was heute als normal gilt (Fogel 1994: 10). Biopolitik bezeichnet nicht nur die optimale Nutzung des Humankapitals, sondern auch modernes Gesundheitswesen, Sozialversicherung und Kindergeld, Umweltrecht und Verbraucherschutz – kurz, das gesamte Netz der staatlichen Schutz-, Versorgungs-, aber auch Zwangsmaßnahmen, welche die Bürger in den wohlhabenden Ländern der Welt vor Hunger und Krankheit bewahren. Die Segnungen der biopolitischen Moderne lassen sich nicht sauber von ihren negativen Folgen scheiden.

Das Wachstum der Weltbevölkerung hat sich seit den 1970er Jahren zwar merklich verlangsamt. Aber nach derzeitigen Prognosen wird sie innerhalb der nächsten drei Jahrzehnte von derzeit etwa 7,6 noch einmal auf fast zehn Milliarden ansteigen – mehr als das Dreifache dessen, was ein zutiefst alarmierter Fairfield Osborn 1948 vorhergesagt hatte (Osborn 1948: 40). Für 2100 rechnen Demographen mit einer Gesamtbevölkerung von über elf Milliarden Menschen (United Nations Department of Economic and Social Affairs 2017). Ein Großteil des Wachstums entfällt heute auf Afrika und den Mittleren Osten – also Regionen, die vom Klimawandel besonders hart betroffen sein werden und in denen oft keine staatlichen Wohlfahrtsstrukturen existieren. Gleichzeitig steigt das globale Wohlstandsniveau so schnell wie nie zuvor: 1985 umfasste der globale Mittelstand etwa eine Milliarde Menschen; heute sind es drei Milliarden, und nach den derzeitigen Trends werden es in zehn Jahren bereits fünf Milliarden sein. Damit würde erstmals in der Geschichte weniger als die Hälfte der Menschheit in Armut leben. Der Großteil dieser Entwicklung entfällt dabei auf China und andere Teile Asiens, in denen die Bevölkerungszahlen stark rückläufig sind (Kharas 2017: 11).

Diese Zahlen machen einerseits deutlich, warum der Begriff der Überbevölkerung leicht in die Irre führen kann, insofern er die Aufmerksamkeit allein auf den Bevölkerungsfaktor fokussiert. Globale Probleme wie der Klimawandel und die Versauerung der Meere werden in erster Linie von jenem wohlhabenden Teil der Weltbevölkerung verursacht, dessen Fertilität sich längst stabilisiert hat. Sie zeigen andererseits aber auch, warum es zu kurz greift, das als ein reines Problem der Verteilungsgerechtigkeit zu verstehen. Die weiterhin hohen Geburtenraten in vielen ärmeren Ländern verschärfen Umweltprobleme wie Entwaldung, Überfischung und den Verlust der Artenvielfalt. Damit untergraben sie nicht nur die Lebensgrundlagen auf der lokalen Ebene, sondern tragen auch im globalen Rahmen zur gesellschaftlichen und ökologischen Destabilisierung bei.

So scheinen weder eine Biopolitik der Knappheit noch eine Biopolitik der Fülle Wege in eine wünschbare Zukunft zu weisen. Dies führt letztlich zu der Frage, ob eine grundlegend *andere* Form der Biopolitik vorstellbar ist – eine Biopolitik, die das Leben nicht reguliert und kontrolliert, sondern zu seinem echten Gedeihen beiträgt. Die Möglichkeit einer solchen »affirmativen Biopolitik« beschäftigt seit längerer Zeit Philosophen wie Michael Hardt, Antonio Negri und Roberto Esposito (Tierney 2016). Die konkretesten Vorschläge in diese Richtung kommen indessen von Donna Haraway, die auch zu den ganz wenigen Autoren in den Environmental Humanities gehört, welche die »Great Acceleration of human numbers« ausdrücklich als Problem benennen (Haraway 2016: 6).

Für Haraway wurzeln die zerstörerischen Effekte der biopolitischen Moderne letztlich in einem falschen Verständnis des Lebens. Die biologische Evolutionstheorie seit Darwin und insbesondere die synthetische Evolutionsbiologie seit Mitte des 20. Jahrhunderts gehen von klar unterscheidbaren Einheiten aus: Sie modellieren Gene, Zellen und Populationen als einzelne Akteure in einem Wettbewerb um Ressourcen. Der Evolutionsprozess ist so prinzipiell als Nullsummenspiel konzipiert (Haraway 2016: 62). Was die eine Einheit sich einverleibt, fehlt der anderen. Dagegen stellt Haraway die Theorie der Symbiogenese, die vor allem durch die Arbeiten der amerikanischen Biologin Lynn Margulis seit den 1990er Jahren die Evolutionsbiologie revolutioniert hat. Margulis präsentierte Belege dafür, dass Mitochondrien, Chloroplasten und andere Organellen ursprünglich eigenständige Organismen waren, die von prokaryotischen (also zellkernlosen) Mikroben absorbiert wurden. Aus solchen Endosymbiosen (d.h. Symbiosen, in denen ein Partner den Körper des anderen bewohnt) gingen die eukaryotischen Zellen hervor, aus denen alle komplexen Organismen bestehen.

Heute geht man zunehmend davon aus, dass Endosymbiosen keine exotischen Ausnahmen sind, sondern den biologischen Normalfall darstellen. Termiten haben sich aus Kakerlaken entwickelt, die eine Symbiose mit Zellulose abbauenden Mikroorganismen eingingen (Margonelli 2018: 6–8), der Hawaiianische Zwergtintenfisch verdankt die Fähigkeit zur Biolumineszenz der Besiedlung seiner Haut durch leuchtende Bakterien (Haraway 2016: 66). Auch der menschliche Organismus ist kein klar abgrenzbares Individuum, sondern ein »Holobiont«: Er bildet ein komplettes Ökosystem, das einer Vielzahl von anderen Spezies (z.B. den Bakterien und Pilzen, die den Darm und die Schleimhäute besiedeln) Lebensraum bietet und dessen Gesundheit von diesen Endosymbionten abhängt. So gesehen ähnelt unser Körper einem Korallenriff, in dem Korallen und Algen in Symbiose leben, oder einer Flechte, die aus Algen und Pilzen besteht. In den Worten des Biologen Scott Gilbert, den Haraway mehrfach zitiert: »We are all lichens« (zit. n. Haraway 2016: 30) – also biologische Kompositwesen. Nicht zufällig spielte Margulis auch bei der Entwicklung der Gaia-Theorie eine zentrale Rolle (siehe Kap. 3.1 Natur), denn diese bringt die Logik der Endosymbiose auf einen planetarischen Maßstab (Clarke 2017: 203 f.). Einer Biopolitik, die den Herausforderungen des Anthropozäns gerecht würde, kann es nicht mehr nur um den Reproduktionserfolg einzelner biologischer Arten gehen. Sie muss den Menschen von einem Parasiten des Erdsystems in ihren Symbionten verwandeln (Serres [1990] 1994: 61 f.). Sie muss auf der Anerkennung von artenübergreifenden Verschwandtschafts- und Abhängigkeitsbeziehungen beruhen und die Überlebensfähigkeit ganzer symbiotischer Netzwerke zum Ziel haben. In genau diesem Sinne ist Haraways oft wiederholtes Mantra zu verstehen: »Make kin, not babies!« (Haraway 2016: 102)

HB

4.2 Energie

In den ersten Fassungen des Anthropozäns beginnt die neue Erdepoche im 18. Jahrhundert (Crutzen 2002, Crutzen/Stoermer 2000: 17 f., Steffen 2011). Dieser Vorschlag fußt nicht nur auf dem Zusammenhang zwischen dem Beginn des massiven Einsatzes von Kohle und dem globalen Klimawandel. Er deckt sich auch mit klassischen sozialgeschichtlichen Periodisierungen. Der Übergang zur Kohle als wichtigster Energiequelle markiert den Beginn der modernen Industriegesellschaft *und* einen erdgeschichtlichen Wendepunkt. Obwohl diese Epochenschwelle kein eindeutiges stratigraphisches Signal hinterlassen hat, besitzt der Datierungsvorschlag unmittelbare Plausibilität. Die geologische Wirkmacht der Menschheit beruht auf ihrer Fähigkeit, energetische Ressourcen zu mobilisieren. Im physikalischen Sinne bezeichnet der Begriff ›Energie‹ nämlich nichts anderes als das Potential, ›Arbeit‹ zu verrichten, also den Zustand eines Körpers zu verändern, ihn etwa zu erhitzen oder zu beschleunigen. Wenn das Anthropozän die erdgeschichtliche Epoche ist, in der gesellschaftliche Aktivitäten das Erdsystem in seiner Gänze transformieren, dann hat dies klarerweise mit einer Zunahme des gesellschaftlichen Energieverbrauchs zu tun.

Aber auch die übrigen Vorschläge zu Startdaten des Anthropozäns (siehe Kap. 2.1 Definitionen) hängen mit Umbrüchen in den energetischen Grundlagen der Gesellschaft zusammen. So argumentiert die These vom *Early Anthropocene*, dass der Übergang zur Landwirtschaft zu einem Anstieg von CO_2 und Methan in der Atmosphäre geführt habe, und die *Great Acceleration* seit den 1950er Jahren fällt mit der globalen Ausbreitung einer auf Erdöl und Elektrizität basierenden Infrastruktur zusammen. Selbst der *Columbian Exchange* kann als energiegeschichtliches Ereignis verstanden werden, führte er doch durch die Verbreitung neuer Nutzpflanzen (vor allem Mais und Kartoffeln) zu einer beträchtlichen Effizienzsteigerung in der Landwirtschaft der Alten Welt. Die Ausbeutung von Sklavenarbeit und der Import von Nahrungsmitteln erlaubten es den europäischen Kolonialmächten zudem, Arbeitskraft und Boden im jeweiligen Mutterland für die beginnende Industrialisierung »freizustellen« (Pomeranz 2000: 264).

Eine zentrale Aufgabe, die das Anthropozän den Geisteswissenschaften stellt, ist deshalb eine Verknüpfung von Kultur- und Sozialgeschichte mit der Geschichte menschlicher Energienutzung. Jeder Versuch dieser Art beginnt mit der Einsicht, dass der menschliche Körper, wie der jedes anderen Lebewesens auch, ein »biologischer Konvertor« ist, ein *Energieumwandler* (Cottrell [1955] 2009: 35). Alle lebenden Organismen absorbieren Energie aus der Umgebung, um ihre Struktur aufzubauen und stabil zu halten. Dieser Prozess wird als Stoffwechsel oder Metabolismus bezeichnet. Die Strategie, die eine Spezies dabei verfolgt, definiert ihre Position im Stoff- und Energiekreislauf der Biosphäre: Pflanzen nutzen die Energie des Sonnenlichts, um Wasser und CO_2 in Zucker umzuwandeln; pflanzenfressende Tiere konvertieren die so entstandene Biomasse in Körpergewebe, Wärme und Bewegungsenergie, und ihr Körpergewebe dient seinerseits fleischfressenden Tieren als Nahrung. Die Ökologie teilt biologische Arten dementsprechend in unterschiedliche trophische Ebenen einer Nahrungspyramide auf. Bei jedem Schritt von der Basis zur Spitze dieser Pyramide geht jedoch nutzbare Energie verloren. Die Umsetzung von pflanzlicher Biomasse in tierisches Protein ist ein energetisch kostspieliger Prozess, und fleischfressende Tiere verbrauchen nicht nur für die Jagd, sondern auch für das Kauen und die Verdauung beträchtliche Mengen an Energie, die als Wärme in die Umgebung zerstreut wird. Dies ist der wesentliche Grund dafür, dass die Zahl von Raubtieren in einem Ökosystem immer relativ klein ist. Energetisch gesehen ist ihre Lebensweise ineffizient.

Was den Menschen aus diesem Blickwinkel von anderen Tieren unterscheidet, ist zunächst einmal seine Flexibilität bei der Nahrungswahl. Als Allesfresser hat der *Homo sapiens* keine feste

Position in der Nahrungskette, sondern kann bei Bedarf die ökologische Etage wechseln, sich also mehr von pflanzlicher oder von tierischer Biomasse ernähren. Allein deshalb kann ökologische Tragfähigkeit (siehe Kap. 4.1 Biopolitik) in Bezug auf den Menschen keine fixe Größe sein. Hinzu kommt, dass der Mensch seinen körpereigenen Energiebedarf durch externe (›exosomatische‹) Energiequellen ergänzt, die nicht selbst Nahrung sind. Ein besonders wichtiges Beispiel dafür ist das Kochen mit Feuer: Indem man Nahrung erhitzt, macht man sie leichter verdaulich. Das bedeutet, dass der einzelne Organismus weniger Energie braucht, um die Nahrung zu verstoffwechseln – und so mehr Energie für andere Aufgaben frei wird (z.B. den Betrieb eines überproportionierten Gehirns). Dieser Effizienzgewinn verschaffte unserer Gattung einen entscheidenden Überlebensvorteil und hatte tiefgreifende Auswirkungen auf die Evolution der menschlichen Physiologie (Wrangham 2009).

Solche exosomatischen Energiequellen (Georgescu-Roegen 1971: 308) müssen zumeist kollektiv organisiert werden. Schon die Nutzung von Feuer erfordert soziale Kooperation: Nahrung wird nicht mehr dort gegessen, wo sie gefunden oder erbeutet wird, sondern muss zu einer gemeinsamen Feuerstelle transportiert, zubereitet und unter der Gruppe aufgeteilt werden. Die für das Jagen und Sammeln oder die Bestellung des Ackers erforderlichen Werkzeuge müssen hergestellt und instand gehalten, das dafür erforderliche Wissen weitergegeben werden. Unterschiedliche Energiequellen erfordern unterschiedliche Formen von Arbeitsteilung. So nehmen sie einen direkten Einfluss auf die Bildung sozialer Strukturen.

Der Gedanke, dass die Entwicklung der Energiequellen deshalb als Leitfaden für eine Theorie der Menschheitsgeschichte dienen kann, ist fast so alt wie der Energiebegriff selbst. Als gemeinsames Maß für so unterschiedliche Phänomene wie Wärme,

Licht, Nährwert und Bewegung etablierte sich der Neologismus zur Mitte des 19. Jahrhunderts (Harman 1982: 58). Energie konnte nun als universelle ›Währung‹ verstanden werden, mit der sich sämtliche Prozesse in der physischen Welt auf einen gemeinsamen Nenner bringen lassen – und die damit auch einen Brückenschlag zwischen den Natur- und den Geisteswissenschaften ermöglicht (Smil 2017a: 1). In seiner 1862 veröffentlichten Programmschrift *First Principles* erklärt der englische Philosoph Herbert Spencer die Verfügbarkeit von Energie zum allgemeinen Prinzip der biologischen *und* sozialen Evolution. In der Natur führt die Erschließung von höherwertigen Energiequellen zur Entwicklung immer komplexerer Organismen. In der Gesellschaft führt sie zur internen Ausdifferenzierung des ›sozialen Organismus‹. Die Erwirtschaftung von energetischen Überschüssen erlaubt es, bestimmte Gruppen von Menschen von Tätigkeiten zu entlasten, die dem bloßen Überleben dienen, und ermöglicht so zunehmend komplexe Formen sozialer Organisation (Spencer 1862: 159-162).

Spencers Überlegungen standen unter dem Eindruck der industriellen Revolution. Kulturgeschichte war für ihn gleichbedeutend mit Fortschrittsgeschichte, und Fortschritt war synonym mit dem Aufstieg der westlichen Industriegesellschaften. Dieser triumphalistische Grundzug ist kennzeichnend für fast alle Entwürfe einer »energetischen Kulturtheorie« (Weber 1909), die im Laufe des folgenden Jahrhunderts formuliert wurden: Die Erschließung neuer Energiequellen wurde als Zeugnis menschlichen (und vor allem: europäischen) Erfindergeists gefeiert, die Zunahme des gesellschaftlichen Energieverbrauchs als zivilisatorischer Gewinn.

Aus heutiger Perspektive ist bemerkenswert, dass den fossilen Brennstoffen dabei kaum Aufmerksamkeit geschenkt wurde. Man wusste zwar, dass Energie aus Kohle und Öl zentral für den Wandel der modernen Gesellschaft ist, und man wusste auch, dass diese Ressourcen begrenzt sind. Aber man ging auch ganz selbstverständlich davon aus, dass ihre Nutzung eine bloße Übergangsphase darstellt. So betrachtete es etwa der deutsche Chemiker und Naturphilosoph Wilhelm Ostwald als ausgemacht, dass die Gesellschaft der Zukunft ihre energetischen Bedürfnisse mithilfe eines »photoelektrischen Apparates« decken werde (Ostwald 1909: 96). Und der amerikanische Anthropologe Leslie White prognostizierte, dass »sub-atomare« Energiequellen erschlossen würden, lange bevor das Ende der Kohle- und Ölvorkommen zu einer Energiekrise führen könnte (White 1943: 351).

Es waren zunächst Ökologen und Wirtschaftswissenschaftler, die zeigten, dass die moderne Industriegesellschaft in eine Sackgasse steuert. In seinem Vortrag *The Economics of the Coming Spaceship Earth* erklärte der Wirtschaftswissenschafter Kenneth E. Boulding 1966, dass die Erde als ein materiell geschlossenes System vorgestellt werden muss. Diese Einsicht erfordert einen Bruch mit uralten Denkgewohnheiten: Während ihrer gesamten Geschichte hatte die Menschheit in einer »cowboy economy« gelebt, in der man den ökologischen Konsequenzen von Ressourcenverschwendung durch die Erschließung neuer Territorien ausweichen konnte. In der »spaceman economy«, in die sie jetzt eintritt, ist dies nicht mehr möglich. Wie ein Astronaut muss die Menschheit lernen, mit den endlichen Beständen des »Raumschiffs Erde« zu wirtschaften, und ihren Platz in einem geschlossenen ökologischen Kreislauf finden, der der Produktion und dem Konsum absolute Grenzen setzt (Boulding 1966).

Energietheoretiker seit Herbert Spencer hatten die Steigerung der energetischen Effizienz als wichtigstes Merkmal kultureller Entwicklung betrachtet: »culture evolves as the productivity of human labor increases.« (White 1943: 346) Die gleiche

Menge Arbeit produziert mehr materielle Güter, und so wächst der Wohlstand. Boulding und seine Kollegen zeigten, dass diese Sichtweise außer Acht läßt, dass die Steigerung der Produktivität oft durch den Verbrauch begrenzter Ressourcen erkauft wird. Ein einschlägiges Beispiel dafür ist die industrialisierte Landwirtschaft: Die Erträge im amerikanischen Maisanbau haben sich seit den 1930er Jahren um ein Achtfaches gesteigert (Nielsen 2017). Dieser Zuwachs verdankt sich aber dem Einsatz von künstlichem Stickstoffdünger, der mit großem Energieaufwand hergestellt werden muss. Howard P. Odum, ein Pionier der Systemökologie (siehe Kap. 3.1 Natur und Kultur), bezeichnet deshalb die Behauptung, moderne Anbautechniken hätten die ökologische Tragfähigkeit gesteigert, als einen »traurigen Schwindel«, denn: »industrial man no longer eats potatoes made from solar energy; now he eats potatoes partly made from oil« (Odum 1971: 116). Ähnliches gilt für viele andere moderne Produktionsformen, deren höhere Produktivität sich der Nutzung fossiler Energien verdankt. Im Vergleich zu traditionellen Produktionsmethoden und auf längere Sicht gesehen ist die Industriewirtschaft deshalb in vielen Fällen energetisch ineffizient.

Boulding, Odum und andere Wissenschaftler aus der Ökologischen Ökonomik zogen daraus einen Schluss, der bis heute nichts von seiner Radikalität verloren hat. Die permanente Umwälzung der gesellschaftlichen Verhältnisse, die mit der industriellen Revolution begonnen hat, lässt sich nicht auf Dauer stellen. Sie war nur auf der Grundlage von fossilen Brennstoffen möglich, die nicht ohne Weiteres durch andere Energiequellen substituiert werden können und deren ökologische Kosten den kurzfristigen Gewinn überwiegen. Die Wirtschaftslehre muss sich deshalb von der Idee wirtschaftlichen Wachstums verabschieden. Der einzige Weg, um einen wirtschaftlichen und ökologischen Kollaps zu vermeiden, ist die Schrumpfung der Wirtschaftsleistung (*de-growth*) und schließlich der Übergang zu einem stationären Zustand (*steady-state economy*) (Daly [1973] 1993).

Im Kern dieser Überlegungen steht letztlich die Botschaft, dass die reichen Industrienationen den Gürtel enger schnallen müssen. Die Überbringer dieser Botschaft hatten nur wenig Geduld mit ihren Zeitgenossen, die davon nichts hören wollten. In einem Schlüsseltext zum Konzept der stationären Wirtschaft klagte Herman Daly einen neuen »moralischen Konsens« ein und fragte: »Where is this moral consensus to come from? Not from the spineless relativism or from the hallucinatory psychic epiphenomena that seem to haunt complex mechanisms.« (ebd.: 357) Gegen die Frivolität des Konsumkapitalismus setzte Daly das eiserne Gesetz der Entropie und einen »dogmatischen Glauben« an die Bewahrungswürdigkeit der natürlichen Umwelt (ebd.).

Aber will man die gesellschaftlichen Widerstände verstehen, die einer stationären Wirtschaftsweise entgegenstehen, muss man gerade jene »psychischen Epiphänomene« ernst nehmen, die Daly mit Desinteresse straft. Anders gesagt: Man muss begreifen, wie fossile Brennstoffe die gesamte Kultur der Moderne geprägt haben. Und das heißt auch zu verstehen, wie genau sich die fossilenergetische Moderne von den vorangegangenen Epochen unterscheidet. Das bedeutet zuallererst, soziale Entwicklungen mit Blick auf ihre energetische Basis zu erklären.

Während man in den Kulturwissenschaften lange vor allem die Differenzen zwischen verschiedenen Gesellschaften betont hat, werden aus dieser Perspektive gerade strukturelle Gemeinsamkeiten interessant. So bildeten z.B. die agrarischen Hochkulturen des Nahen Ostens, Chinas und Mittelamerikas ein Kalender- und Steuerwesen aus, entwickelten Formen des Königtums und der Leibeigenschaft und errichteten spektakuläre Monumentalbauten (Sieferle 2010: 9). Solche Ähnlichkeiten lassen sich nicht durch Kulturkontakt erklären, sondern hängen direkt mit einer auf Landwirtschaft beruhenden Lebensweise zusammen. Die Energiequellen und Konvertoren, die eine Gesellschaft nutzt, beeinflussen Siedlungsformen und Bevölkerungsentwicklung, Formen der politischen Organisation und der Organisation von Wissen (Krausmann et al. 2008: 639). Auf der Grundlage dieser Annahmen lassen sich drei große Phasen der Menschheitsgeschichte unterscheiden, die man im Anschluss an die »Wiener Schule« der Sozialökologie als *soziometabolische Regime* bezeichnen kann: (1) das Regime der Jäger und Sammler, das auf der *passiven* Nutzung solarer Energieströme beruht, (2) das agrarische Regime, das mit der Erfindung des Ackerbaus beginnt und solare Energieströme *aktiv* ausbeutet, und (3) das bis heute dominante fossilenergetische Regime.

Jäger und Sammler beziehen ihren energetischen Unterhalt aus der aktuell verfügbaren Biomasse in ihrer Umwelt. Sie haben aber kaum Möglichkeiten, deren Energieströme zu kontrollieren und Überschüsse zu speichern. Die geringe Energiedichte der Ressourcen, von denen sie abhängen (überwiegend wilde Tiere und natürliche Vegetation), erzwingt eine mehr oder weniger nomadische Lebensweise. Das begrenzt die Größe sozialer Gruppen und schränkt das Bevölkerungswachstum ein. Da Säuglinge und Kleinkinder getragen werden müssen, ist eine hohe Geburtenrate nachteilig; durch langes Stillen kann eine schnelle Abfolge der Geburten gehemmt werden. Der Spielraum für technische Innovation ist gering, da auch Werkzeuge und Informationsspeicher transportiert werden müssen. Kein Nomade käme auf die aberwitzige Idee, Gesetze in Tontafeln zu ritzen und diese mit sich herumzuschleppen! Die für Jäger und Sammler entscheidenden Techniken der Energiekonversion sind einerseits das Feuer, andererseits die Werkzeuge, die er für die Beschaffung und Zubereitung der Nahrung braucht. Die »Stoffwechselrate« (»metabolic rate« oder auch »domestic energy consumption« [DEC], siehe Abb. 10) solcher nomadischen Gruppen ist vergleichsweise »flach«: Nach einer Schätzung der Umwelthistorikerin Marina Fischer-Kowalski u.a. beträgt der Energieverbrauch in einer idealtypischen Jäger- und Sammler-Gesellschaft etwa elf Gigajoule pro Kopf und Jahr, wovon vier Gigajoule auf die Nahrung und sieben Gigajoule auf Feuerholz entfallen (Fischer-Kowalski et al. 2014: 22).

Dieses energetische Regime dominierte die Lebensweise unserer Spezies von ihrer Entstehung im Pleistozän bis ins frühe Holozän. Der Übergang zum agrarischen Energieregime vollzog sich dann innerhalb eines vergleichsweise kurzen Zeitraums von nur wenigen Tausend Jahren in unterschiedlichen, geographisch getrennten Weltregionen, weshalb diese Entwicklung heute vielfach als Anpassung an die Effekte eines sich rasch verändernden Klimas interpretiert wird. Agrarische Gesellschaften beruhen auf der »kontrollierten Nutzung von Solarenergieströmen [...], wobei sich die Menschen vor allem biologischer Energiekonvertoren (Pflanzen, Tiere) bedienten, die für die jeweiligen Zwecke genetisch modifiziert und deren Lebensräume aktiv umgestaltet werden« (Sieferle 2010: 5).

Im Vergleich zum Energieregime der Jäger und Sammler fördert das agrarische Regime raschen Bevölkerungszuwachs und höhere Siedlungsdichten. Indem die Menschen verstärkt auf pflanzliche Nahrung umsteigen, wechseln sie die trophische Ebene und steigern so die ökologische Tragfähigkeit ihrer Umwelt: Sie werden »less wolflike, and more piglike« (Stiner/Feeley-Harnick 2011: 83). Das Feuer spielt weiterhin eine zentrale Rolle, gewinnt aber durch die Entwicklung keramischer Gefäße eine neue Qualität, denn diese erlauben nicht nur die Aufbewahrung von Nahrung, sondern auch die Zubereitung von Suppen und

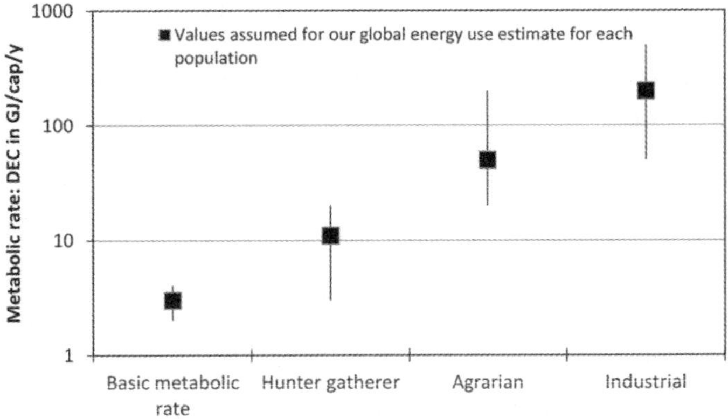

Abb. 10: Stoffwechselraten (DEC) unterschiedlicher Energie-Regimes, nach: Marina Fischer-Kowalski, Fridolin Krausmann, Irene Palua (2014): »A Sociometabolic Reading of the Anthropocene: Modes of Subsistence, Population Size and Human Impact on Earth«, in: The Anthropocene Review 1 (1), S. 8–33, hier S. 20.

Breien, die für die Ernährung von Kindern geeignet sind. Sie verkürzen so die Stillzeit und ermöglichen damit kürzere Geburtenintervalle. Diese sind jetzt erwünscht, denn die Landwirtschaft fordert viele Arbeitskräfte. Dementsprechend ist es für agrarische Zivilisationen vorteilhaft, die weibliche Fertilität zu maximieren, was sich in Fruchtbarkeitskulten und patriarchalen Glaubenssystemen niederschlägt (Morris 2015: 85).

Entsprechend der Maxime »more is different« aus der Emergenztheorie (siehe Kap. 4.3 Skalen I) führt eine größere Bevölkerungszahl zu einem qualitativen Sprung in der sozialen Organisation. Die Verfügbarkeit von menschlicher Arbeitskraft erlaubt es, zunehmend materialintensive Infrastrukturen – z.B. Straßen, Brücken, Bergbau, Bewässerungs- und Befestigungssysteme –

aufzubauen. Sie fördert auch die Entwicklung neuer mechanischer Energiekonvertoren wie Wasser- und Windmühlen oder Segelschiffe. Die Verwaltung dieser Infrastruktur, die wachsende Zahl von Aufgaben, die neue Formen von Expertise erfordern, und die Tatsache, dass sich soziale Konflikte nicht mehr einfach durch Weggehen lösen lassen, befördern aber auch gesellschaftliche Ungleichheit. Es bilden sich soziale Gruppen, die auf bestimmte Aufgaben spezialisiert sind (z.B. Handwerker, Priester, Richter und Soldaten). So entwickelt sich in fast allen agrarischen Zivilisationen ein politischer Herrschaftsapparat, der durch die Erhebung von Steuern unterhalten wird. All dies macht es fragwürdig, den Übergang zur Landwirtschaft als zivilisatorische Segnung zu bewerten. Archäologische Funde zeigen, dass die Bewohner der frühen agrarischen Siedlungen in der Regel schlechter ernährt waren, häufiger krank wurden und mehr arbeiteten als ihre jagenden und sammelnden Zeitgenossen (Sieferle 1997: 73). James C. Scott vermutet, dass die meisten Bauern in der Anfangsphase des agrarischen Regimes mit Gewalt gezwungen werden mussten, ihr Leben als Wildbeuter aufzugeben, und dass diese Menschen die periodisch auftretenden Zusammenbrüche der frühen Staaten deshalb weniger als Katastrophe, sondern als Befreiung erlebten (Scott 2017).

Agrarische Energiesysteme variieren beträchtlich im Hinblick auf das Maß, in dem sie Tiere als Quelle von Nahrung und Arbeitskraft nutzen. Sie unterscheiden sich auch in der energetischen Effizienz ihrer bevorzugten Nutzpflanzen und Anbauformen. Fischer-Kowalski u.a. schätzen, dass der jährliche Energiebedarf in solchen Gesellschaften zwischen zwanzig und achtzig Gigajoule pro Kopf beträgt (Fischer-Kowalski et al. 2014: 23). Ihnen ist eines gemeinsam: Sie müssen innerhalb der energetischen Begrenzungen operieren, die durch die primäre Biomasseproduktion ihres Territoriums vorgegeben sind. Wirtschaftliches

Wachstum ist damit eng mit einem Zuwachs von Bevölkerung und Ackerland verknüpft, da fast der gesamte Energiebedarf der Gesellschaft durch Biomasse gedeckt wird, d.h. durch pflanzliche Nahrung, Nutztiere und Holz. Zwar konnte die landwirtschaftliche Produktivität im Laufe der Jahrtausende durch technische Neuerungen und vermehrten Arbeitsaufwand erheblich gesteigert werden, aber letztlich unterlag sie immer dem ›Gesetz der sinkenden Grenzerträge‹. Ab einem bestimmten Punkt führt intensivere Bewirtschaftung kaum noch zu Zuwächsen, und das bedeutet: Menschliche Arbeitskraft verliert an energetischer Effizienz (Tainter 1988: 91–98). Zudem wird das, was man an Erträgen hinzugewinnt, durch das nachfolgende Bevölkerungswachstum wieder aufgezehrt, so dass die pro Kopf zur Verfügung stehende Energiemenge eher sinkt. Vermehrung des Wohlstands ist unter solchen Bedingungen ein Nullsummenspiel, da der eigene Anteil nur durch die Unterjochung und Enteignung anderer Menschen vermehrt werden kann. Während der etwa 10 000 Jahre des agrarischen Energieregimes veränderten sich die Lebensbedingungen für jenen Großteil der Bevölkerung, der vom Ackerbau lebte, nur unwesentlich.

Erst vor diesem Hintergrund lässt sich ermessen, welch tiefen Einschnitt der Umstieg auf fossile Brennstoffe darstellt. Peter Sloterdijk beschreibt die Ankunft der Fossilenergetik als das »große Entknappungserlebnis« (Sloterdijk 2005: 355). Mit der Nutzung von Kohle sprengt die Gesellschaft die Begrenzungen des agrarischen Energieregimes und entgeht so dem ›Malthusianischen Fluch‹ (siehe Kap. 4.1 Biopolitik). Sieferle u.a. sprechen vom »Ende der Fläche« (Sieferle et al. 2006). Bereits um 1800 entsprach die in Großbritannien durch Verbrennung von Kohle erzeugte Energiemenge einer Verdopplung seiner Wald-, Weide- und Ackerfläche (Sieferle 1997: 145). Mit der Dampfmaschine wurde ein neuartiger Energiekonvertor verfügbar, der es erlaubte, thermische Energie kontinuierlich in kinetische Energie (also Hitze in Bewegung) umzuwandeln. Solche Wärmekraftmaschinen veränderten die Art und Weise, in der die Gesellschaft über Raum und Zeit disponierte, denn sie ermöglichten die industrielle Produktion und das Transportwesen. Baumwollspinnereien etwa wurden von Wasserkraft unabhängig und konnten in die Städte verlegt werden (Malm 2016), Dampfschiffe und Eisenbahnen konnten Massengüter auch über große Distanzen termingenau liefern. Beides verbesserte die Bedingungen für die Kapitalakkumulation. Menschliche Arbeitskraft und Lebenszeit wurden zunehmend von körperlichen zu geistigen Tätigkeiten umgelenkt, was eine Zunahme gesellschaftlicher Kommunikation ermöglichte. Für immer mehr Leute wurden Sprechen, Schreiben, Lesen und Rechnen zur Hauptbeschäftigung (Weisz 2011: 332). In der Folge entstanden völlig neue Formen räumlicher und sozialer Mobilität.

Viele Emanzipationsprozesse der Moderne sind eine Folge dieser Veränderungen: »The mansion of modern freedoms stands on an ever-expanding base of fossil-fuel use.« (Chakrabarty 2009: 208) In agrarischen Gesellschaften war Bodenbesitz die wichtigste Grundlage von Wohlstand und Macht – ein Umstand, der sowohl das politische als auch das ökonomische Denken bis ins späte 18. Jahrhundert prägte. Das fossilenergetische Regime löst dieses Band zwischen Landbesitz und politischer Macht und führt zu einem Urbanisierungsschub, der auch die Entstehung der modernen Massenpolitik ermöglicht. Obwohl dieser neue Wohlstand sehr ungleich verteilt war, gewann die Vorstellung eines gesamtgesellschaftlichen Fortschritts, von dem auch die ärmeren Gesellschaftsschichten profitieren, an Plausibilität. Wirtschaftliches Wachstum wurde zunehmend als Normalzustand verstanden – und als Allheilmittel für alle sozialen Übel. Die kohlebasierte Infrastruktur erzwang es, dass Energieströme durch bestimmte neuralgische Punkte geschleust wurden (z.B. Bergwerke, Bahnhöfe und Bekohlungsstationen), an denen eine große Menge menschlicher Arbeitskraft benötigt wurde. Dies wiederum erleichterte es der Arbeiterschaft, sich zu organisieren und politische Forderungen durchzusetzen (Mitchell 2011: 26–27). Wie verheerend die sozialen und ökologischen Folgen dieser Phase der Industrialisierung waren, kann man z.B. in Friedrich Engels' *Die Lage der arbeitenden Klasse in England* nachlesen (Engels 1845). Aber sie waren auch lokal begrenzt und sinnlich erfahrbar und provozierten die Entstehung von Reformbewegungen. Die sozialen Sicherungssysteme, die in den meisten Industrienationen zwischen dem Ende des 19. und der Mitte des 20. Jahrhunderts entstanden, sind ein Produkt dieser Entwicklung.

Zum Anfang des 20. Jahrhunderts tritt das fossilenergetische Regime allmählich in eine neue Phase: die des Erdöls. Sie beginnt in den USA und breitet sich nach dem Zweiten Weltkrieg über die ganze Welt aus. Die Literaturwissenschaftlerin Stephanie LeMenager bezeichnet diese Phase als »Petromoderne« (LeMenager 2012: 60). Da Erdöl eine wesentlich höhere Energiedichte als Kohle besitzt und flüssig ist, sind Förderung und Transport energetisch effizienter und erfordern weniger Arbeitskraft. Damit potenziert Erdöl viele Effekte des fossilenergetischen Regimes. Vor allem der Verbrennungsmotor ermöglicht ein ungekanntes Maß an individueller Beweglichkeit, das einen neuen psychischen Habitus hervortreibt: »Wir können uns keine Freiheit mehr vorstellen, die nicht immer auch Freiheit zu riskanten Beschleunigungen einschließt, Freiheit zur Fortbewegung an fernste Ziele, Freiheit zur Übertreibung und zur Verschwendung, ja schließlich auch Freiheit zur Explosion und zur Selbstzerstörung.« (Sloterdijk 2011: 97) Dabei ist das Gefühl individueller Ermächtigung, den gerade das Autofahren produziert, mehr als nur ein ideologisches Hirngespinst: Ein einfacher Tritt auf das Gaspedal entfesselt ein Vielfaches der kinetischen Energie, die etwa einem Reiter zur Verfügung steht. Der Mythos von Freiheit und Ungebundenheit findet prägnanten Ausdruck im uramerikanischen Genre des Road Movie – man denke etwa an die berühmte Schlussszene von Ridley Scotts *Thelma & Louise* (1991), die den Traum einer bis zur Selbstaufgabe getriebenen Befreiung von sozialen Zwängen *als* Auto-Mobilität machtvoll ins Bild setzt (Abb. 11).

Erdöl dient aber nicht nur als Energieträger, sondern auch als Ausgangsmaterial für eine unendliche Vielfalt von petrochemischen Produkten, die die Lebenswelt des Konsumkapitalismus bis in die intimsten Winkel prägen: von Nylonstrümpfen und Plastikverpackungen, Farbstoffen und Medikamenten bis hin zu Reinigungsmitteln und Schmierstoffen. Erst in dieser zweiten Phase revolutioniert die Fossilenergetik auch die Reste des alten agrarischen Energieregimes. Nicht nur das Haber-Bosch-Verfahren zur Fixierung atmosphärischen Stickstoffs (patentiert 1911), sondern auch petrochemisch erzeugte Pestizide und Mechanisierung, z.B. durch Mähdrescher und Traktoren, erlaubten eine Steigerung der landwirtschaftlichen Produktivität, die über alles hinausgeht, was unter den Bedingungen des agrarischen Regimes erreichbar war. Damit ermöglichen Kohle und Öl nicht zuletzt auch die dramatische Beschleunigung des Bevölkerungswachstums in der zweiten Hälfte des 20. Jahrhunderts.

Diese Phase des fossilenergetischen Regimes hat allerdings nicht nur mit dem neuen Energieträger Erdöl zu tun. Sie ist mindestens genauso geprägt von einem neuen Energiekonverter: dem Dynamo, der Bewegungsenergie in elektrischen Strom umwandelt. Als Energiequelle wurde die Kohle keineswegs verdrängt, aber dank der Elektrifizierung verschwand sie zunehmend aus dem Erfahrungsraum der Menschen. In der Umwelt- und Wirtschaftsgeschichte werden Elektrizität und Verbrennungs-

Abb. 11: Thelma & Louise. Regie: Ridley Scott, Drehbuch: Callie Khouri, USA: Metro-Goldwyn-Mayer 1991, 129'. 1:43:35.

motor zusammen als zentrale Triebkräfte einer ›zweiten industriellen Revolution‹ betrachtet (Kander et al. 2013: 251). Sie erlauben eine stärkere räumliche Trennung von Produktionsstätten und Wohngebieten. Die Städte werden jetzt sauber, befreit vom Ruß und Qualm, der die Großstädte des 19. Jahrhunderts verpestet hatte, während zugleich eine flächendeckende Transformation des ländlichen Raums einsetzt. Die Elektrifizierung ermöglicht auch völlig neue Formen der Unterhaltung, wie z.B. Kino und Vergnügungsparks, und verwandelt das Alltagsleben der Menschen (Nye 1990). War in der ersten Phase der Industrialisierung noch die Produktion die wichtigste Verschmutzungsquelle gewesen, wird sie jetzt vom Konsum überholt, wobei die ökologischen Kosten dieser Entwicklung geographisch so verschoben werden, dass sie zumindest für den wohlhabenderen Teil der Bevölkerung kaum spürbar sind – ein Prozess, den Alf Hornborg als »environmental load displacement« beschreibt (Hornborg 2013: 49–54).

Dies bringt eine neue Infrastruktur hervor, die auf kleinere, flexiblere soziale Einheiten zugeschnitten ist, und erlaubt eine zunehmende Privatisierung des Öffentlichen. Das bedeuet auch die Auflösung von Allmendegütern (siehe Kap. 3.3 Politik). Kollektiv genutzte Verkehrsmittel wie die Eisenbahn werden durch Individualverkehr verdrängt, die Städte wuchern ins ländliche Umland. Die Phantasien von individueller Selbstbestimmung, wie sie vom Automobil genährt werden, schlagen sich in der Gestalt des Einfamilienhauses mit Garten und privatem Maschinenpark nieder.

Ein ganz wesentlicher Grundzug der fossilenergetischen Moderne ist also die Erfahrung individueller Autonomie. Darüber vergisst man aber, dass sie auch mit einem Prozess der »Ent-Autarkisierung« verbunden ist (Sieferle 1997: 195). Der Einzelne verliert zunehmend die Fähigkeit zur Selbstversorgung und wird von Verteilungssystemen wie Stromnetzen, Tankstellen und Supermärkten abhängig. Lokale Subsistenzmittel (etwa Kleingärten und Holzöfen) werden durch mobile, geographisch verteilte Ströme von Energie, Material und Information ersetzt. In den meisten Haushalten finden sich heute kaum noch Werkzeuge, die ohne Strom funktionieren. Man macht es sich also zu einfach, das fossilenergetische Regime allein unter dem Aspekt seiner emanzipatorischen Effekte zu betrachten (wie z.B. Morris 2015: 162–163). Die paradoxe Erfahrung von Omnipotenz und Ohnmacht, die für das Anthropozän so kennzeichnend ist, ist so auch eine Paradoxie der fossilenergetischen Moderne. Einerseits definiert sie sich über Begriffe von individueller Freiheit und Selbstbestimmung. Andererseits verstrickt sie den Menschen in ein immer dichteres, immer schwerer zu überschauendes Netz von Abhängigkeiten (Sieferle 1997: 201).

Die Durchsetzung von immer neuen Techniken der Energiekonversion in den letzten 200 Jahren macht es schwierig, das metabolische Profil der fossilenergetischen Gesellschaft zu bestimmen. Fischer-Kowalski et al. gehen davon aus, dass der Energieverbrauch in den meisten Industrieländern heute etwa zehnmal so hoch ist wie der in agrarischen Gesellschaften (Fischer-Kowalski et al. 2014: 24). Dabei kann dieses soziometabolische Regime schon alleine deshalb keine stabilen Ordnungen hervorbringen, weil seine energetischen Grundlagen endlich sind. Aber es hat eine Dynamik entfesselt, die in rasendem Tempo die sozialen und ökologischen Muster auflöst, welche sich während des Holozäns etabliert hatten. Wir wissen heute, dass uns dieser Prozess ins Anthropozän katapultiert hat, aber sein Ende ist noch lange nicht absehbar.

Darüber, wie die Gesellschaftsformen des Anthropozäns aussehen werden, kann man allenfalls spekulieren. Klar ist aber: Sie werden auf einem anderen energetischen Fundament stehen müssen. Der Übergang zu erneuerbaren Energien ist unvermeidlich, aber er wird sich über Generationen hinziehen (Smil ^{2}2017b: 176–177). Die Weltgesellschaft ist so von fossilen Energien abhängig, dass es praktisch unmöglich ist, sie in kurzer Zeit zu ersetzen. Die schiere Masse der Infrastruktur für die Erzeugung und Verteilung fossiler Energien verleiht dem System eine immense Trägheit (ebd.: 199–203). Noch schwerer abzuschätzen als die technischen Herausforderungen, aber mindestens ebenso wichtig, sind die kulturellen und politischen Widerstände. Der Freiheitsbegriff, der sich mit dem fossilenergetischen Regime entwickelt hat, ist heute eines der wichtigsten Hindernisse für seine Überwindung. Ingenieure und Ökonomen stehen vor der Aufgabe, die Entwicklung wirtschaftlichen Wohlstands vom Energie- und Materialverbrauch zu entkoppeln. Umgekehrt steht die Kultur der Industrieländer – und damit auch die Kulturwissenschaft – vor einer ähnlich großen Herausforderung: Wir müssen unsere Vorstellungen von Freiheit von der freigiebigen Verschwendung von Energie entkoppeln (Bergthaller 2017: 430).

HB

4.3 Skalen I: Das Planetarische

Ein Denken des Anthropozäns stößt auf ein wiederkehrendes Problem: die Frage, in welchen räumlichen, quantitativen und zeitlichen Größenordnungen man seine Erscheinungsformen fassen soll. Spricht man vom Menschen als ›geologischer Kraft‹, so impliziert das einen Sprung zwischen verschiedenen Größenordnungen: von individuellem Handeln zu kumuliertem Verhalten bis hin zu einer Wirkmacht, die sich auf einer globalen Ebene manifestiert. Einen solchen Übergang zwischen (in diesem Falle quantitativen) Größenordnungen nennt man einen »Skaleneffekt«. Mit Timothy Clark lässt sich das Anthropozän damit selbst als ein solcher »emergenter Skaleneffekt« fassen: »At a certain indeterminate threshold, numerous human actions, insignificant in themselves [...] come together to form a new, imponderable physical event, altering the basic ecological cycles of the planet.« (Clark 2015: 75)

Das Anthropozän zu verstehen bedeutet also, die ihm inhärenten Skaleneffekte als solche beschreiben zu können und zu zeigen, wie bestimmte Probleme – Probleme der Darstellung (siehe Kap. 3.4 Ästhetik), der Handlungs- und Wirkmacht (siehe Kap. 3.2 Anthropos), der Verantwortlichkeit und Koordination (siehe Kap. 3.3 Politik) oder auch der Technikfolgen- und Risikoabschätzung – aus einem solchen »clash of scales«, einem Aufeinanderprallen inkommensurabler Größenordnungen erwachsen. Diese unterscheiden ein Verständnis des Anthropozäns von den klassischen Diskursen des Umweltschutzes und der Nachhaltigkeit, welche sich emphatisch auf das Lokale und zeitlich Nahe bezogen: auf spezifische, zu schützende Biotope, zu rettende Tierarten oder die viel beschworenen Kindeskinder. Die Umweltbewegung bezog sich damit, wie Ursula Heise gezeigt hat, lange vornehmlich auf einen »sense of place«, auf lokale

Probleme und zu schützende Orte, weniger auf einen »sense of planet«, also ein Bewusstsein für global wirksame Störungen (Heise 2008: 21). Ein Slogan wie *think globally, act locally* setzt die Dominanz des Lokalen voraus und verschiebt das Denken des Globalen auf eine rein theoretische Ebene.

Die ökologische Diagnose, die das Anthropozän stellt, bedeutet dagegen eine massive Verschiebung der Perspektive in eine andere Größenordnung – das Planetarische. Sie bezieht sich nicht mehr nur auf einzelne Ökosysteme, sondern auf das gesamte Erdsystem (Hamilton 2015a), und nicht auf menschliche Zeitmaße von ein paar Generationen, sondern auf geologische von vielen Jahrtausenden; nicht auf spezifische Individuen und Gemeinschaften, sondern auf ›die Menschheit‹. Nötig ist also ein neues Verständnis von Skaleneffekten: »Writing the causes of the Anthropocene means asking *how human agency stretches across the spatial and temporal scales of Earth.*« (Woods 2014: 133, Hervorh. EH) Einige Theoretiker haben daher vorgeschlagen, das Anthropozän in Termini von Skalen und Skalenvarianz (*scale variance*) zu denken (neben Wood 2014, Heise 2008, Chakrabarty 2012, 2014, 2018, Clark 2012, 2015, Clarke/Wittenberg 2017). Damit stellen sich nicht nur Fragen nach den Größenordnungen menschlicher Wirk- und Handlungsmacht (*agency*), sondern auch nach den räumlichen Skalen, in denen ›Welt‹ im Anthropozän gedacht wird; nach den Zeitskalen, in denen eine Epochenschwelle zwischen Holozän und Anthropozän beschrieben werden kann; und nicht zuletzt nach einer ›Tiefenzeit‹ der erdgeschichtlichen Vergangenheit und Zukunft (siehe Kap. 4.4 Skalen II). Schließlich stellen sich auch Fragen nach den ästhetischen Modi, in denen diese massiven Größen wahrnehmbar, denk- und darstellbar werden (siehe Kap. 3.2 Ästhetik).

In diesem Kapitel wird es um die *räumlichen und quantitativen Größenordnungen* gehen, in Kap. 4.4 Skalen II um die *zeitli-*

chen. Wie kann die räumliche Welt des Anthropozäns gedacht werden? Welches Verhältnis von Mikro- und Makro-Ebene, von Lokalem, Regionalem und Planetarischem wird hier entworfen, und was ist der Ort des Menschen in diesem Raum? Wie lässt sich menschliches Handeln, das vereinzelt, ökonomisch und kulturell differenziert ist und an spezifischen Orten stattfindet, in einen Bezug setzen zur Wirkmacht einer abstrakt verstandenen globalen Menschheit, die auf *planetarische Parameter* einwirkt? Und welche Rolle spielt die Wahl der jeweiligen Größenordnung für die Möglichkeit, diese Wirkmacht politisch zu fassen und auszuhandeln?

Zunächst zwei Beispiele: (1) Das eine ist der viel beschworene CO_2-Fußabdruck. Er dient dazu, spezifischen Praktiken, Waren, Lebensstilen oder Volkswirtschaften einen (natürlich nur theoretisch kalkulierbaren) ökologischen ›Preis‹ zuzuschreiben. Dabei wird eine individuelle Menge an CO_2-Emission in Bezug gesetzt zu einer Gesamtmenge weltweiter Emissionen und ihren Folgen. Als einfache Zahl hat der CO_2-Abdruck wenig Aussagekraft. Erst millionenfach multipliziert wird er interessant (z.B. als Lebensstil der Industrieländer, als ökologischer Preis bestimmter Produkte etc.). Umgekehrt ist der individuelle Wert erst relevant im Vergleich mit den CO_2-Emissionen anderer Praktiken, Waren, Lebensstile etc. Vom CO_2-Abdruck zu sprechen bedeutet also, sich immer schon über mehrere Größenordnungen hinweg zu bewegen: »The phrase ›carbon footprint‹ becomes a very peculiar catachresis, collapsing huge and tiny scales upon each other«, schreibt Clark (2015: 72). Der Gebrauch eines kleinen Maßstabs soll so einen viel größeren, nämlich die planetarischen Folgen spezifischer Produkte oder Technologien darstellbar, vor allem aber politisch verhandelbar machen. Die Entscheidung darüber, in welcher Größenordnung ein Sachverhalt *dargestellt wird*, entscheidet, wie er politisch diskutiert werden kann.

(2) Das andere Beispiel findet sich bei Timothy Morton:

»Every time I start my car I don't *mean to* harm Earth, let alone *cause* the Sixth Mass Extinction Event in the four-and-a-half billion-year history of life on this planet. [...] Furthermore, I'm not harming Earth! My key turning is statistically meaningless. [...] But go up a level and something very strange happens. When I scale up these actions to include billions of key turnings, [...] harm to Earth is precisely what is happening. I am *responsible* as a member of this *species* for the Anthropocene.« (Morton 2016: 8, Hervorh. EH)

Morton ruft riesige Größenordnungen auf: die viereinhalb Milliarden Jahre alte Geschichte des Lebens, das sechste Große Artensterben, die Spezies Mensch. Seine Pointe besteht darin, die Mikroskala individuellen Handelns unmittelbar mit der Makroskala der Erdgeschichte kurzzuschließen: »go up a level.« Dabei unterstellt er umstandslos eine direkte Kausalität zwischen ihnen. Aber gerade in diesem Kurzschluss verweist das Beispiel indirekt auf das Problem der *Kumulation*, in der sich einzelne Alltagshandlungen zu einem globalen Problem aufaddieren. Morton verfehlt damit zielsicher den Kern der Sache. Denn was die Frage der Verantwortlichkeit im Anthropozän gerade so verzwickt macht, ist die Tatsache, dass zwischen individuellem Akt und globaler ökologischer Krise *keine* Beziehung direkter Intentionalität und Kausalität besteht – Wirkmacht, aber keine Handlungsmacht (siehe Kap. 3.2 Anthropos). Vielmehr wird deren Bezug über inkommensurable Größenordnungen vermittelt, denn erst in milliardenfacher *Multiplikation* lässt sich beispielsweise Autofahren in einen Bezug zum Verlust von Biodiversität oder zum Klimawandel bringen. Und dieser Bezug setzt die Rekonstruktion komplexer *weltweiter Verflechtungen* voraus, die spezifische Lokalitäten miteinander und mit planetarischen Größen verbinden, etwa die zwischen Verbrennungsmotoren, der

Struktur suburbanen Lebens, den Emissionen fossiler Brennstoffe und dem Treibhauseffekt oder dem Ressourcenverbrauch der Automobilindustrie und dessen ökologischen Auswirkungen.

Solche umstandslosen Skalensprünge finden sich überall im Diskurs des Anthropozäns. Gelegentlich, wie im Fall des CO_2-Fußabdrucks, dienen sie – durchaus sinnvoll – dazu, ein Problem durch *downscaling* politisch handhabbar zu machen. Gelegentlich, wie im Fall von Morton, wollen sie durch rhetorisches *upscaling* das Individuelle effekthascherisch mit dem großen Ganzen verbinden. Statt solche Skalensprünge umstandslos zu übernehmen, muss es aber darum gehen, sie als solche zu erkennen und ihre epistemischen Funktionen zu analysieren.

Was sind Skalen? Sie sind keine absolut gegebenen Maße (wie etwa ein Längenmaß), sondern existieren nur in Relation zueinander, als Skalenvarianz beispielsweise zwischen Zentimetern, Metern und Kilometern. Skalen werden erst bemerkbar durch den Unterschied oder die Übersetzung zwischen ihnen im *upscaling* oder *downscaling*. Eine einfache begriffliche Unterscheidung zwischen Dingen auf verschiedenen Ebenen der Größenordnung ist die zwischen drei verschiedenen Strata: Stratum II ist alles, was in der gleichen Größenordnung wie eine Referenzgröße (beispielsweise der Mensch) angesiedelt und daher von dieser ansteuerbar oder beobachtbar ist; Stratum I ist alles, was signifikant kleiner und daher nicht mehr direkt greif- oder beobachtbar ist, Stratum III, was signifikant größer ist (Haff 2014: 130). Nur im Stratum II – in der gleichen Größenordnung – können Akteure direkt mit Dingen interagieren oder diese wahrnehmen; die Mikro- und Makroebene – Stratum I und III – erfordern jeweils komplizierte epistemische Übersetzungen (siehe Kap. 3.2 Anthropos).

Interessant wird Skalenvarianz – beispielsweise die Übersetzung eines Architekturmodells um 1:100 in ein wirkliches Gebäude – wenn *size matters*: wenn es also durch die *quantitative*

Übersetzung zu *qualitativen* Veränderungen – etwa in der Statik des Gebäudes – kommt. Bei bestimmten Darstellungen, etwa Landkarten, scheint der Wechsel vom großen zu einem kleineren Maßstab unproblematisch: Während im großen Maßstab ein Überblick über eine größere Region gegeben und Distanzen bestimmt werden können, werden im kleineren Maßstab lokale Details sichtbar und eine Orientierung vor Ort möglich. Problematisch wird es, wenn man versucht, ein Problem (etwa das Auffinden einer Straße in einer Stadt) mit der falschen Skalierung (etwa einer Karte des ganzen Landes) zu lösen. Diese Inkongruenz von Funktion und Größenordnung ist ein Skaleneffekt. Schon das Beispiel des Architekturmodells ist ein Klassiker des Skaleneffekts, denn kleine Modelle von Bauwerken oder Maschinen haben völlig andere statische Eigenschaften als das Bauwerk im Großen, weil – wie schon Galileo gezeigt hat – beim Quadrat der Länge (x^2) sich die Masse im Kubus (x^3) vermehrt (West 2017: 35–42).

Beispiele für solche Skaleneffekte gibt es etliche, nicht selten zeigen sie vor allem die Grenzen des *up-* oder *downscaling*. Ein Körper von der Größe Godzillas (etwa hundert Meter) beispielsweise würde unter seinem eigenen Gewicht zusammenbrechen; ein Säuger, der deutlich kleiner wäre als die Spitzmaus, würde an seinen winzigen Kapillaren eingehen, in denen Blut zu viskos wird. Nur sehr kleine und leichte Tiere wie Insekten beispielsweise können Wände hochklettern oder ein Vielfaches ihres Eigengewichts heben. Organismen haben also eine »optimale Größe« und sind nicht beliebig skalierbar (Haldane 1926, Bonner 2006). Skaleneffekte sind damit wie epistemische und materielle Zäune – gelegentlich lassen sie sich perspektivisch überwinden, materiell sind sie nicht selten unüberschreitbare Grenzen.

In technischen Objekten und sozialen Strukturen sind diese Gesetze einer »optimalen Größe« weniger klar: Die Weltbevölkerung wächst seit Mitte des letzten Jahrhunderts rasant, viele Städte haben ihre Fläche in einigen Dekaden verzehnfacht, Konzerne vergrößern sich scheinbar, ohne an Grenzen der Effizienz zu stoßen, wie wir sie aus der Biologie kennen. Skaleneffekte verkörpern also die Grenzen einer bruchlosen Skalierung, indem ab einer bestimmten Größe Funktionstüchtigkeit, Statik, Resilienz, Lebensfähigkeit oder andere Eigenschaften verschwinden, dafür aber gelegentlich andere auftauchen. Dieser Wandel von Eigenschaften mit dem Wandel der Größenordnung wird »Emergenz« genannt. Ihr Prinzip wurde von dem Mathematiker Phil Anderson knapp auf den Punkt gebracht: »more is different« (Anderson 1972). Im Anthropozän ist es nun genau dieses »Mehr«, das zu einer gänzlich neuen Qualität von ökologischen Problemen geführt hat.

In der Ökologie wurden Skalenprobleme vor allem als Probleme der *Erfassung von Räumen* adressiert: Was ist die richtige Größenordnung für die Beobachtung eines Biotops? Wie detailliert muss man beobachten, wie wichtig ist die Makroebene (etwa Klimawandel) (Jenerette/Wu 2000)? Es ist kein Zufall, dass sich die beginnende Systembiologie vor allem an natürlich begrenzten Ökosystemen wie Teichen oder Inseln orientiert hat (Warren et al. 2015). Sie dienten als Modelle für größere und weniger scharf begrenzte Systeme. Die Skalenprobleme, die sich dabei stellen, werden historisch in dem Moment sichtbar, wo klar wird, dass ein spezifisches Ökosystem nicht ohne die globalen Einflüsse beschrieben werden kann, denen es ausgesetzt ist; und umgekehrt globale ökologische Prozesse auf ihre lokalen Entstehungsbedingungen und Wirkungen befragt werden müssen. »Global and regional changes in biological diversity, in the distribution of greenhouse gases and pollutants, and in climate all have origins in and consequences for fine-scale phenomena. The general circulation models that provide the basis for climate prediction operate on spatial and temporal scales [...] many orders of magnitude greater than the scales at which most ecological studies are carried out.« (Levin 1992: 1945) Mit Änderung der Betrachtungsskala ändern sich aber nicht nur biologische Beschreibungskategorien und die Art der Muster, die Wissenschaftler erkennen. Vielmehr müssen die Organismen selbst als ›Betrachter‹ verstanden werden, die innerhalb ihres Operationsspielraums unterschiedliche Größenordnungen der Wahrnehmung haben. Raum muss so in der Ökologie in unterschiedlichen ›Auflösungen‹ der Wahrnehmung und des Verhaltens gefasst werden.

Versteht man nun den Menschen selbst als einen ökologischen Akteur, so wird deutlich, dass sowohl seine (Selbst-)Wahrnehmung als auch seine Agency in sehr unterschiedlichen Größenordnungen betrachtet werden können. Die Frage nach der Wirkmacht hat dabei unmittelbar mit der Formatierung des Raums bzw. der ›Welt‹ zu tun, in der der Mensch sich situiert. Diesen Zusammenhang hat Chakrabarty als Skalenproblem formuliert: »The current conjuncture of *globalization* and *global warming* leaves us with the challenge of *having to think of human agency over multiple and incommensurable scales at once.*« (Chakrabarty 2012: 2, Hervorh. EH) Er versteht diese als zwei inkommensurable Fassungen des Menschen: Einerseits gibt es den Menschen als *homo*, als kulturelles und soziales Wesen, unterschieden nach Geschlecht, Kultur, Rasse, ökonomischer Situation. Andererseits tritt der Mensch im Anthropozän als *anthropos* auf den Plan, als Lebewesen unter anderen, aber auch als abstrakte geophysische Kraft (siehe Kap. 3.2 Anthropos). Es lässt sich nun fragen, ob diese Differenzierung zwischen *homo* und *anthropos* nicht auch eine der Größenordnungen ist. Betrachtet die Perspektive des *homo* den Menschen gleichsam auf Stratum II – in seiner eigenen Größenordnung und seinem eigenen Selbstverständnis –, so wäre der Blick auf den *anthropos* – den Menschen als biologisches

Wesen und geologische Kraft – der Versuch, ihn auf dem Stratum III, aus einer Makroperspektive zu betrachten.

Im Anthropozän steht nun die *globale* Wirkmacht des Menschen zur Debatte. Der Raum, in dem der Mensch des Anthropozäns sich situiert, ist damit nicht diese oder jene lokale *Umwelt*, sondern die ›*ganze Welt*‹. Dieses Weltverhältnis des modernen Menschen wird seit der Frühen Neuzeit durch das Weltmodell des *Globus* auf den Punkt gebracht. Er ist Instrument und Emblem des europäischen Expansionstriebs geworden, insofern er den Raum des Planeten in ein ›handhabbares‹ Maß übersetzt und so die Erde *als Ganzes* greifbar macht. »Im Globus«, so Peter Sloterdijk, »entfaltet und erschöpft sich die Affaire der okzidentalen Vernunft mit dem *Weltganzen*. [...] Die Globalisierung beginnt als Geometrisierung des Unermeßlichen.« (Sloterdijk 1999: 47, Hervorh. EH) Historisch ist die Darstellung des Weltganzen im Globus nicht nur die Grundlage imperialer Weltordnungen, sie ruht auch auf theologischen Restbeständen. Einzelne Regionen oder Orte werden dabei nur als untergeordnete Elemente, Teile des Ganzen verstanden. Epistemisches Gegenüber dieser ›ganzen Welt‹ ist zuerst Gott, dann der Mensch. Noch bevor also tatsächlich Bilder der Erde aus dem All geschossen werden, ist die Phantasie des Blicks auf die Erde die epistemische Basis des geographischen Globus (Cosgrove 1994). Tim Ingold hat dieses Weltbild als eines beschrieben, in dem sich ein beobachtendes Subjekt ›auf‹ einer Welt verortet, in der es nicht ›drinnen‹ ist, sondern die es als »Objekt der Kontemplation« beobachtet: »With the world imaged as a globe, far from coming into being in and through a life process, it figures as an entity that is, as it were, presented to or confronted by life. The global environment is not a lifeworld, it is a world apart from life.« (Ingold 2000: 210)

Genau dieser Blick von außen hat sich emblematisch im Blick aus dem All manifestiert. Dieser Blick auf den Globus stellt selbst einen massiven Skaleneffekt dar: Er inszeniert eine Größenordnung der Ferne, die bis dahin nur kartographisch konstruierbar war. Die ersten Photographien der Erde aus dem All wurden – mitten im Kalten Krieg – schnell zum Sinnbild einer *ganzen Erde* und damit einer über alle politischen und wirtschaftlichen Differenzen hinweg vereinten Menschheit. Sie wurden zugleich zum Emblem einer ökologischen Bewegung, die sich unter dem Motto der »Whole Earth« als *globale* Umweltbewegung verstand – und Slogans hervorbrachte wie »think globally – act locally«. Insbesondere das als »Blue Marble« berühmt gewordene Bild Nr. 22727, das die Apollo 17 am 7.12.1972 schoss, wurde zur Sensation (Cosgrove 1994: 274, siehe Abb. 12).

Abb. 12: Blue Marble, Bild der Erde, fotografiert von Apollo 17, AS17-148-22727 (7. Dez. 1972), © Earth Science and Remote Sensing Unit, NASA.

Früh wurde es zu einer visuellen Metapher für die Einzigartigkeit, aber auch die Endlichkeit des Planeten. Es konnte dabei an die Rede vom »Spaceship Earth« anschließen, die Theoretiker wie R. Buckminster Fuller und Kenneth E. Boulding schon in den 1960er Jahren in Umlauf gebracht hatten (Boulding 1966, Buckminster Fuller 1968) (siehe Kap. 4.2 Energie). Schon 1966 hatte der Aktivist und *counter culture*-Autor Stewart Brand die NASA aufgefordert, ein Bild der Erde aus dem Weltraum zu veröffentlichen, indem er Buttons mit der Aufschrift: »Why Haven't We Seen a Photograph of the Whole Earth Yet?« verteilte. Ab 1968 brachte er das Magazin *The Whole Earth Catalogue* heraus, eine Mischung aus Produktbewertungen und Artikeln, das zu einer Bibel der frühen Umweltbewegung wurde, indem es seinen Lesern ein »understanding of whole systems« vermitteln wollte (Clarke 2011). Es ist bezeichnend, dass die *Blue Marble* neuerdings auch als omnipräsentes Symbol des Anthropozäns genutzt wird. Hier figuriert es nicht nur einen (fehlverstandenen) Totalitätsanspruch, den die Rede vom Anthropozän zu erheben scheint (Bonneuil/Fressoz 2016), sondern auch die Fragilität einer vom Menschen ›verletzten‹ oder ›abgefackelten‹ Erde, etwa in den Darstellungen eines brennenden, schmelzenden oder verwüsteten Planeten (dazu Schneider 2018, siehe Abb. 13).

Verkörpert der Globus die Idee eines *alles* erfassenden und *externen* Blicks auf die Erde, so impliziert er auch die Idee, dass diese Totalität nur durch die Minimierung des Maßstabs erreichbar ist: als Welt-Karte. Was dabei jedoch verloren geht, ist das Detail, die Region, das Lokale. Der mediale Traum, den die Idee des globalen Überblicks träumt, ist die Möglichkeit eines bruchlosen *skalaren Übergangs* von einer minimalen Auflösung zu einer maximalen, die Detailansichten vermittelt. Die Idee der medientechnisch vermittelten Darstellung des großen Ganzen ruft also immer schon nach ihrem Gegenteil, dem feinkörnigen

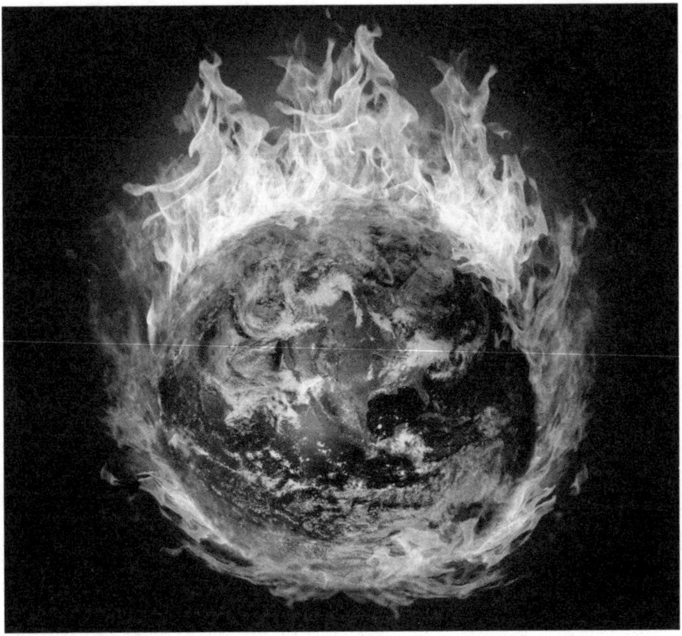

Abb. 13: Brennende Erde (Westhalbkugel), © Boris Ryaposov/shutterstock.com.

Blick aufs lokale Detail. Dieser medientechnische Traum vom Zoom durch verschiedene kartographische Skalen ist ein Traum vom Skalenübergang *ohne* Skaleneffekte.

Schon 1977, fünf Jahre nach dem berühmten Foto der Apollo 17, produziert das Designerpaar Charles und Ray Eames einen kleinen Lehrfilm, der genau diesen Traum umsetzt, *Powers of Ten* (Eames/Eames 1977). Der Film beginnt mit einer Kameraeinstellung über einem picknickenden Paar am Ufer des Lake Michigan in Chicago. Die Kamera fährt dann jeweils um einen

Faktor zehn nach oben, betrachtet das Paar aus zehn, hundert, tausend Metern usw. Abstand, bis Chicago nur noch ein winziger Fleck ist, die Erde als Globus aufscheint, um dann weiter in den Weltraum zurückzuweichen, bis auch das Sonnensystem nur noch ein Punkt ist. Nach dieser Reise in die Makrosphäre fährt die Kamera zurück auf die menschliche Skala, um von hier aus in die Mikrosphäre vorzudringen, wo sie den Raum 10^{-x} erkundet. All dies vollzieht sich als ein bruchloser Zoom, eine rasante Entfernungs- und Annäherungsbewegung der Kamera, die keine Schnitte und vor allem keine Skaleneffekte kennt (dazu Woods 2014 und 2017). Nach etlichen digitalen Remakes von *Powers of Ten* (vgl. Woods 2017: 73) ist der Traum vom bruchlosen Zoom nun mit Google Earth medientechnische Wirklichkeit und allgemein zugänglich geworden (Heise 2008: 21). So ist das Anthropozän als Zeitalter *digitaler* Kartographie auch visuell das Zeitalter des globalen Zooms, der bruchlosen Reise vom Allergrößten zum Allerkleinsten und zurück.

Aber in diesem totalisierenden Überblick und der Idee eines *skalierbaren* Raums liegt ein fundamentaler Gestus moderner Raumerfassung, der eher ein Symptom der avancierten Moderne ist als das Element eines *neuen* Weltbilds im Anthropozän. Denn Skalierbarkeit ist nicht nur ein Akt der Repräsentation, sondern auch der Herstellung von Welt. Anna Tsing hat darauf hingewiesen, dass Skalierbarkeit – die Möglichkeit, etwas ohne Qualitätssprünge oder Neuentwurf zu vergrößern oder zu verkleinern – seit dem Beginn der Neuzeit die konzeptuelle Grundlage für Expansion und Wachstum war. Sie analysiert die koloniale Plantage als eine Form des *upscalings* kleiner Anbauformen zu riesigen Monokulturen von *cash crops* und findet in ihr das Modell eines auf ständige Expansion angelegten Designs, dem in der Moderne dann auch Fabriken und Infrastrukturen folgen (siehe Kap. 3.3 Politik). Grundlage, so Tsing, ist die Herstellung standardisierter und damit addierbarer Subeinheiten – vom Produkt über das Arbeitsmaterial bis zum Arbeiter selbst: »workers become interchangeable and self-contained elements of the factory [...] The scalability of labor thus lies at the foundation of capitalism.« (Tsing 2012b: 513). Umgekehrt zeigt sie, wie bestimmte Waren und Praktiken diesem *upscaling* widerstehen, und verweist auf die Notwendigkeit einer Theorie der *nonscalability*. Nicht-Skalierbarkeit wäre damit Widerstand gegen den Imperativ der Expansion und globalen Vereinheitlichung, eine Praktik des Bewahrens oder Herstellens von Diversität und Lokalität. Die Frage ist, wie Raum- oder Welt-Entwürfe aussehen könnten, die sich dem globalisierenden Imperativ der *scalability* widersetzen oder eine Alternative dazu bieten.

Damit wird aber auch deutlicher, in welcher Weise die inhärenten Größenordnungen bestimmter Welt-Entwürfe auch die Agency des Menschen – oder besser: die Menschenfassungen – im Anthropozän betreffen. Wenn man mit Tsing das moderne Projekt der *scalability* auch auf Menschen überträgt – und zwar nicht nur als Arbeiter, sondern vor allem auch als Konsumenten bestimmter Waren, Dienstleistungen, Energieströme etc. –, wird deutlich, dass es hier *nicht* um die Spezies geht. Es geht vielmehr um die Möglichkeit der Vervielfältigung und des *upscaling* ökonomischer, technischer und sozialer Strukturelemente. Dieses *upscaling*, das das Anthropozän hervorgebracht hat, betrifft aber nicht den Menschen als biologisches Wesen, sondern betrifft ihn als Teil bestimmter Produktions-, Konsum- oder Transformationspraktiken. Es betrifft den Menschen als Teil der Technosphäre (siehe Kap. 3.2 Anthropos). Derek Woods hat daher vorgeschlagen, als Subjekt des Anthropozäns nicht den Menschen als dominante *Spezies* zu fassen, sondern dieses Subjekt als »Assemblage« von *Menschen, Technologien und nichtmenschlichen Akteuren* zu verstehen, eine Assemblage, deren entscheidende Eigenschaft (mit Tsing) in ihrer Möglichkeit zur endlosen Expansion besteht:

»The subject of the Anthropocene is not an individual or species-based ›intelligence‹ that, without mutation, projects across scales to shape the matter of the Earth. [...] Scale critique shows that the subject of the Anthropocene is not the human species but *modern terraforming assemblages*. [...] What is necessary to accommodate scale variance is a horizontal, assemblage theory of the relations among humans, nonhuman species, and technics rather than a vertical, phylogenetic account that traces all causal chains back to the embodied intelligence of *Homo sapiens*.« (Woods 2014: 138)

Die Agency eines so gefassten Subjekts wäre damit eine ›verteilte Agency‹, deren Ironie – wie oft bemerkt worden ist – gerade in der Verbindung von enormer Wirkungskraft und weitgehendem Kontroll- und Koordinationsverlust auf Seiten des Menschen besteht. Agency kommt damit nicht allein dem Menschen – am allerwenigsten dem Menschen *als Spezies* – zu, sondern dem Zusammenspiel (oder der Auseinandersetzung) zwischen Technologien, Landschaften, nicht-menschlichen Organismen, Materialien und Menschen.

Bruno Latour fordert deshalb, Konzepte verteilter Handlungsmacht zu entwickeln, Formen der Agency, die sich einer bruchlosen Skalierung widersetzen, gerade weil sie auf ein Minimum an globalisierender Homogenisierung und auf ein Maximum an Diversität und Singularität setzen. »Far from trying to ›reconcile‹ or ›combine‹ nature and society, the task, the crucial political task, is on the contrary *to distribute agency as far and in as differentiated a way as possible* – until, that is, we have thoroughly lost any relation between those two concepts of object and subject that are no longer of any interest any more except in a patrimonial sense.« (Latour 2014: 15, Hervorh. EH) Verteilte und differenzierte Agency zu beschreiben bedeutet damit, die Besonderheiten dieser Assemblagen oder Konstellationen zu beschreiben. Es bedeutet daher gerade *nicht*, mit Morton im Namen einer individuellen Verantwortlichkeit den bruchlosen Skalensprung vom privaten Autofahren über den weltweiten Verkehr bis hin zum Klimawandel zu machen, sondern die singulären Konstellationen und Dimensionen zu analysieren, in denen Waren- und Verkehrsströme verlaufen und ihre (noch immer weitgehend unsichtbaren) ökologischen Kosten erzeugen. Und es bedeutet andererseits durchaus, mit Tsing innerhalb dieser Konstellationen und Netzwerke diejenigen Kräfte zu identifizieren und zu beschreiben, die z.B. einem massenhaften *upscaling* des Individualverkehrs Vorschub leisten – oder aber ihm Widerstand entgegensetzen.

Dies erfordert ein anderes Raumkonzept, das man – in Absetzung vom Modell des Globus – *das Planetarische* nennen könnte. Wird das »Planetarische« heute zwar oft als Synonym des »Globalen« benutzt, so gibt es doch fundamentale konzeptionelle Unterschiede (Auer 2013). Denn anders als das Globale zielt das Planetarische nicht auf einen totalisierenden Überblick, sondern auf Konstellationen der Vernetzung und Interdependenz und reflektiert deren technische und mediale Herstellung (Bergermann 2012). Zwar enthält auch das Planetarische einen *umfassenden* Begriff der Erde, aber – wie die Etymologie des Wortes πλανήτης (planétes, das Wandernde, Umherirrende) nahelegt – als dynamisches Prinzip des Austauschs, der Verbindungen, der Interaktionen und Synergien. Das Planetarische umfasst den Beobachter, statt ihn zu externalisieren. Tim Ingold hat dieses Raummodell als »Sphäre« dem des »Globus« entgegengesetzt: »Unlike the solid globe, which can only be perceived as such from without, *spheres* [...] *were to be perceived from within*. The global view, we might say, is centripetal, the spherical view centrifugal. [...] *The lifeworld, imaged from an experiential centre, is spherical in form*, whereas a world divorced from life, that is yet complete in itself, is imaged in the form of a globe.« (Ingold 2000: 210–211, Hervorh. EH) Eine sphärische Kosmologie bedeutet ein *In*-der-Welt-Sein statt ein *Auf*-der-Welt-Sein. Der sphärische, auf sich selbst zurückgebogene Raum einer endlichen Welt, die den Menschen ein-, nicht ausschließt, bringt jeden Ort und jede räumliche Größenordnung in Verbindung zu anderen Orten und anderen Größenordnungen – ohne sie in einem homogenen, skalierbaren Raum aufgehen zu lassen. Das Planetarische ist allerdings keine Darstellung einer Erde, die reine ›Natur‹ wäre, sondern immer schon vermittelt – sowohl als Welt, die technisch und logistisch erschlossen ist, als auch als Welt, die medial dargestellt und kommunikativ vernetzt ist (siehe Kap. 3.1 Natur und Kultur). In dieser Weise beginnt schon das frühe 20. Jahrhundert, das Planetarische als vom Menschen hergestellt zu bestimmen, was die Unterscheidung zwischen ›Natur‹ und ›Mensch‹ zunehmend unmöglich macht (etwa bei Teilhard de Chardin [1946] ²1966).

Diesen planetarischen Welt-Raum hat Latour als den Raum-Entwurf beschrieben, der gegen das Globale ins Feld geführt werden muss (Latour 2017, 2018). In einer pointierten Lektüre von Lovelocks Gaia-Theorie skizziert er diesen Raum, den er mal »Terrestrisch«, mal »Erde«, mal einfach mit Lovelock »Gaia« nennt, als ein selbstreguliertes und sich selbst stabilisierendes System von Interdependenzen, Austauschprozessen und Dynamiken, die jedoch weder auf ein vereinheitlichendes Prinzip noch auf eine zentrale Steuerungsinstanz zurückgeführt werden können. Latour verwahrt sich gegen alle teleologischen Missverständnisse Gaias als eines ›Superorganismus‹ oder einer ›höheren Intelligenz‹, die sich Lovelock mit dem Namen eingehandelt hatte. Während ein traditionelles Verständnis von Umwelt diese als etwas beschreibt, dem sich Organismen evolutionär anpassen müssen, insistiert Latour mit Lovelock darauf, dass Organismen ihre Umwelt »sich selbst anpassen«, also »*so verändern* (*bend*)«, dass diese ihren »Interessen« (ihrem in-dieser-Umwelt-Sein) entgegenkommt (Latour 2017: 172). Nicht nur Menschen, sondern alle Organismen ›bearbeiten‹ ihr Umfeld, ihre Nachbarn – und werden umgekehrt von diesen bearbeitet. Dieses Geschehen auf der Mikro- und Mesoebene – der einzelnen Organismen, der Biotope, Landschaften, Klimata etc. – konvergiert dann zum Grundaxiom der Gaia-Theorie, dass die Biosphäre – das Leben auf der Makroebene – es ist, welche die unwahrscheinliche und nicht allein aus den Gesetzen der Physik und Chemie ableitbare Stabilität des Erdsystems hervorbringt:

> »Die beste Annäherung, die ich finden kann, lautet: Gaia ist ein evolvierendes System, bestehend aus allem Lebendigen und seiner Oberflächenumwelt, den Meeren, der Atmosphäre, dem Krustengestein, wobei diese beiden Komponenten *fest verkoppelt* und *nicht voneinander zu trennen* sind. Man nennt das in der Systemtheorie eine ›emergierende Domäne‹; gemeint ist ein System, das aus der *gemeinsamen und wechselseitigen* Evolution der Organismen und ihrer Umwelt im Laufe der Entwicklungszeitalter des Lebens auf der Erde hervorgegangen ist. In diesem System geschieht die Regulation von Klima und chemischer Zusammensetzung *völlig selbsttätig. Die Selbstregulation bildet sich mit der Evolution des Systems heraus.* Es bedarf zu ihrer Erklärung keiner *teleologischen Annahmen*, keiner Mutmaßungen über Absichten und Pläne in der Natur.« (Lovelock ^{2}1992: 11, zit. nach Latour 2017: 229, Hervorh. BL)

Lovelock spricht vom Erdsystem als einer »emergierenden Domäne«. Emergenz ist ein Skaleneffekt: Das plötzliche Auftauchen von Eigenschaften eines Systems, die sich nicht aus den Eigenschaften seiner Einzelelemente erklären lassen, wird häufig dadurch ausgelöst, dass plötzlich eine ›kritische Masse‹ oder eine bestimmte Dichte an Elementen da ist. Das Leben selbst ist in dieser Perspektive ein Skaleneffekt, ein qualitativer Sprung von einer Größenordnung zu einer anderen und ein Beleg für Andersons Maxime: »more is different« (Anderson 1972). Dass beispielsweise in der Entstehungsgeschichte des Lebens plötzlich aus Mineralstoffen, Gasen und Wasser komplexe Molekülketten entstehen, die sich dann als DNA selbst replizieren, sind Qualitätssprünge, die nicht aus den Eigenschaften der einzelnen Teile abzuleiten und auch nicht als bloße Addition (»more is more«) zu beschreiben sind. Leben ist also ebenfalls ein emergentes Phänomen, ebenso wie seine für Lovelock zentrale Fähigkeit zur Selbstregulation. Emergenz ist dabei stets an einen Schwellenwert oder eine Synergie gebunden, d.h., sie entsteht mit einer bestimmten Menge von Elementen oder mit dem systemischen Zusammenkommen bestimmter Umweltbedingungen.

Dabei bedeutet die Unableitbarkeit emergenter Phänomene aber auch eine grundsätzliche Unvorhersehbarkeit (Horn 2009). Das heißt erstens, dass das emergente Phänomen nicht auf einen einzelnen Akteur zurückzuführen ist (also etwa eine höhere Intelligenz, die das Leben ›geschaffen‹ hätte oder es ›steuert‹), sondern auf die *Relationalität mehrerer Akteure oder Faktoren.* Es heißt zweitens, dass das Ergebnis und die Dynamik emergenter Prozesse nicht voraussagbar sind. Und es heißt drittens, dass es auf den genauen Umschlagspunkt – den Skaleneffekt – ankommt, an dem quantitativer Zuwachs (also beispielsweise die Menge des molekularen Sauerstoffs in der Atmosphäre) zum Erscheinen völlig neuer Formen führt. So ist etwa die Große Sauerstoffkatastrophe (*great oxygenation event*) vor 2,45 Milliarden Jahren, die die heutige Atmosphäre und das Erscheinen heutiger Lebensformen erst möglich gemacht hat, ein solcher Übergang vom Quantitativen zum Qualitativen (siehe Kap. 3.1 Natur und Kultur). Das Auftauchen von Cyanobakterien führt zu einer allmählichen Anreicherung der Erdatmosphäre mit Sauerstoff, einem für die meisten der damals lebenden anaeroben Organismen toxischen Gas. Erst mit dem Sich-Einpendeln des Sauerstoffgehalts auf das heutige Niveau (ca. 21 Prozent) entstehen nicht nur neue Mineralien durch Oxidation, sondern beginnt auch die Evolution von Lebensformen, wie wir sie heute kennen.

Emergenztheoretisch betrachtet wird so noch einmal deutlicher, was es heißt, das Anthropozän als Skaleneffekt zu beschreiben. Es ist ein Qualitätssprung, der sich jedoch nicht einfach aus den Eigenschaften einzelner Akteure, Lokalitäten oder den Effekten einzelner Technologien ableiten lässt: *Eine* Dampfmaschine, *ein* Flugzeug, *ein* Plastikgegenstand ändert nichts. Der Skaleneffekt des Anthropozäns lässt sich nur aus ihrer massiven Häufung und planetarischen Kopplung erklären und analysieren. Ein Begriff von ›Welt‹, der der Krise des Anthropozäns gerecht werden könnte, muss dieser planetarischen Verstrickung, dieser Kumulation und Emergenz gerecht werden. Diese Perspektive bedeutet aber paradoxerweise zweierlei: einerseits eine Rückkehr zum Lokalen als Ort einer singulären »Assemblage« von Akteuren, als Ausgangspunkt von *upscaling*- oder Akkumulationsprozessen (wie etwa dem massenhaften Konsum, der Mobilität etc. in bestimmten Regionen), aber auch den Resistenzen des Lokalen gegen diese Kumulationen (etwa als lokale Umweltbewegungen, individuelle grüne Lebensstile etc.). Das Lokale ist dennoch nicht einfach ein Ort des Widerstands gegen *upscaling* und die nivellierende Kraft der Globalisierung, sondern kann genauso gut zu seinem privilegierten Schauplatz werden: Man denke an die großen Metropolen des Air Conditioning (Horn 2016a) oder die brennenden Regenwälder in Kalimantan (siehe Kap. 5 Schluss). Andererseits muss also die irreduzible Verbindung jedes einzelnen Orts mit dem planetarischen Zusammenhang betrachtet werden, die Interdependenz aller Lokalitäten, Akteure, Technologien und ökologischen Eingriffe. Ein planetarisches Denken muss so immer die Singularitäten des Lokalen in ihrer Verknüpfung mit dem Systemcharakter des gesamten Lebens auf der Erde denken, nicht um sie unter einem globalen Ganzen zu subsumieren, sondern um die planetarischen Eskalationen und Emergenzen zu verstehen, die von einzelnen Orten ausgehen.

EH

4.4 Skalen II: Tiefenzeit

Die Skalenproblematik des Anthropozäns bezieht sich nicht nur auf die räumlichen und quantitativen Größenordnungen, in denen man nun menschliche Wirkmacht beschreiben muss (siehe Kap. 4.3 Skalen I). Als geologischer *Epochenbegriff*, der intensiv von den (historisch arbeitenden) Geisteswissenschaften aufgegriffen wurde, impliziert das Anthropozän auch ein Problem der *zeitlichen* Größenordnungen und ihrer Historiographie: Geologie und Geschichtswissenschaften arbeiten mit gänzlich anderen Zeitskalen. Einerseits haben wir eine extrem geraffte Skala geologischer Zeit, in der sich Erd- und Klimageschichte, die Geschichte des Lebens auf dem Planeten und die Geschichte des *Homo sapiens* in Hunderttausenden und Millionen von Jahren entfalten. Die Eigenart dieser Zeit ist ihre relative Ereignisarmut, sofern man ›Ereignisse‹ als kurze, schnelle Systemveränderungen fasst. Auf der anderen Seite erscheint eine hoch aufgelöste Skala der Geschichte menschlicher Kultur, sozialer Strukturen und Konflikte, die sich fast ausschließlich im Zeitrahmen der letzten 6000

Jahre bewegt und ihren Fokus vornehmlich auf die Neuzeit – und damit die letzten 400 Jahre – legt. Davon lassen sich noch einmal die sehr kurzen Zeiträume menschlicher Lebenserfahrung und Erwartungshorizonte (in Generationen von etwa 25 Jahren) oder die kurzatmigen Rhythmen politischer Legislaturen und Planungshorizonte (selten mehr als zehn Jahre) unterscheiden.

Die Frage nach Zeitskalen ist keine, die allein die Historiographie betrifft, sie ist ›metahistorisch‹. Zeitskalen bestimmen, was überhaupt als ›Ereignis‹ zählen kann: Ist es ein langfristiger Prozess wie die allmähliche Sesshaftwerdung im Holozän, die so genannte ›Neolithische Revolution‹ oder ein relativ kurzer wie die Französische Revolution? Sie bestimmen auch, was als ›Schauplatz‹ eines solchen Ereignisses verstanden wird: Ist es eine spezifische Lokalität oder sind es eher ganze Regionen und Zonen? Und sie definieren, welche Akteure dabei eine Rolle spielen: der Mensch als Spezies, soziale Klassen, regionale Gruppen, bestimmte Technologien oder auch einzelne Individuen (wie in der Geschichte der ›großen Männer‹). Nicht zuletzt entscheidet die zeitliche Größenordnung auch darüber, wie historische Kausalitäten konstruiert werden: etwa die Genese von Staaten aus der Sesshaftwerdung über Tausende von Jahren oder die Genese der Französischen Revolution aus der ökonomischen Misere Frankreichs in den letzten Dekaden vor 1789. Dabei geht es nicht nur um die Vergangenheit. Zeitskalen spielen auch eine Rolle für das Verhältnis zur Zukunft. Wie prägt der »Erfahrungsraum« dessen, was eine Generation erlebt und wahrgenommen hat, den individuellen und kollektiven »Erwartungshorizont« dieser Generation (Koselleck 1989)? Beide, Erfahrungsraum und Erwartungshorizont, sind in der Moderne auf Steigerung, Fortschritt und Management einer nahen, greif- und planbaren Zukunft angelegt (Assmann 2013, Horn 2014). Sie kollidieren nun plötzlich mit Zeiträumen, die weder dem historischen Erfahrungsraum von zwei bis drei Generationen entsprechen noch den kurzfristigen Erwartungshorizonten individueller Lebensplanung oder politischer Entscheidungsprozesse.

Im Anthropozän öffnen sich Vergangenheit und Zukunft auf Tiefenzeiten hin, die sich nicht mehr im Maßstab individueller oder kollektiver Erfahrung, kaum auch nur in denen der historischen Spuren menschlicher Kultur (in Form von Artefakten oder Schrift) messen lassen. Schon die Diskussion um die Startdaten des Anthropozäns situiert den Beginn der Gegenwart plötzlich in Zeiträumen, die zwischen ein paar Dekaden (*Great Acceleration*) und Jahrtausenden (*Early Anthropocene*) schwanken (siehe Kap. 2.1 Definitionen). Aber auch die Zukunft öffnet sich weit hinter die in der Nachhaltigkeitspolitik oft beschworenen Kindeskinder (Horn 2017). Betrachtet man die Zeiträume, in denen sich etwa ein erhöhter CO_2-Gehalt in der Atmosphäre wieder abbaut, so muss man in Tausenden, wenn nicht Zehntausenden von Jahren rechnen (Archer 2009, Stager 2011) – also einer »tiefen Zukunft«, die alle Formen modernen Zukunftsmanagements weit übersteigt. Angesichts dieser Zeitskalen einer »tiefen« Vergangenheit und Zukunft, so Chakrabarty, versagen auch die herkömmlichen Strategien der Zukunftsabsicherung – etwa durch Risikokalküle, Monetarisierung von Schäden im Versicherungswesen oder durch das Vorsorgeprinzip (Chakrabarty 2014: 4–9).

Die Spannung zwischen einer kurzen historischen Zeitskala und einer erdgeschichtlichen Tiefenzeit-Skala betrifft zuallererst das Verständnis des Anthropozäns als Begriff für eine *Epoche*. Die Stratigraphie bestimmt eine geologische Epoche als einen zusammenhängenden Zeitraum zwischen zwei distinkten stratigraphischen Markierungen. Dies sind die sogenannten »golden spikes« (oder GSSPs = *Global Boundary Stratotype Section and Point*), in denen sich Umweltveränderungen – etwa das Erscheinen oder Verschwinden bestimmter biologischer Arten – als weltweit nachweisbarer stratigraphischer Horizont niedergeschlagen haben. Das geographische System der Periodisierung ist dabei stark hierarchisch und fasst mehrere Untereinheiten (Alter oder Stufen) zu Epochen (bzw. Serien von Stufen), Epochen zu Perioden etc. zusammen. Eine Epoche/Serie in der Stratigraphie bemisst sich gewöhnlich in Schritten von Millionen Jahren, wobei die Epochen (oder Serien) innerhalb der aktuellen geochronologischen Periode, dem Quartär, bereits wesentlich kürzer sind als etwa die Perioden innerhalb der Ära Känozoikum (»Tertiär«).

In den Geisteswissenschaften hat sich die Bedeutung des Begriffs ›Epoche‹ historisch stark gewandelt. Seine griechische Ursprungsbedeutung (ἐποχή) heißt Innehalten oder Umkehren) gibt ihm den Sinn eines *Ereignisses* oder einer Zäsur. Am Ende des 18. Jahrhunderts wandelt sich die Bedeutung des Begriffs vom *Ereignis* zu einem *Zeitabschnitt* zwischen Ereignissen. Erst damit wird Epoche zu einem genuin historiographischen Begriff. Epochen haben also vor allem einen Beginn und sind damit voneinander unterscheidbar, aber auch für den Historiker vergleichbar (Blumenberg [1966] 1996: 531–557). Anders als geologische Epochen aber können sie einander überlappen oder – je nach gewählter Perspektive – Ungleichzeitigkeiten unterliegen. Nicht selten haben bestimmte Zeiten, wie etwa die Renaissance oder die Aufklärung, ein intensives Bewusstsein davon, dass sie ein Übergang oder eine Epochenschwelle sind. Genau deshalb ist die Startdaten-Diskussion (siehe Kap. 2.1 Definitionen) so wichtig für die historische Bestimmung des Anthropozäns *als Epoche*, weil es hier – ähnlich wie in der Geochronologie – darum geht, jene Zäsur zu bestimmen, die das Anthropozän einleitet. Bis auf die Positionen des *Early Anthropocene*, die das Holozän im Anthropozän aufgehen lassen wollen, geht es also darum, Zäsuren und Kriterien zu benennen, die das Anthropozän vom Holozän *unterscheiden*. Dies bedeutet aber, gänzlich unterschiedliche Dimensionen historischer Transformation miteinander in Bezug zu setzen: einerseits die Holozän-Warmzeit, die etwa 11 700 Jahre andauert, andererseits den Beginn der Globalisierung Anfang des 17. Jahrhunderts (*Columbian Exchange*-Vorschlag), die Industrialisierung im 19. Jahrhundert (Crutzen u.a.) oder die Eskalation von Konsum-Parametern nach dem Zweiten Weltkrieg (*Great Acceleration*). Klima- und Umweltgeschichte werden so mit menschlicher Kultur-, Wissens-, Wirtschafts- und Technologieentwicklung kurzgeschlossen, Entwicklungen, die jeweils andere Narrative mit je anderen Schauplätzen, Akteuren und Schwellen vorlegen und innerhalb von gänzlich unterschiedlichen zeitlichen Größenordnungen argumentieren. Die Kollision der Zeitskalen liegt hier in der massiven Heterogenität der historischen Beschreibungskriterien: Klimageschichte trifft auf die Geschichte menschlicher Kulturtechniken, Technologie- und Wirtschaftsgeschichte auf Erdgeschichte.

In der traditionellen Geschichtsschreibung langer Zeiträume, wie sie z.B. in etlichen Schulbüchern und pädagogischen Websites präsentiert wird, werden kurze Zeitabschnitte normalerweise in längere Perioden eingeschachtelt, so wie in der Stratigraphie die Stufen in den Epochen, die Epochen in der Periode aufgehen. In einer solchen Chronologie erscheinen also z.B. die Minoische Kultur, der Hellenismus und das Römische Reich als Teilabschnitte einer Geschichte der Antike. Aber diese Schachtelung von kleinen in größeren Zeitskalen – beispielsweise der Industrialisierung als Zeitabschnitt *innerhalb* des Holozäns, der *Great Acceleration* als Spätphase innerhalb der Industrialisierung – wird mit der Perspektive des Anthropozäns problematisch. Denn die Heterogenität der Geschichtsdimensionen (Technik-, Kultur-, Sozial-, Umwelt-, oder Energiegeschichte) wie ihrer jeweiligen Zeitskalen und Perspektiven machen es schwer, eine Vorgeschichte des Anthropozäns als einheitliches Narrativ anzulegen.

So erscheint das Anthropozän weniger als eine Epoche unter anderen denn als Abfolge verschiedener Schwellen oder »tipping points«: »The idea of a tipping point introduces a perspective that the ›past‹ that led up to the current crisis is only partially understood, and that the current transformation is a state of flux where we have departed from past conditions, but have not yet arrived at a ›new normal‹.« (Veland/Lynch 2016: 4) Damit wird Geschichte als Folge von Schwellen verstanden: Die Gegenwart ist ein offener Prozess innerhalb eines solchen Übergangs, *inmitten* einer Schwelle. Wenn aber solche Schwellen oder »tipping points« selbst Skalenübergänge erforderlich machen – Übergänge von einer kleinen, langsamen Zeitskala zu einer großen, beschleunigten Zeitskala, die viele Ereignisse in kurzen Zeiträumen abbildet –, dann wird deutlicher, inwiefern das Anthropozän auch ein zeitlicher Skalenübergang ist. Die *Great Acceleration* etwa erfordert eine völlig andere temporale Abbildung als der langsame Übergang zur Sesshaftigkeit im Holozän.

Angesichts der Heterogenität der Narrative und Zeitskalen, die das Anthropozän als Epoche beschreiben, liegt es damit nahe, es mit Bonneuil/Fressoz eher als *Ereignis* (im alten Sinn von ›Epoche‹) zu beschreiben denn als historischen Zeitabschnitt, dessen Anfang sich ein für alle Mal festlegen lässt. Vieles spricht dafür, das Anthropozän daher gerade *nicht* auf ein Startdatum zu fixieren und es *nicht* als geologische Epoche zu formalisieren: »[...] the Anthropocene, so long as it is seen as a measure of humans' impact on the planet, can have only plural beginnings *and must remain an informal rather than a formal category of geology*, capable of *bearing multiple stories* about human institutions and morality. The issue cannot be separated from political and moral concerns.« (Chakrabarty 2018: 20) Als Schwelle wäre das Anthropozän also eher ein Prozess mit vielfältigen Startdaten und Schauplätzen, ein Prozess mit sehr unterschiedlichen Geschwindigkeiten und Temporalitäten. Die Beschleunigungsdiagnose, die der Begriff der *Great Acceleration* stellt, muss, so hat Rob Nixon argumentiert, um eine andere Zeitlichkeit ergänzt werden: die »slow violence« der schleichenden Zerstörung von Umwelten und traditionellen Lebensweisen (Nixon 2011). Diese langsame, in kleinen Schritten oder erst als Langzeitfolge beobachtbare Form der ökologischen Zerstörung ist medial schwer abbildbar – nicht nur, weil die Aufmerksamkeitszyklen der Medien nur auf abrupte, ereignisförmige Phänomene reagieren. Sie ist auch epistemisch schwer zu fassen, weil bestimmte Schäden (wie etwa Krebserkrankungen durch Umwelttoxine, Veränderungen von Wasserzyklen oder Biotopen) erst mit einer Latenzperiode zwischen der Verursachung und den sicht- oder messbaren Folgen auftauchen (Horn 2014: 282–296). Das Anthropozän umfasst damit unterschiedliche, inkommensurable Zeitlichkeiten: einerseits die rasende Beschleunigung des Konsums, der technischen Innovationen, der Mobilität, der globalen Vernetzung usw., andererseits latente, schleichende Veränderungen von Gesellschaft und Umwelt, die nur schwer repräsentierbar – und damit auch politisch schwer adressierbar – sind.

Betrachtet man das Anthropozän so als Schwelle, dann ist es keine Krise, von der man zu einem Normalzustand zurückkehren kann, sondern ein irreversibler Bruch. Dieser Bruch lässt sich am besten klimahistorisch illustrieren: Das Anthropozän *unterbricht* die relative klimatische Stabilität der letzten 11 700 Jahre und beendet damit (voraussichtlich) das Holozän. Dieses *Ende des Holozäns* verweist auf die noch immenseren Zeitskalen des Mittelpleistozäns (der letzten 420 000 Jahre), in dem die Spezies *Homo sapiens* erscheint. Schwankten in der Frühgeschichte des Menschen die globalen Temperaturen zwischen 8°C kälter und 2°C wärmer als heute, so stellt die relativ stabile Warmzeit des Holozäns, in der die (vorindustriellen) Temperaturen lediglich um

1,5°C variierten, eine klimahistorische Anomalie dar. Das Holozän war die lauwarm temperierte Wiege der Zivilisation. Erst vom möglichen Ende dieser Anomalie aus gesehen werden nun die Errungenschaften der Zivilisation – Sesshaftigkeit, komplexe Sozialsysteme, Formen der Speicherung von Gütern und Wissen usw. – erkennbar als Produkte einer ungewöhnlich stabilen Klimaphase. Die Lebensbedingungen des Holozäns zu verlassen bedeutet daher einen Bruch mit den Möglichkeitsbedingungen der Zivilisation, die uns hervorgebracht hat.

Mit dem Anthropozän rückt also nicht nur die Gegenwart, sondern auch das Holozän in eine andere Perspektive. Es erscheint plötzlich nicht mehr als Schauplatz einer heroischen »Selbsterschaffung des Menschen«, wie etwa Vere Gordon Childe die von ihm so genannte »Neolithische Revolution« (Sesshaftwerdung, Ackerbau, Viehzucht, Städte) beschrieben hat (Childe 1941). Vom Anthropozän her gesehen wird schon das mittlere Holozän als eine Phase erkennbar, in der der Mensch allmählich verschiedene ökologische Schwellen überschreitet (Smith 1995). Denn von Sesshaftigkeit, Ackerbau, Stadt- und Staatenbildung, aber auch kulturellen Speichermedien führt – ohne katastrophische Zusammenbrüche – kein Weg mehr zurück zur Jäger- und Sammlergesellschaft. James C. Scott hat gezeigt, dass dieser Übergang eher einem Sündenfall gleicht: vom Leben in relativer Freiheit und kleinen Gruppen hin zu einer Existenz in steilen Hierarchien, mit hoher Bevölkerungsdichte, Mangelernährung und zahlreichen Epidemien (Scott 2017). Im Kern der Gegenwartsdiagnose des Anthropozäns liegt die gleiche Denkfigur: keine Krise, sondern ein unbemerktes, aber irreversibles Überschreiten einer Schwelle.

Das heißt auch, dass die Heterogenität der Zeitskalen und Temporalitäten (von der *Great Acceleration* bis zur »slow violence«), die das Anthropozän kennzeichnen, völlig neue Formen der Historiographie erforderlich macht. Chakrabarty hat früh darauf hingewiesen, dass mit dem Klimawandel die traditionelle Trennung von Natur- und Menschengeschichte unhaltbar geworden ist: »Anthropogenic explanations of climate change spell the collapse of the age-old humanist distinction between natural history and human history.« (Chakrabarty 2009: 201) Nun ist diese Trennung aber alles andere als »uralt«, sondern historisch datierbar. Sie liegt am Ursprung der Ausdifferenzierung von Geistes- und Naturwissenschaften am Anfang des 19. Jahrhunderts und damit auch einer scharfen Trennung der Zeitskalen von Menschenzeit und Naturzeit. Hatte die an der Schöpfungsgeschichte orientierte Erdgeschichte die Geschichte der Welt und des Menschen parallel entworfen, entsteht mit der modernen Geologie nun eine Erdgeschichte in Millionen von Jahren, in der der Mensch erst spät auf den Plan tritt, ein »plot without man« (Beer [2]2000: 17).

Erst damit wird Natur zum stummen und unbeweglichen Hintergrund menschlicher Geschichte. Charles Lyell, der Begründer der modernen Geologie, entwirft in seinen *Principles of Geology* (Lyell [1830–33] 1997) eine Theorie der geologischen Erdveränderungen, die abrupte Umweltveränderungen ebenso ausschließt wie geologische Mechanismen, die nicht auch in der Gegenwart beobachtbar wären. Seine theoretischen Grundprinzipien des »Gradualismus« (*gradualism*) und des »Aktualismus« (*uniformitarianism*) prägen noch heute die Geowissenschaften. Der Gradualismus besagt, dass Veränderungen in der Natur nur in unendlich langsamen, kontinuierlichen Prozessen ablaufen, nicht in plötzlichen Sprüngen; der Aktualismus ist das Prinzip der Gleichförmigkeit, nach dem sich geologische Prozesse der Vergangenheit nicht von solchen der Gegenwart unterscheiden. Da die geologischen Prozesse gemessen an menschlichen Eingriffen unendlich langsam ablaufen, verwirft Lyell die Vorstellung, dass der Mensch langfristige Veränderungen von Landschaften und Klima bewirken könnte (ebd.: 102).

Parallel zu dieser Entwicklung vollziehen auch die mit der Geschichte des Menschen und seinen Kulturen beschäftigten Geisteswissenschaften im Zeichen des Historismus eine grundlegende Abkopplung von der Natur, die als statische Materie, als Ressource und bestenfalls als Gegenspieler des Menschen verstanden wird. Menschheitsgeschichte wird nun definiert als Raum einer menschlichen Freiheit, die nur im »Sieg« über die Natur oder als Unabhängigkeit von den Kräften der Natur möglich ist. Der Historiker Jules Michelet formuliert das in drastischen Metaphern:

> »Seit dem Beginn der Welt gibt es einen Krieg [...] des Menschen gegen die Natur, des Geists gegen die Materie, der Freiheit gegen die Fatalität. Geschichte ist nichts anderes als die Erzählung von diesem endlosen Kampf. Und er wird andauern, solange sich der menschliche Wille gegen die Einflüsse des Klimas und der Rasse stemmt. Von diesen beiden Gegnern ändert sich der eine nicht, der andere wird stärker. Die Natur bleibt sich gleich, während der Mensch täglich irgendeinen Sieg über sie erringt.« (Michelet 1831: 9 f. Übers. EH)

Der Mensch ändert sich, die Natur ändert sich nicht – jedenfalls nicht im menschlichen Zeitmaß.

Diese am Ursprung der modernen Geisteswissenschaften liegende Divergenz von Natur und Kultur, von Naturgeschichte und menschlicher Geschichte, von erdgeschichtlichen Dimensionen und dem kurzen Takt menschlichen Handelns versuchen nun neue Formen von Geschichtsschreibung und Geschichtsreflexion zu überwinden. Eine etablierte Möglichkeit ist die Umweltgeschichte, die nach den Interaktionen von Kulturen und Gesellschaften mit ihren jeweiligen Umweltbedingungen fragt (siehe Kap. 3.1 Natur und Kultur). Zunehmend aktuell geworden ist dabei die Energiegeschichte, die die sich wandelnden Energieregime und ihre ökologischen und sozialen Folgen in den Blick nimmt (siehe Kap. 4.2 Energie). Diese Formen der Historiographie tragen unmittelbar zu einer (Vor-)Geschichte des Anthropozäns bei (exemplarisch dazu Malm 2016). Aber sie orientieren sich in der Regel durchaus an den Zeitskalen und Chronologien der traditionellen Sozialgeschichte.

Ein anderer Ansatz ist eine Tiefengeschichte des Menschen, die nicht nur eine Speziesgeschichte entwirft, sondern auch die ganz frühen Kulturtechniken (Werkzeuggebrauch, Jagd, Feuer) und ihre transformative Wirkung auf die Umwelten, die Physiologie und Sozialstruktur der frühen Gattung *homo* betrachtet. Sie zielt auf eine »deep history« des Menschen (populärwissenschaftlich Harari 2013, zur Methodenreflexion Shryrock/Smail 2011: 16–49). Eine solche Speziesgeschichte des Menschen eröffnet eine Tiefenzeit, in der der *anatomisch* moderne Mensch die übrigen Menschengattungen allmählich verdrängt und sich zum *verhaltensmäßig* modernen Menschen wandelt (siehe Kap. 3.1 Anthropos). So eröffnet sich ein Zeithorizont von etwa 2,5 Millionen Jahren menschlicher Geschichte. Die Frage ist, wie sie erzählt und in ein Verhältnis zu modernen historischen Umwälzungen gesetzt werden kann.

Bemerkenswert ist auch hier die Betonung von Schwellen und Sprüngen im historischen Verlauf: Auch die »deep history« des Menschen ist »punctuated by momentous leaps in population, energy flow, efficiency, levels of political organization and degrees of connectivity« (Shryrock/Smail 2011: 247). Es geht dabei weder um eine »Selbsterschaffung des Menschen« (Childe 1941) noch um eine ›Naturalisierung‹ frühen menschlichen Verhaltens. Statt historischer Metaphern wie »Genese« oder »Revolution« schlagen Shryrock/Smail daher das Modell der »koevolutionären Spirale« (*coevolutionary spiral*) vor, das in der Lage ist, die gegenseitige Transformation von Hominiden/Menschen und den von ihnen bewohnten Biotopen als dynamischen Austauschprozess zu beschreiben (Shryrock/Smail 2011: 26).

Der vielleicht ambitionierteste Entwurf einer Historiographie, die die unterschiedlichen Zeitskalen nicht nur in ein gemeinsames Narrativ, sondern auch in ein einheitliches Geschichtsmodell integriert, ist *Big History* (Christian [2]2011, Spier 1998). Ihr prominentester Vertreter, David Christian, versteht sie als

> »the attempt to understand the past *at all possible scales*, up to those of cosmology, and to do so in ways that do justice both to the contingency and specificity of the past [...]. [Big History] will treat human history as one member of a large family of historical disciplines that includes biology, the earth sciences, astronomy and cosmology. By doing so, it will blur the borderline between history and the natural sciences [...] as history rediscovers an interest *in deep, even law-like patterns of change.*« (Christian 2010: 7)

Christian sieht *Big History* unbescheiden als »modernen Schöpfungsmythos« (Christian [2]2011: 1). *De facto* geht es ihm aber weniger um die mythischen Qualitäten seines Narrativs als darum, eine *Einheit modernen Wissens* und seiner unterschiedlichen Zeitskalen zu stiften: »Beneath the awesome diversity and complexity of modern knowledge, there is an underlying unity and coherence, ensuring that different timescales really do have something to say to each other.« (Christian [2]2011: 3) Das bedeutet, die Geschichte des Menschen innerhalb einer Geschichte des Universums, des Planeten, des Lebens auf diesem Planeten und schließlich des Menschen zu erzählen, statt sich, wie die traditionelle Historiographie, auf die etwa 5500 Jahre schriftlicher Zeugnisse zu beschränken. In seinem Bestseller *Maps of Time* von 2004 orientiert sich Christian daher gerade an den kosmologischen und geologischen Zeitskalen und stellt so die menschliche Geschichte ostentativ an den Rand.

Was die Kohärenz dieser Makroperspektive garantiert, ist die Wiederkehr immer gleicher Muster in der Entstehung von komplexen Ordnungen. So vergleicht Christian etwa die Aggregation von Materie zu Sternen durch Schwerkraft mit der Zusammenballung von verstreuten Familien zu frühen Städten. Er sieht darin ein rekurrentes Muster der Komplexitätssteigerung:

»In the early universe, gravity took hold of clouds of atoms, and sculpted them into stars and galaxies. In [...] this chapter, we will see how, by a sort of social gravity, cities and states were sculpted from scattered communities of farmers. As farming populations gathered in larger and denser communities, interactions between different groups increased and the social pressure rose until, in a striking parallel with star formation, new structures suddenly appeared, together with a new level of complexity.« (ebd.: 245)

Damit wird deutlich, welches Muster die Makro- und Mikroskalen ineinander übersetzbar macht: eine Rekursivität von Prozessen, wie man sie aus der fraktalen Geometrie kennt, durch die gleiche Strukturen in allen Größenordnungen wiederkehren. Solche fraktalen, selbstähnlichen Strukturen sind es, die einen bruchlosen Übergang zwischen Skalen (*scale transitions*) möglich machen, weil die gleichen Formelemente auf allen Ebenen auftauchen. Sie ermöglichen es, die Zeitskalen ineinander zu übersetzen, ohne jene irritierenden Skaleneffekte, wie sie beim Übergang zwischen quantitativen oder räumlichen Größenordnungen erscheinen (siehe Kap 4.3 Skalen I). Die selbstähnliche Struktur, die auf allen Ebenen wiederkehrt, ist in *Big History* die Figur der Komplexitätssteigerung. Sie widersteht dem Sog der ordnungsauflösenden Entropie, sowohl auf kosmischer und biologischer wie zuletzt auf sozialer Ebene. Sie strukturiert ebenso die Jahrmillionen der Formierung von Sternen wie die Jahrtausende der Bildung von sozialen Strukturen. Fraktale Strukturen

›übersetzen‹ so die temporale Makro- in die Mikroskala, natürliche in menschliche Zeitskalen. Damit macht *Big History* nicht nur einen Vorschlag zur Überwindung der epistemischen Trennung zwischen Natur und Kultur, sondern entwirft dabei auch ein massiv teleologisches Narrativ: ein Kosmos, der, wenn schon nicht direkt auf den Menschen, so doch auf eine immer komplexere Ordnung und Struktur hinausläuft.

Eine tiefenzeitliche Perspektive eröffnet das Anthropozän aber nicht nur im Hinblick auf die Vergangenheit, es entwirft auch eine *tiefe Zukunft*, die die Zeithorizonte traditioneller Prognostik und Planung sprengt. So schreibt der Klimahistoriker David Archer: »Our fossil fuel deposits, 100 million years old, could be gone in a few centuries, leaving climate impacts that will last for hundreds of millennia. The lifetime of fossil fuel CO_2 in the atmosphere is a few centuries, plus 25% that lasts essentially forever.« (Archer 2009: 11) Im Verbrauch von fossilen Brennstoffen verheizt die Gegenwart so nicht nur eine immense Vergangenheit von hundert Millionen Jahren, sie stellt auch die Weichen für eine ebenso schwindelerregend lange Zukunft. Politisch erzeugt dies eine dramatische Divergenz zwischen den kurzen Perioden politischer Entscheidungsprozesse und den kaum längeren Horizonten der Vorsorge oder Nachhaltigkeit in modernen Gesellschaften auf der einen und den unvorstellbar langfristigen Folgen des Klimawandels auf der anderen Seite. Im Anthropozän geht es darum, geologische Zeit in Menschenzeit zu übersetzen.

Wo Zukunft aufgrund ihrer zeitlichen Ferne unauslotbar wird, werden üblicherweise narrative Techniken eingesetzt (Horn 2014), die es ermöglichen, die Gegenwart aus einer antizipierten Zukunftsperspektive zu betrachten. Solche Narrative ›setzen‹ eine mögliche Zukunft, um von diesem epistemischen Standpunkt aus rückwärtsschauend einen Blick auf die Gegenwart werfen zu können. In seiner populären Einführung in das geologische Verständnis des Anthropozäns, *The Earth After Us* (2008), wendet Jan Zalasiewicz genau diese Erzählform an. Im Vorwort seines Buches imaginiert er einen Besuch außerirdischer Archäologen auf der Erde in hundert Millionen Jahren (Zalasiewicz 2008: Prologue). Auf diese Weise entwirft er einen stratigraphischen Blick auf die Gegenwart, der noch gar nicht möglich ist. So legt er aber die heuristische Fiktion frei, die im Kern des Anthropozäns als geologischer Epoche steckt: Von der Gegenwart als Anthropozän zu sprechen, so die Implikation, bedeutet einen gleichsam ›geologischen Blick‹ auf sie zu werfen, einen Blick aus einer tiefen Zukunft, in der die Gegenwart nichts anderes sein wird als eine dünne Schicht im Gestein.

Die immensen Zeitskalen des Anthropozäns stellen auch die biopolitischen Implikationen gegenwärtigen Zukunftsmanagements infrage, das sich immer noch an den viel beschworenen Kindeskindern orientiert – also Vertretern der menschlichen Spezies, mit denen wir möglichst eng verwandt sind und deren Lebenszeit sich mit unserer berührt. Donna Haraway dagegen hat vorgeschlagen, soziale Beziehungen im Anthropozän nicht mehr orientiert an Kindern und Generationen zu verstehen, sondern anhand einer möglichst weit gefassten »Verwandtschaft« (*kin/kinship*). Dieser Begriff der *kinship* würde nicht nur denkbar ferne menschliche Lebensformen umfassen, sondern auch Vertreter anderer Spezies (Haraway 2018) (siehe Kap. 4.1 Biopolitik). Verstanden als mit uns koexistierende ›Verwandtschaft‹, deren Wohlergehen wir zu sichern haben, würden auch fernste Nachkommen der Menschheit dazu zählen, ebenso wie dem *Homo sapiens* nachfolgende Lebensformen. Bezogen auf eine tiefe Zukunft kann also weder eine Epistemologie noch eine Politik der Zukunft sich ausschließlich an genetisch eng verwandten Wesen (also Kindeskindern) orientieren, sondern muss für radikale Alterität offen sein. Gerade die *deep history* des Menschen kann einen Begriff für diese Alterität geben, weil sie menschliche Lebensweisen lange vor der Zivilisation in den Blick nimmt.

Die tiefe Zukunft des Anthropozäns eröffnet so eine Unabsehbarkeit, die alle Formen des modernen Zukunftsmanagements hinter sich lässt. Aber selbst die nahe Zukunft erscheint heute zunehmend dunkel – dunkel weniger im Sinne absehbarer Katastrophen denn verstanden als eine radikale Intransparenz. Denn hochkomplexe selbstorganisierte Systeme wie das Klima, Biotope, das Strömungssystem der Meere oder der Atmosphäre neigen zu Emergenzen und »tipping points«, Momenten also, an denen ein quantitativer Zuwachs in einen qualitativ anderen Zustand umschlägt (Gladwell ^{2}2002). Der Vorschlag Rockströms, einen »safe operating space« zu bestimmen und einzuhalten, zielt genau darauf ab, solche Umschlagspunkte zu vermeiden. Aber das Problem hochkomplexer Systeme ist, dass systemische Umschlagspunkte schwer zu antizipieren sind. Selbstregulierung kann heißen, dass ein System irgendwann ›gesättigt‹ ist (wie es in der Chemie heißt) oder dass (mit einem Ausdruck aus der Physik) eine ›kritische Masse‹ erreicht wird. Es kann dann eine Phase massiver Instabilität durchlaufen, bis es sich in ein neues labiles Gleichgewicht gebracht hat. Der menschliche Begriff für diese Art der Systemveränderung ist ›Katastrophe‹.

Wie die tiefe Vergangenheit wird auch die tiefe Zukunft von plötzlichen Umschlagspunkten bestimmt sein. Clive Hamilton hat daher vorgeschlagen, die Prinzipien des Gradualismus und Aktualismus, die die Geologie seit Lyell beherrschen, aufzugeben zugunsten des von Georges Cuvier vertretenen Katastrophismus, einer Vorstellung von Erdgeschichte als Folge von Zäsuren, Kataklysmen und schnellen Veränderungen:

»The Anthropocene is [...] not a continuation of the past but a step change in the biogeological history of the Earth. The previous step change, out of the Pleistocene and into the Holocene, saw a 5°C change in global average temperature and a 120-m change in sea levels. Geologically speaking, the Anthropocene event, occurring over an extremely short period, has been a very abrupt regime shift, *closer to an instance of catastrophism than uniformitarianism.*« (Hamilton 2016: 100)

So betrachtet wird eine Geologie des Anthropozäns zur Katastrophengeschichte der Erde – und gerade damit eminent politisch. Die Konvergenz der Zeitskalen von Menschen- und Erdgeschichte liegt so möglicherweise weniger in der Wiederholung immer gleicher Muster, wie sie die *Big History* konstruiert, sondern eher in radikalen Zäsuren und Katastrophen; nicht in fraktalen Komplexitätssteigerungen, sondern chaotischen Systemumbrüchen. Im Zeitmaß der Erdgeschichte gesehen ähnelt das Erscheinen des Menschen, erinnern vor allem aber die massiven Veränderungen der *Great Acceleration* an die abrupten Folgen eines plötzlichen Meteoriteneinschlags oder Vulkanausbruchs. »Wir«, so bringt es der Geologe Zalasiewicz auf den Punkt, »sind der Meteor.« (Zalasiewicz/Kunkel/Gladstone 2017)

EH

5. Schluss

Das Anthropozän zu denken heißt, entlang von Bruchlinien, Spannungen und Widersprüchen zu denken. Dies, so der Leitgedanke dieses Buches, gilt in besonderer Weise für die Geistes- und Kulturwissenschaften. Ihr Metier sind kulturell spezifische Überlieferungszusammenhänge und historische Epochen, die selten mehr als ein Jahrhundert umfassen. Das Anthropozän stellt sie vor die Herausforderung, ihr Wissen und ihre Methoden in einen Bezug zu dem großformatigen Bild des Planeten zu setzen, wie es die Erdsystemwissenschaften und die mit ihnen verbundenen naturwissenschaftlichen Disziplinen zeichnen. Sie müssen also den Blick auf das Ganze wagen, dürfen dabei aber die Teile nicht aus den Augen verlieren und laufen stets Gefahr, die eigene, von partikularen Interessen und biographischen Zufällen geformte Sicht der Dinge zur universalen Zentralperspektive zu machen. Ein Patentrezept, dies zu vermeiden, gibt es nicht. Umso wichtiger ist es, den eigenen Standort zu bedenken und zu markieren, von wo aus man das sieht, was man sieht. Damit fällt es anderen leichter zu sehen, was man selbst nicht sehen kann.

Dieses Buch ist im Austausch mit vielen Kolleginnen und Kollegen aus Europa und Nordamerika, Asien und Australien entstanden, mit Literaturwissenschaftlern und Historikern, Geographen und Geologen. Geschrieben haben wir es aber zu großen Teilen in Asien: in Bangkok, auf Bali und Taiwan. Blickt man von dort aus auf den wild wuchernden Diskurs über das Anthropozän, fällt zunächst einmal eines auf: Er ist, seinem universalen Anspruch zum Trotz, immer noch weitgehend ein westliches Phänomen. In Thailand, Indonesien und Taiwan beispielsweise hat es das Anthropozän bisher auf keine Titelseite geschafft, und es gibt auch keine Ausstellungen, Fernsehberichte oder populären Sachbücher zum Thema. Gleiches gilt, soweit wir dies überblicken können, für die meisten Länder Ost- und Südostasiens. Wenn dort vom Anthropozän die Rede ist, dann meist nur in wissenschaftlichen Fachpublikationen (im Bezug auf China: Weigelin-Schwierdzik 2018: 19).

Gleichzeitig ist klar, dass diese Weltregion für das Anthropozän von zentraler Bedeutung ist. Dass fast alle Kurven der *Great Acceleration* (mit Ausnahme des Bevölkerungswachstums) weiterhin steil nach oben zeigen, liegt an der enormen wirtschaftlichen Dynamik der asiatischen Länder. Seit Mitte der 1980er Jahre sind etwa zwei Milliarden Menschen in die »globale Mittelklasse« aufgestiegen, und die OECD rechnet damit, dass bis 2028 weitere zwei Milliarden hinzukommen werden – die überwältigende Mehrzahl in Asien. Mitte des Jahrhunderts, so die Kalkulation, werden rund achtzig Prozent der Menschen mit einem ›mittleren‹ Lebensstandard in Asien leben (Kharas 2017: 11). Der moderne Konsumkapitalismus ist in den westlichen Industrienationen entstanden, aber wer einen Tag in Seoul oder Shanghai, Taipei oder Singapur verbringt, wird schnell erkennen, dass der Westen längst nicht mehr tonangebend ist, wenn es um die mehr oder weniger glamouröse Verschleuderung von Geld und natürlichen Ressourcen geht. Welche Gestalt das neue Erdzeitalter annehmen wird, hängt maßgeblich davon ab, wie sich die Konsummuster in den asiatischen Ländern entwickeln. Wer davon spricht, was ›die Menschheit‹ zur Bewahrung des Planeten tun oder lassen muss, ohne die überdimensionierte Rolle zu berücksichtigen, die Asien dabei spielen wird, redet an der Sache vorbei.

Die eher schwache Resonanz, die der Anthropozän-Begriff in Asien gefunden hat, bedeutet aber keinesfalls ein mangelndes Bewusstsein für die ökologischen Probleme der Gegenwart. Der Klimawandel, der Plastikmüll in den Ozeanen und der Verlust der Artenvielfalt sind auch dort öffentlich breit diskutierte Themen – auch wenn sie oft von lokalen Umweltproblemen wie der Verschmutzung von Luft und Trinkwasser überschattet werden. Das eher geringe Interesse am Begriff ›Anthropozän‹ zeigt, dass die Idee, diese Probleme als Aspekte einer neuen erdgeschichtlichen Epoche aufzufassen, hier nicht so verfängt wie in Europa und den USA. Damit stellt sich natürlich die Frage, ob das Anthropozän-Konzept Ausdruck einer ›westlichen‹ Denkweise ist.

Eine mögliche Antwort bietet Amitav Ghosh. Wie Bruno Latour sieht er das Anthropozän als den historischen Moment, an dem das westliche Fortschrittsdenken an der Begrenztheit der Erde scheitert. Im Westen sah man die Kluft zwischen den westlichen Industrienationen und der (post-)kolonialen ›Peripherie‹ gern als Beleg der eigenen ›Modernität‹ und unterstellte, dass der Rest der Welt beizeiten aufholen werde. Intellektuelle in dieser post-kolonialen Welt waren sich allerdings von Anfang an darüber im Klaren, dass das Modernisierungsprojekt des Westens auf Ausbeutung und Enteignung beruhte. Sie erkannten auch, dass das Versprechen von Fortschritt und Wohlstand für *alle* Menschen schlechterdings nicht einzulösen war. Ghosh zitiert eine Rede des Mahatma Gandhi aus dem Jahr 1928, die sich wie die neomalthusianischen Katastrophenszenarien liest, die wenig später auch im Westen Konjunktur hatten: »Bewahre Gott, dass Indien jemals Gefallen finden wird an einem Industrialismus nach Art des Westens. Würde eine ganze Nation von 300 Millionen Gefallen finden an dergleichen ökonomischer Ausbeutung, würde sie die Welt kahlfressen wie Heuschrecken.« (zit. n. Ghosh 2017: 154) Die schiere Anzahl der Menschen in Asien entlarvt den Universalitätsanspruch der Moderne als unhaltbar. Im Westen vermag das Anthropozän zu schockieren, weil es den historischen Erwartungshorizont sprengt. Asien teilt aber weder den Erfahrungsraum noch den Erwartungshorizont des Westens. Deshalb bleibt der Schock hier aus.

Ghosh leitet daraus ab, dass man in Asien für ökologische Belastungsgrenzen sensibler ist als in den westlichen Ländern (ebd.: 154 f.). Angesichts der Radikalität, mit der sich Länder wie Korea, Taiwan, die VR China und Indien in den letzten Jahrzehnten in das Projekt der industriellen Modernisierung gestürzt haben, erscheint diese Schlussfolgerung indes fragwürdig. Aber es ist richtig, dass viele asiatische Gesellschaften teilweise traumatische Erfahrungen mit der Transformation ihrer natürlichen Umwelt haben. So greift z.B. der Anbau von Reis auf bewässerten, oft terrassierten Flächen seit Jahrtausenden tiefer in ökologische Prozesse ein als die traditionellen Formen des Ackerbaus in Europa. Die Archäologin Kathleen D. Morrison weist darauf hin, dass die gängigen Modelle des Erdsystems die globalen Effekte des Ackerbaus häufig unterschätzen, weil sie sich an europäischen Bewirtschaftungsformen orientieren. Die Umweltgeschichte Asiens bietet ein komplexeres, vielfältigeres Bild der Interaktion des Menschen mit seiner ökologischen Umwelt, als man es aus Europa und Nordamerika kennt (Morrison 2018: o.S.).

Es überrascht nicht, dass Wissenschaftler in China zu Ruddimans Hypothese vom *Early Anthropocene* neigen (Weigelin-Schwierdzik 2018: 19 f.), das bereits mit dem Übergang zur Sesshaftigkeit und zum agrarischen Energieregime beginnt. Der Historiker Mark Elvin hat gezeigt, dass China seine Umwelt lange vor dem Beginn der westlichen Moderne in großem Stil transformierte. Die frühe Entstehung von Staaten mit einem hocheffizienten Verwaltungsapparat machte gewaltige Infrastrukturprojekte wie den fast 2000 Kilometer langen Kaiserkanal möglich, der den Yangtze mit dem Norden des Landes verband. Dies erlaubte eine viel intensivere, aber auch destruktivere Nutzung ökologischer Ressourcen als in Europa. Daoismus und Buddhismus, von deren Weisheit sich heute so viele Menschen ein ›harmonischeres‹ Naturverhältnis versprechen, verhinderten weder Entwaldung noch Artenverlust (Elvin 2004: 471). Bereits im 13. Jahrhundert hatte China eine Form des Ackerbaus entwickelt, die etwa doppelt so viele Menschen pro Hektar Ackerfläche ernähren konnte wie die europäischen Bewirtschaftungsweisen (Krausmann et al. 2008: 642). Am Ende des 18. Jahrhunderts lebten in China etwa 300 Millionen Menschen, doppelt so viele wie in sämtlichen Ländern West- und Mitteleuropas zusammen. Aber damit operierte das Land am Rande seiner ökologischen Tragfähigkeit. Im Gegensatz zu den europäischen Kolonialmächten konnte es zunächst weder auf Kohle noch auf Importe aus der Neuen Welt zurückgreifen, um diesen Engpass zu überwinden. Während in Großbritannien, später auch in den anderen Ländern Europas die industrielle Revolution begann, versank China zunehmend im Chaos. In den großen Aufständen um die Mitte des 19. Jahrhunderts, die von Hungersnot und Seuchen begleitet wurden, kamen rund hundert Millionen Menschen ums Leben, etwa zwanzig Prozent der Gesamtbevölkerung (Lee/Zhang 2013: 295), während die Qing-Kaiser durch die Angriffe der europäischen Mächte ein ums andere Mal gedemütigt wurden.

So waren China, Indien und viele andere Länder Asiens im 19. Jahrhundert die großen Verlierer der Modernisierung. Nun, da Asien endlich mit dem Westen aufschließt, stößt die Botschaft, die Moderne sei vorbei, auf wenig Interesse. Chinas massive Politik der Hegemonie ist dabei ein Beispiel dafür, wie das Ringen um geopolitische Macht auch heute auf das Erdsystem zurückschlägt. Wurde die *Great Acceleration* vom Kalten Krieg angetrieben, so erleben wir nun eine neue Phase der Rivalität zwischen

Industrie- und Schwellenländern, vor allem aber zwischen Asien und ›dem Westen‹ mit fatalen ökologischen Konsequenzen. Nicht nur die Entwicklung in China selbst, sondern vor allem auch das Projekt einer »neuen Seidenstraße«, die das Land mit Europa und Afrika verbinden und den Handel mit den asiatischen Nachbarn fördern soll (Tracy et al. 2017), wiederholt die gigantischen staatlichen Investitionen in Autobahnen, Eisenbahntrassen, Flughäfen und Staudämme, mit denen die Blöcke des Kalten Krieges ihre Macht ausbauten.

Diese Entwicklung hängt untrennbar mit der Enteignung von Allmendegütern zusammen, die der lokalen Subsistenzwirtschaft dienen. Sie ist ein charakteristisches Merkmal der Entwicklung, die ins Anthropozän geführt hat, und sie ist weiterhin im vollen Gange – nicht nur in Asien, sondern vor allem auch in Afrika und Lateinamerika. Nur dass die Investoren, die die lokalen Regierungen heute mit Arbeitsplätzen und Devisen locken, nicht mehr primär aus den alten Industrieländern stammen, sondern auch aus China und Indien (Pearce 2012). In Ländern wie Indonesien, Kenia oder Brasilien schreitet die Vernichtung der tropischen Regenwälder immer schneller voran. An ihre Stelle treten Soja-, Zuckerrohr- und Palmölplantagen. Der Verlust dieser Wälder ist nicht nur für die Bevölkerung vor Ort eine Katastrophe, weil die Böden in kürzester Zeit auslaugen und unbrauchbar werden. Sie ist es auch global: Tropenwälder gehören zu den artenreichsten Ökosystemen auf der Erde und sie stellen einen der wichtigsten Speicher im globalen Kohlenstoffkreislauf dar. Die Menge an CO_2, die jedes Jahr durch Entwaldung in die Atmosphäre gelangt, ist größer als die, die durch Verbrennungsmotoren erzeugt wird (Scheer/Moss 2019). Allein die Waldbrände in Indonesien, die häufig absichtlich gelegt werden, haben in den vergangenen Jahren mehr CO_2 erzeugt, als in der gesamten Europäischen Union ausgestoßen wird (Huijnen et al. 2016).

Die Aufrechnung von historischen Schulden bringt für ein adäquates Verständnis des Anthropozäns nichts. Die alten Industrienationen in Europa und Nordamerika haben zwar die Transformation des Erdsystems gestartet, aber sie sitzen längst nicht mehr allein am Steuer. Die asiatischen Länder sind heute ein ebenso großer Teil des Problems – und müssen auch ein Teil der Lösung sein – wenn es denn eine gibt.

Auch in dieser Beziehung lohnt es sich, einen kurzen Blick auf China zu werfen. Das Leitbild einer »ökologischen Zivilisation« (*shengtai wenming* 生态文明) spielt seit dem Jahr 2000 eine zunehmend wichtige Rolle in der politischen Agenda der Kommunistischen Partei (Heurtebise/Gaffric 2017). In seiner Ansprache auf dem 19. Parteikongress zählte Xi Jinping 2017 die »Harmonie zwischen Mensch und Natur« zu den vierzehn Zielen, die die Regierung in den kommenden fünf Jahren verfolgen müsse (Xi 2017). Dies waren mehr als nur leere Worte. Die Partei weiß sehr genau, dass die katastrophalen ökologischen Folgen der forcierten Entwicklung des Landes nicht nur ihre politische Legitimation, sondern auch den neu gewonnenen Wohlstand bedrohen. Mehr als irgendein anderes Land bemüht sich China, das Bruttosozialprodukt als Maß wirtschaftlicher Entwicklung durch ein sogenanntes »Green GDP« zu ersetzen, ein Bruttosozialprodukt, das ökologische Kosten einkalkuliert. Bislang ließ sich dieses Projekt nur auf lokaler Ebene umsetzen. Dennoch ist es gut möglich, dass es in Zukunft auch auf nationaler Ebene eingeführt und unter die Kriterien aufgenommen wird, nach denen die Leistungen von Parteikadern bewertet werden. Damit würde China einen globalen Standard für ökologische Wirtschaftspolitik setzen (Weigelin-Schwiedrzik 2018).

Das wäre ein Schock, denn es würde die Überzeugung des Westens Lügen strafen, dass nur eine demokratische Politik den Herausforderungen des Anthropozäns begegnen kann (siehe z.B.

Bonneuil/Fressoz 2016, Purdy 2015). Chinas Weg dagegen scheint eine zwar radikale, aber autoritäre Form des Ökomodernismus zu sein. Sie könnte für Asien durchaus zukunftsweisend werden. Asiatische Städteplaner sehen ›smart cities‹ voraus, in denen das Konsumverhalten der Bewohner permanent überwacht wird. Würde das Grüne Bruttosozialprodukt zur offiziellen Politik, käme den so erhobenen Daten eine zentrale Funktion zu: »Green GDP accounting needs to include data on how individuals use rare resources such as water and energy, treat their waste and take care of their health by eating what they are supposed to eat, sticking to their daily sport activities and refraining from [...] drinking and smoking.« (Weigelin-Schwiedrzik 2018: 34) In Verbindung mit *social credit*-Bewertungssystemen, mit denen die chinesische Regierung seit einigen Jahren experimentiert, könnte daraus ein umfassendes System biopolitischer Kontrolle entstehen, das die Grenze zwischen privater und öffentlicher Sphäre vollständig auflöst.

Ob ein solches System tatsächlich in der Lage wäre, die ökologischen und ökonomischen Probleme des Anthropozäns in den Griff zu bekommen, bleibt offen. Aus westlicher Sicht ist es sicher eine Schreckensvision. Aber das ist auch der Klimawandel. Hier redet man sich gerne ein, man ›rette die Erde‹, indem man mit einer Stofftasche zum Supermarkt geht. Angesichts der eklatanten Unfähigkeit der liberalen Demokratien, ihren Konsum auf ein Maß zurückzuschrauben, das mit der »Permanenz echten menschlichen Lebens auf Erden« vereinbar wäre (Jonas [1979] 1984: 36), sollte man sich also mit der Entrüstung zurückhalten. Wenn die Menschheit eine wünschbare Zukunft haben soll, müssen sich nicht nur unsere Konsumgewohnheiten, sondern auch unsere wirtschaftlichen und politischen Systeme, unsere Infrastruktur, die Formen der Erziehung und der Rechtspflege, unsere Kunst und unser Alltag verändern. Die Wege in eine solche

Zukunft müssen noch gefunden werden und sie werden gewiss nicht überall die gleichen sein. An der Formel, auf die die UN-Klimarahmenkonvention von 1992 diese Einsicht brachte, gibt es nichts zu verbessern. Sie gilt nicht nur für den Klimawandel, sondern überhaupt für die Herausforderungen des Anthropozäns: Die Bewahrung der Erde stellt alle Menschen vor »common but differentiated responsibilities« (United Nations 1992).

HB

Anmerkungen

1 Die französische Originalausgabe von Bonneuil/Fressoz heißt daher »Das *Ereignis* Anthropozän« (*L'événement Anthropocène*), die englische reißerischer »Der Schock des Anthropozäns« (*The Shock of the Anthropocene*).

2 In diesem Papier liefern die Autoren nicht nur ein Update zu den Graphiken aus Steffen et al. (2011) bis ins Jahr 2010, sondern differenzieren auch bei den sozio-ökonomischen Trends nach reichen Industrieländern (OECD), Schwellenländern (BRICS) und dem Rest der Welt. Sie reagieren damit auf die Kritik an der Vereinheitlichung der Menschheit im naturwissenschaftlichen Diskurs zum Anthropozän, siehe dazu weiter unten.

3 Der englische Begriff der »agency« sorgt für einige begriffliche Verwirrung, da er zwei unterschiedliche Dinge bezeichnet: einerseits intentionale Handlungsmacht, andererseits nicht-intentionale Wirkmacht. Das Problem menschlicher Agency im Anthropozän ist, dass aus seiner Handlungsmacht als Nebeneffekt eine nicht-intendierte Wirkmacht entsteht. Umgekehrt verdankt sich die inflationäre Rede von der Agency von Materie, Organismen, Landschaften etc. der Verwechslung von Wirkmacht und Handlungsmacht. Wo das möglich ist, differenzieren wir im Folgenden zwischen Wirk- und Handlungsmacht.

4 Für die Markierung dieser Unterscheidung benutzen wir die Kleinschreibung und Kursivierung, um den *anthropos* des Begriffspaars *homo – anthropos* von der allgemeineren Frage nach dem Menschen als »Anthropos des Anthropozäns« zu unterscheiden.

Mit EH gekennzeichnete Abschnitte sind von Eva Horn verfasst worden, die mit HB gekennzeichneten von Hannes Bergthaller.

Literatur

Adams, J./Ross, A. (2009): The Place Where You Go to Listen, Middletown.

Adorno, T. W. (1970): Gesammelte Schriften, Bd. 7: Ästhetische Theorie, Frankfurt a. M.

Agamben, G. (2002): Homo sacer. Die souveräne Macht und das nackte Leben, Frankfurt a. M.

Agarwal, A./Narain, S. (1991): Global Warming in an Unequal World. A Case of Environmental Colonialism, New Delhi.

Alaimo, S. (2010): Bodily Natures. Science, Environment, and the Material Self, Bloomington.

Anderson, P. W. (1972): »More is different: Broken symmetry and the nature of the hierarchical structure of science«, in: Science: New Series 177 (4047), S. 393–396.

Anderson, T./Leal, D. R. (Hrsg.) (2015): Free Market Environmentalism for the Next Generation, Basingstoke.

Archer, D. (2009): The Long Thaw. How Humans Are Changing the Next 100,000 Years of Earth's Climate, Princeton.

Asafu-Adjaye, J./Blomqvist, L./Brand, S./Brook, B./Defries, R./ Ellis, E./Foreman, C./Keith, D./Lewis, M./Lynas, M./Nordhaus, T./Pielke Jr., R./Pritzker, R./Roy, J./Sagoff, M./Shellenberger, M./Stone, R./Teague, P. (2015): »An Ecomodernist Manifesto«, online unter www.ecomodernism.org (Letzter Zugriff: 13.02.2019).

Assmann, A. (2013): Ist die Zeit aus den Fugen? Aufstieg und Fall des Zeitregimes der Moderne, München.

Auer, M. (2013): Wege zu einer planetarischen Linientreue? Meridiane zwischen Jünger, Schmitt, Heidegger und Celan, Paderborn.

Autin, W. J./Holbrook, J. M. (2012): »Is the Anthropocene an issue of stratigraphy or pop culture?«, in: Geological Society of America Today 22 (7), S. 60–61.

Axelrod, Robert (1984): The Evolution of Cooperation, New York.

Bar-On, Y. M./Philipps, R./Milo, R. (2018): »The Biomass Distribution on Earth«, in: Proceedings of the National Academy of Sciences of the United States of America 115 (25), S. 6506–6511.

Barad, K. (2007): Meeting the Universe Halfway. Quantum Physics and the Entanglement of Matter and Meaning, Durham.

Barnosky, A. D. (2008): »Megafauna Tradeoff as a Driver of Quarternary and Future Extinctions«, in: Proceedings of the National Academy of Sciences of the United States of America 105 (1), S. 11543–11548.

Barry, A./Maslin, M. (2016): »The politics of the anthropocene: a dialogue«, in: Geo: Geography and Environment 3 (2), ohne Seiten.

Barthes, R. [1957] (2010): Mythen des Alltags, Frankfurt a. M.

Baucom, I. (2015): »›Moving Centers‹: Climate Change, Critical Method, and the Historical Novel«, in: Modern Language Quarterly 76 (2), S. 137–157.

Beck, U. (1988): Gegengifte. Die organisierte Unverantwortlichkeit, Frankfurt a. M.

Beer, G. (22000): Darwin's Plots. Evolutionary narrative in Darwin, George Eliot and nineteenth-century fiction, Cambridge.

Bennett, J. [2009] (2010): Vibrant Matter. A Political Ecology of Things, Durham/London.

Benson, M. H./Craig, R. K. (2017): The End of Sustainability. Resilience and the Future of Environmental Governance in the Anthropocene, Lawrence.

Bergermann, U. (2012): »Das Planetarische«, in: Handbuch Mediologie: Signaturen des Medialen, hrsg. von C. Bartz, München, S. 215–220.

Bergthaller, H. (2017): »Fossil Freedoms: The Politics of Emancipation and the End of Oil«, in: The Routledge Companion to the Environmental Humanities, hrsg. von U. K. Heise, J. Christensen und M. Niemann, London, S. 408–416.

Bergthaller, H. (2018): »Climate Change and Un-Narratibility«, in: Metaphora 2, online unter https://metaphora.univie.ac.at/3-Edited_Volumes/23-Volume_2/29-CLIMATE_CHANGE_AND_UN-NARRATABILITY (Letzter Zugriff: 14.02.2019).

Bergthaller, H./Emmett, R./Johns-Putra, A./Kneitz, A./Lidström, S./ McCorristine, S./Pérez Ramos, I./Phillips, D./Rigby, K./Robin, L. (2014): »Mapping Common Ground«, in: Environmental Humanities 5, S. 261–276.

Berkes, F. (2008): »Commons in a Multi-Level World«, in: International Journal of the Commons 2 (1), S. 1–6.
Biermann, F./Bai, X./Bondre, N./Broadgate, W./Chen, C.-T. A./Dube, O. P./Elisman, J. W./Glaser, M./van der Hel, S./Lemos, M. C./Seitzinger, S./Seto, K. C. (2016): »Down to Earth: Contextualizing the Anthropocene«, in: Global Environmental Change 39, S. 341–350.
Blewett, R. A. (1995): »Property Rights as a Cause of the Tragedy of the Commons«, in: Eastern Economic Journal 21 (4), S.477–490.
Blühdorn, I. (2010): »Nachhaltigkeit und Postdemokratische Wende«, in: Vorgänge 2, S. 44–54.
Blumenberg, H. [1966] (1996): Die Legitimität der Neuzeit, Frankfurt a. M.
Böhme, H. (2002): »Natürlich/Natur«, in: Ästhetische Grundbegriffe, Bd. 4, hrsg. von K. Barck et al., Stuttgart/Weimar, S. 432–498.
Bonner, J. T. (2006): Why Size Matters. From Bacteria to Blue Whales, Princeton.
Bonneuil, C. (2015): »The Geological Turn. Narratives of the Anthropocene«, in: The Anthropocene and the Global Environmental Crisis. Rethinking modernity in a new epoch, hrsg. von C. Hamilton, F. Gemenne und C. Bonneuil, New York/London, S. 17–31.
Bonneuil, C./Fressoz, J.-B. (2016): The Shock of the Anthropocene: The Earth, History and Us, London/New York.
Boulding, K. E. (1966): »The Economics of the Coming Spaceship Earth«, in: Environmental Quality in a Growing Economy, hrsg. von K. E. Boulding und H. Jarrett, Baltimore, S. 3–14.
Braidotti, R. (2013): The Posthuman, London.
Brand, S. (2009): Whole Earth Discipline. An Ecopragmatist Manifesto, London.
Brennan, A. (2006): »Book Review: Bruno Latour, ›Politics of Nature‹«, in: Environmental Ethics 28 (2), S. 221–223.
Brooke, J. L./Otter, C. (2016): »Concluding Remarks: The Organic Anthropocene«, in: Eighteenth-Century Studies 49 (2), S. 281–302.
Brousseau, E./Dedeurwaerdere, T./Jouvet, P.-A./Willinger, M. (Hrsg.) (2012): Global Environmental Commons. Analytical and Political Challenges in Building Governance Mechanisms, Oxford.
Bryant, L. R. (2011): The Democracy of objects, Michigan.

Bubandt, N./Haraway, D./Noboru, I./Gilbert, S. F./Olwig, K./Tsing, A. L. (2016): »Anthropologists Are Talking – About the Anthropocene«, in: Ethnos 81 (3), S. 535–564.
Buckminster Fuller, R. (1968): Operating Manual for Spaceship Earth, Carbondale.
Buffon, G.-L. [1778] (1780): Les Époques de la Nature, Paris.
Campbell, M. (2012): »Why the Silence on Population?«, in: Life of the Brink. Environmentalists Confront Overpopulation, hrsg. von P. Cafaro und E. Christ, Athens, S. 41–55.
Caradonna, J. (2014): Sustainability. A History, Oxford.
Catton, W. R. (1980): Overshoot. The Ecological Basis of Revolutionary Change, Urbana.
Chakrabarty, D. (2009): »The Climate of History: Four Theses«, in: Critical Inquiry 35 (2), S. 197–222.
Chakrabarty, D. (2012): »Postcolonial Studies and the Challenge of Climate Change«, in: New Literary History 43 (1), S. 1–18.
Chakrabarty, D. (2014): »Climate and Capital: On Conjoined Histories«, in: Critical Inquiry 41 (1), S. 1–23.
Chakrabarty, D. (2015): »The Human Condition in the Anthropocene«, The Tanner Lectures in Human Values, Yale University, February 18-19, 2015, online unter https://tannerlectures.utah.edu/Chakrabarty%20manuscript.pdf (Letzter Zugriff: 13.02.2019).
Chakrabarty, D. (2016): »Humanities in the Anthropocene«, in: New Literary History 47 (2-3), S. 377–397.
Chakrabarty, D. (2018): »Anthropocene Time«, in: History and Theory 57 (1), S. 5–32.
Childe, V. G. (1941): Man Makes Himself, London.
Christian, D. (2010): »The Return of Universal History«, in: History and Theory 49 (4), S. 6–27.
Christian, D. (22011): Maps of Time. An introduction to Big History, Berkeley.
Clark, N. (2011): Inhuman Nature. Sociable Life on a Dynamic Planet, London.
Clark, T. (2012): »Scale«, in: Telemorphosis: Theory in the Era of Climate Change 1, hrsg. von T. Cohen, online unter https://quod.lib.umich.edu/o/ohp/10539563.0001.001/1:8/--telemorphosis-theory-in-the-era-of-climate-change-vol-1?rgn=div1;view=fulltext (Letzter Zugriff: 08.01.2019).

Clark, T. (2015): Ecocriticism at the Edge. The Anthropocene as a Threshold Concept, London/New York.
Clarke, B. (2011): »Steps to an Ecology of Whole Systems«, in: Addressing Modernity: Social Systems Theory and U.S. Cultures, hrsg. von H. Bergthaller und C. Schinko, Amsterdam, S. 259–288.
Clarke, B. (2017): »Planetary Immunity: Biopolitics, Gaia Theory, the Holobiont, and the Systems Counterculture«, in: General Ecology. The New Ecological Paradigm, hrsg. von E. Hörl und J. E. Burton, London, S. 193–215.
Clarke, M. T./Wittenberg, D. (Hrsg.) (2017): Scale in Literature and Culture, London.
Clutton-Brock, J. (^{2}1999): A Natural History of Domesticated Mammals, Cambridge.
Cohen, J. J. (2015): »The Sea Above«, in: Elemental Ecocriticism. Thinking with Earth, Air, Water, and Fire, hrsg. von J. J. Cohen und L. Duckert, Minneapolis, S. 105–133.
Colebrook, C. (2013): »Framing the End of the Species«, in: Symploke 21 (1), S. 51–63.
Colebrook, C. (2017): »We Have Always Been Post-Anthropocene«, in: Anthropocene Feminism, hrsg. von R. Grusin, Minneapolis, S. 1–20.
Commoner, B. (1971): The Closing Circle. Nature, Man, and Technology, New York.
Connelly, M. (2008): Fatal Misconception. The Struggle to Control World Population, Cambridge.
Coole, D./Frost, S. (Hrsg.) (2010): New Materialisms. Ontology, Agency, and Politics, Durham.
Cornell, S. (2015): »Planetary Boundaries. Some Questions and Answers, Stockholm Resilience Center«, online unter http://www.stockholmresilience.org/download/18.3110ee8c1495db744326bf5/1459560166869/Planetary+Boundaries+Q+and+A+Ja (Letzter Zugriff: 14.02.2019).
Cosgrove, D. (1994): »Contested Global Visions«, in: Annals of the Association of American Geographers 84 (2), S. 270–294.
Cottrell, W. F. [1955] (2009): Energy and Society, Bloomington.
Crist, E. (2013): »On the Poverty of our Nomenclature«, in: Environmental Humanities 3, S. 129–147.
Cronon, W. (1991): Nature's Metropolis. Chicago and the Great West, New York.

Cronon, W. (1995): »The Trouble with Wilderness, or: Getting Back to the Wrong Nature«, in: Uncommon Ground. Rethinking the Human Place in Nature, hrsg. von W. Cronon, New York, S. 69–90.

Cronon, W. [1983] (2003): Changes in the Land. Indians, Colonists, and the Ecology of New England, neue, revidierte Aufl., New York.

Crosby, A. (1972): The Columbian Exchange. Biological and Cultural Consequences of 1492, Westport.

Crosby, A. (1986): Ecological Imperialism. The Biological Expansion of Europe, 900-1900, New York.

Crutzen, P. J. (2002): »The Geology of Mankind«, in: Nature 415 (6867), S. 23.

Crutzen, P. J./Stoermer, E. F. (2000): »The ›Anthropocene‹«, in: Global Change Newsletter, IGBP 41, Mai 2000, S. 17–18, online unter http://www.igbp.net/publications/globalchangemagazine/globalchangemagazine/globalchangenewslettersno4159.5.5831d9ad13275d51c098000309.html (Letzter Zugriff: 14.02.2019).

Dalby, S. (2015): »Framing the Anthropocene«, in: The Anthropocene Review 3 (1), S. 33–51.

Daly, H. E. [1973] (1993): »The Steady-State Economy«, in: Valuing the Earth: Economics, Ecology, Ethics, hrsg. von H. E. Daly und K. E. Boulding, Cambridge, S. 325–366.

Darwin, C. (1859): On the Origin of Species, London.

Daston, L./Vidal, F. (Hrsg.) (2004): The Moral Authority of Nature, Chicago.

Daston, L./Galison, P. (2007): Objektivität, Frankfurt a. M.

Davies, J. (2016): The Birth of the Anthropocene, Oakland.

Davis, H./Turpin, E. (2015): Art in the Anthropocene. Encounters Among Aesthetics, Politics, Environments and Epistemologies, London.

DeLillo, D. (2010): Point Omega, New York.

Descola, P. [2005] (2013): Beyond Nature and Culture, Chicago.

Diamond, J. (2005): Collapse. How Societies Choose to Fail or Succeed, New York.

Dubos, A. J.-B. (1719): Réflexions critiques sur la poesie et sur la peinture, 2 Bände, Paris.

Dürbeck, G. (2018): »Narrative des Anthropozäns. Systematisierung eines interdisziplinären Diskurses«, in: Kulturwissenschaftliche Zeitschrift 3 (1), S. 1–20.

Eames, C./Eames, R. (1977): Powers of Ten, USA, Film, 9'.

Edgeworth, M. et al. (2015): »Diachronous beginnings of the Anthropocene«, in: The Anthropocene Review 2015 2 (1), S. 33–58.

Edwards, P. N. (2010): A Vast Machine. Computer Models, Climate Data, and the Politics of Global Warming, Cambridge.

Edwards, P. N. (2017): »Knowledge Infrastructures for the Anthropocene«, in: The Anthropocene Review 4(1), S. 34–43.

Ehrenfeld, D. (1978): The Arrogance of Humanism, Oxford.

Ehrlich, P. R. (1968): The Population Bomb, New York.

Ehrlich, P. R./Holdren, J. P. (1971): »Impact of Population Growth«, in: Science 171 (3977), S. 1212–1217.

Ellis, E. C. (2011): »The Planet of No Return. Human Resilience on an Artificial Earth«, in: Breakthrough Journal 2, S. 39–44.

Ellis, E. C. (2016): »Why Is Human Niche Construction Transforming Planet Earth?«, in: RCC Perspectives 5: MOLDING THE PLANET: Human Niche Construction at Work, S. 63–70.

Ellis, E. C. (2018): The Anthropocene. A very short introduction, Oxford.

Ellis, E. C. et al. (2013): »Used Planet: A Global History«, in: Proceedings of the National Academy of Sciences 110 (20), S. 7978–7985.

Elvin, M. (2004): The Retreat of the Elephants. An Environmental History of China, New Haven.

Engels, F. (1845): Die Lage der arbeitenden Klasse in England, Leipzig, online unter http://gutenberg.spiegel.de/buch/die-lage-der-arbeitenden-klasse-in-england-5095/1 (Letzter Zugriff: 14.02.2019).

Federici, S. (2004): Caliban and the Witch, Brooklyn.

Finney, S. C./Edwards, L. E. (2016): »The ›Anthropocene‹ epoch: scientific decision or political statement?«, in: Geological Society of America Today 26 (3-4), S. 4–10.

Fischer-Kowalski, M./Krausmann, F./Palua, I. (2014): »A Sociometabolic Reading of the Anthropocene«, in: The Anthropocene Review 1 (1), S. 8–33.

Fogel, R. W. (1994): »The Relevance of Malthus for the Study of Mortality Today«, National Bureau of Economic Research, Historical Wor-

king Paper 54, online unter http://www.nber.org/papers/h0054 (Letzter Zugriff: 14.02.2019).
Foucault, M. [1976] (1983): Der Wille zum Wissen, Frankfurt a. M.
Foucault, M. [1992] (2001): In Verteidigung der Gesellschaft, Frankfurt a. M.
Fourier, C. (1847): »Détérioration matérielle de la planète«, in: La Phalange 16 (6), S. 401–440, 497–536.
Fourier, C. [1808/1841] (2009): Théorie des quatre mouvements, Dijon.
Fressoz, J.-B. (2010): »Eugène Huzar et l'invention du catastrophisme technologique«, in: Romantisme 150 (4), S. 97–103.
Fressoz, J.-B. (2016): »L'anthropocène et l'esthétique du sublime«, in: Sublime. Les tremblements du monde, Ausstellungskatalog, hrsg. von H. Guenin, Metz, S. 44–49.
Friedman, T. (2010): »Global Weirding is Here«, in: The New York Times, 17.02.2010.
Frisch, M. (1979): Der Mensch erscheint im Holozän, Frankfurt a. M.
Galton, F. (1865): »Hereditary Character and Talent«, in: MacMillan's Magazine 12, S. 318–327, online unter http://galton.org/essays/1860-1869/galton-1865-hereditary-talent.pdf (Letzter Zugriff: 14.02.2019).
Gehlen, A. [1940] (1971): Der Mensch: Seine Natur und seine Stellung in der Welt, Berlin.
Gehlen, A. (1957): Die Seele im technischen Zeitalter. Sozialpsychologische Probleme in der industriellen Gesellschaft, Reinbek bei Hamburg.
Georgescu-Roegen, N. (1971): The Entropy Law and the Economic Process, Cambridge.
Ghosh, A. (2017): Die große Verblendung. Der Klimawandel als das Undenkbare, München.
Giddens, A. (1991): The Consequences of Modernity, Cambridge.
Gladwell, M. ([2]2002): Tipping Point. Wie kleine Dinge Großes bewirken können, München.
Glikson, A. (2013): »Fire and Human Evolution«, in: Anthropocene 3, S. 89–92.
Goodbody, A. (2013): »Melting Ice and the Paradoxes of Zeno«, in: Ecozon@ 4 (2), S. 92–102, online unter http://ecozona.eu/article/view/502/542 (Letzter Zugriff: 14.02.2019).
Goodbody, A./Johns-Putra, A. (2018): Cli-Fi. A Companion, Oxford.

Grinevald, J. (1996): »Sketch for a History of the Idea of the Biosphere«, in: Gaia in Action, Science of the Living Earth, hrsg. von P. Bunyard, Edinburgh, S. 34–53.

Grinevald, J. (2007): La Biosphère de l'Anthropocène. Climat et pétrole, la double menace. Repères transdisciplinaires (1824–2007), Genf.

Grinevald, J./Rispoli, G. (2018): »Vladimir Vernadsky and the co-evolution of the biosphere, the noosphere, and the technosphere«, in: Technosphere Magazine, S. 1–9, online unter https://technosphere-magazine.hkw.de/p/Vladimir-Vernadsky-and-the-Co-evolution-of-the-Biosphere-the-Noosphere-and-the-Technosphere-nuJGbW9KPxrREPxXxz95hr (Letzter Zugriff: 19.03.2019).

Guénin, H. (Hrsg.) (2016): Sublime. Le tremblement du monde, Metz.

Guillaume, B. (2014): »Vernadsky's philosophical legacy: A perspective from the Anthropocene«, in: The Anthropocene Review 1 (2), S. 137–146.

Haberl, H./Fischer-Kowalski, M./Krausmann, F./Winiwarter, V. (Hrsg.) (2016): Social Ecology. Society-Nature Relations across Time and Space, Berlin.

Haeckel, E. ([2]1870): Natürliche Schöpfungsgeschichte. Gemeinverständliche wissenschaftliche Vorträge, Berlin.

Haff, P. K. (2013): »Technology as a geological phenomenon: Implications for human well-being«, in: Geological Society: Special Publications 395 (1), S. 301–309.

Haff, P. K. (2014): »Humans and technology in the Anthropocene: Six rules«, in: The Anthropocene Review 1 (2), S. 126–136.

Haff, P. K. (2017): »Being human in the Anthropocene«, in: The Anthropocene Review 4 (2), S. 103–109.

Hajer, M. A. (1995): The Politics of Environmental Discourse. Ecological Modernization and the Policy Process, Oxford.

Haldane, J. B. S. (1926): »On Being the right size«, in: Harper's Magazine, March.

Hamblin, J. D. (2013): Arming Mother Nature. The Birth of Catastrophic Environmentalism, Oxford.

Hamilton, C. (2014): »Ecologists butt out: You are not entitled to redefine the Anthropocene«, Blogbeitrag zu The Anthropocene Review, 18.08.2014, online unter http://www.theanthropocenereview.com/2014/08/ecologists-butt-out-you-are-not.html (Letzter Zugriff: 08.01.2019).

Hamilton, C. (2015a): »Getting the Anthropocene so Wrong«, in: The Anthropocene Review 2 (2), S. 102–107.
Hamilton, C. (2015b): »The Theodicy of the ›Good Anthropocene‹«, in: Environmental Humanities 7 (1), S. 233–238.
Hamilton, C. (2016): »The Anthropocene as rupture«, in: The Anthropocene Review 3 (2), S. 93-106.
Hamilton, C. (2017): Defiant Earth. The Fate of Humans in the Anthropocene, London/Cambridge.
Hamilton, C./Grinevald, J. (2015): »Was the Anthropocene anticipated?«, in: The Anthropocene Review 2 (1), S. 59–72.
Handke, P. (1979): Langsame Heimkehr, Frankfurt a. M.
Harari, Y. N. (2013): Eine kurze Geschichte der Menschheit, München.
Haraway, D. (1997): Modest_Witness@Second_Millenium.FemaleMan_Meets_OncomouseTM, London.
Haraway, D. (2003): The Companion Species Manifesto. Dogs, People, and significant otherness, Chicago/Bristol.
Haraway, D. (2008): When Species Meet, Minnesota/London.
Haraway, D. (2015): »Anthropocene, Capitalocene, Plantationocene, Chthulucene: Making Kin«, in: Environmental Humanities 6 (1), S. 159–165.
Haraway, D. (2016): Staying with the Trouble: Making Kin in the Chthulucene, Durham/London.
Haraway, D. (2017): »Tentakulär denken. Anthropozän, Kapitalozän, Chthuluzän«, in: Auf Tuchfühlung, Eine Wissensgeschichte des Tastsinns, hrsg. von K. Harrasser, Frankfurt a. M./New York, S. 209–237.
Haraway, D. (2018): Unruhig bleiben: Die Verwandtschaft der Arten im Chthuluzän, Frankfurt a. M./New York.
Hardin, G. (1968): »The Tragedy of the Commons«, in: Science 162 (3859), S. 1243–1248.
Hardin, G. (1974): »Lifeboat Ethics. The Case Against Helping the Poor«, online unter http://www.garretthardinsociety.org/articles/art_lifeboat_ethics_case_against_helping_poor.html (Letzter Zugriff: 14.02.2019).
Harman, P. M. (1982): Energy, Force and Matter. The Conceptual Development of Nineteenth-Century Physics, Cambridge.
Harvey, D. (2003): The New Imperialism, Oxford.
Hays, S. P. (1959): Conservation and the Gospel of Efficiency. The Progressive Conservation Movement, 1890–1920, Cambridge.

Heidegger, M. [1953] (2000): »Die Frage nach der Technik«, in: Vorträge und Aufsätze, Gesamtausgabe Bd. 7, Frankfurt a. M., S. 5–36.
Heise, U. (2008): Sense of Place and Sense of Planet. The Environmental Imagination of the Global, Oxford.
Herder, J. G. (1772): Abhandlung über den Ursprung der Sprache, welche den von der Königlichen Akademie der Wissenschaften für das Jahr 1770 gesezten Preis erhalten hat, Berlin.
Herder, J. G. [1784–1791] (2002): »Ideen zu einer Philosophie der Geschichte der Menschheit. Text«, in: Werke Bd. III/1: Text u. 2: Kommentar, hrsg. von W. Proß, München/Wien.
Heringman, N. (2015): »Deep Time at the dawn of the Anthropocene«, in: Representations 129 (1), S. 56–85.
Hess, F. (2001): Air Pressure Fluctuations, CD, Berlin, 21'.
Heurtebise, J.-Y./Gaffric, G. (2017): »Éco-Orientalisme et ›civilisation écologique‹«, in: La Chine face au mur de l'environnement?, hrsg. von J.-P. Maréchal, Paris, S. 175–194.
Hoff, M. (2018): »As Insect Populations Decline, Scientists Are Trying to Understand Why«, in: Scientific American, 01.11.2018, online unter https://www.scientificamerican.com/article/as-insect-populations-decline-scientists-are-trying-to-understand-why/ (Letzter Zugriff: 02.03.19).
Hofstadter, R. (1944): Social Darwinism in American Thought, 1860–1915, Philadelphia.
Holland, H. D. (2006): »The Oxygenation of the Atmosphere and Oceans«, in: Philosophical Transactions of the Royal Society B (361), S. 903–915, online unter https://www.ncbi.nlm.nih.gov/pmc/articles/PMC1578726/pdf/rstb20061838.pdf (Letzter Zugriff: 14.02.2019).
Hönisch, B. et al. (2012): »The geological record of ocean acidification«, in: Science 335 (6072), S. 1058–1063.
Horn, E. (2009): »Das Leben ein Schwarm. Emergenz und Evolution in moderner Science Fiction«, in: Schwärme – Kollektive ohne Zentrum: Eine Wissensgeschichte zwischen Leben und Information, hrsg. von E. Horn und L. Gisi, Bielefeld, S. 101–124.
Horn, E. (2013): »Überlebensgemeinschaften. Zur Biopolitik der Katastrophe«, in: Merkur 67 (773), S. 992–1004.
Horn, E. (2014): Zukunft als Katastrophe, Frankfurt a. M.

Horn, E. (2016a): »Air conditioning«, in: Climates: Architecture and the Planetary Imaginary, hrsg. von J. Graham, Zürich/New York, S. 233–243.

Horn, E. (2016b): »Klimatologie um 1800. Zur Genealogie des Anthropozäns«, in: Zeitschrift für Kulturwissenschaften 1, S. 87–102.

Horn, E. (2017): »Jenseits der Kindeskinder: Nachhaltigkeit im Anthropozän«, in: Merkur 71 (814), S. 5–17.

Hornborg, A. (2013): Global Ecology and Unequal Exchange. Fetishism in a Zero-sum World, London.

Houser, H. (2014): Ecosickness in Contemporary U.S. Fiction, Environment and Affect, New York.

Huijnen, V./Wooster, M. J./Kaiser, J. W./Gaveau, D. L. A./Flemming, J./Parrington, M./Inness, A./Murdiyarso, D./Main, B./van Weele, M. (2016): »Fire Carbon Emissions Over Maritime Southeast Asia in 2015 Largest Since 1997«, in: Scientific Reports 6 (26886), online unter https://www.nature.com/articles/srep26886 (Letzter Zugriff: 12.03.2019).

Humboldt, A. v. (1845-1862): Kosmos, Entwurf einer physischen Weltbeschreibung, 5 Bände, Stuttgart.

Huzar, E. (1857): L'Arbre de la science, Paris.

Ingold, T. (2000): »Globes and Spheres: The Topology of Environmentalism«, in: The Perception of the Environment, London/New York, S. 209–218.

Iovino, S./Oppermann, S. (2012): »Material Ecocriticism: Materiality, Agency and Models of Narrativity«, in: Ecozon@ 3 (1), S. 75–91, online unter http://ecozona.eu/article/viewFile/452/477 (Letzter Zugriff: 14.02.2019).

Jaspers, K. [1931] (1971): Die geistige Situation der Zeit, Berlin.

Jenerette, G. D./Wu, J. (2000): »On the Definition of Scale«, in: Bulletin of the Ecological Society of America 81 (1), S. 104–105.

Johnson, M. R. (2005): Aristotle on Teleology, Oxford.

Jonas, H. [1979] (1984): Das Prinzip Verantwortung. Versuch einer Ethik für die technologische Zivilisation, Frankfurt a. M.

Jonsson, F. A. (2014): »Island, Nation, Planet: Malthus in the Enlightenment«, in: New Perspectives on Malthus, hrsg. von R. J. Mayhew, Cambridge, S. 128–152.

Kainulainen, M. (2013): »Saying Climate Change«, in: Symploke 21 (1-2), S. 109–123.

Kander, A./Malanima, P./Warde, P. (2013): Power to the People. Energy in Europe over the Last Five Centuries, Princeton.
Kant, I. [1787] (1904, 1911): Kritik der reinen Vernunft, Akademieausgabe Bd. 3, Berlin.
Kant, I. [1788] (1913): Kritik der praktischen Vernunft, Akademieausgabe Bd. 5, Berlin.
Kant, I. [1790] (1913): Kritik der Urteilskraft, Akademieausgabe Bd. 5, Berlin.
Kant, I. [1798] (1995): »Anthropologie in pragmatischer Absicht«, in: Schriften zur Anthropologie, Geschichtsphilosophie, Politik und Pädagogik 2, Frankfurt a. M., S. 399–690.
Kaplan, E. A. (2016): Climate Trauma, Foreseeing the Future in Dystopian Film and Fiction, New Brunswick/London.
Kareiva, P./Lalasz, R./Marvier, M. (2001): »Conservation in the Anthropocene«, in: Breakthrough Journal 2 (Fall), online unter https://thebreakthrough.org/journal/issue-2/conservation-in-the-anthropocene (Letzter Zugriff: 13.02.2019).
Kharas, H. (2017): »The Unprecedented Expansion of the Global Middle-Class. An Update«, Brookings Global Economy and Development Working Paper 100, online unter https://www.brookings.edu/wp-content/uploads/2017/02/global_20170228_global-middle-class.pdf (Letzter Zugriff: 14.02.2019).
Kirksey, S. E./Helmreich, S. (2010): »The Emergence of Multispecies Ethnography«, in: Cultural Anthropology 25 (4), S. 545–576.
Knutti, R. (2014): »Keine Trendwende beim CO2-Ausstoß«, online unter https://www.ethz.ch/de/news-und-veranstaltungen/eth-news/news/2014/09/keine-trendwende-beim-co2-ausstoss.html (Letzter Zugriff: 01.03.2019).
Kolbert, E. (2014): The Sixth Extinction. An Unnatural History, New York.
Koselleck, R. (1989): »›Erfahrungsraum‹ und ›Erwartungshorizont‹ – zwei historische Kategorien«, in: Vergangene Zukunft: Zur Semantik geschichtlicher Zeiten, Frankfurt a. M., S. 349–375.
Krausmann, F./Fischer-Kowalski, M./Schandl, H./Eisenmenger, N. (2008): »The Global Sociometabolic Transition«, in: Journal of Industrial Ecology 12 (5-6), S. 637–656.

Kricher, J. (2009): The Balance of Nature. Ecology's Enduring Myth, Princeton.

Kunnas, J. (2017): »Storytelling: From the early Anthropocene to the good or the bad Anthropocene«, in: The Anthropocene Review 4 (2), S. 136–150.

Lamarck, J.-B. (1802): Hydrogéologie, Paris.

Lansing, J. S./de Vet, T. A. (2012): »The Functional Role of Balinese Water Temples: A Response to Critics«, in: Human Ecology 40 (3), S. 453–467.

Latour, B. [1991] (1993): We Have Never Been Modern, Cambridge.

Latour, B. (2001): Das Parlament der Dinge. Naturpolitik, Frankfurt a. M.

Latour, B. (2004): »Why Has Critique Run out of Steam?«, in: Critical Inquiry 30 (2), S. 225–248.

Latour, B. (2010): »Ein Versuch, das ›Kompositionistische Manifest‹ zu schreiben«, online unter https://www.heise.de/tp/features/Ein-Versuch-das-Kompositionistische-Manifest-zu-schreiben-3384467.html (Letzter Zugriff: 24.02.2019).

Latour, B. (2011): »Love Your Monsters. Why We Must Care for Our Technologies as We Do for Our Children«, in: Breakthrough Journal 2, S. 21–28.

Latour, B. (2013): An Inquiry into the Modes of Existence. An Anthropology of the Moderns, Cambridge.

Latour, B. (2014): »Agency in the Time of the Anthropocene«, in: New Literary History 45 (1), S. 1–18.

Latour, B. (2016): Reset Modernity!, Field Book, English, online unter http://www.bruno-latour.fr/sites/default/files/downloads/RESET-MODERNITY-GB.pdf (Letzter Zugriff: 14.02.2019).

Latour, B. (2017): Kampf um Gaia: Acht Vorträge über das neue Klimaregime, Berlin.

Latour, B. (2018): Das Terrestrische Manifest, Berlin.

Le Roy Ladurie, E. (1969): Les Paysans de Languedoc, Paris.

Le Roy Ladurie, E. [1973] (1977): »Motionless History«, in: Social Science History 1 (2), S. 115–136.

Le Roy, E. (1928): Les origines humaines et l'evolution de l'intelligence, Paris.

Lee, H. F./Zhang, D. D. (2013): »A Tale of Two Population Crises in Recent Chinese History«, in: Climatic Change 116 (2), S. 285–308.

LeMenager, S. (2012): »The Aesthetics of Petroleum, after Oil!«, in: American Literary History 24 (1), S. 59–86.

Lenton, T. (2016): Earth Systems Science. A Very Short Introduction, Oxford.

Levin, S. A. (1992): »The Problem of Pattern and Scale«, in: Ecology 73 (6), S. 1943–1967.

Lewis, S. L./Maslin, M. A. (2015a): »Defining the Anthropocene«, in: Nature 519 (7542), S. 171–180.

Lewis, S. L./Maslin, M. A. (2015b): »Anthropocene: Earth System, geological, philosophical and political paradigm shifts«, in: The Anthropocene Review 2 (2), S. 108–116.

Lewis, S. L./Maslin, M. A. (2018a): The Human Planet: How We Created the Anthropocene, London.

Lewis, S. L./Maslin, M. A. (2018b): »Welcome to the Anthropocene«, in: IPPR Progressive Review 25 (2), S. 214–219.

Lindemann, G. (2011): »On Latour's Social Theory and Theory of Society, and His Contribution to Saving the World«, in: Human Studies 34 (1), S. 93–110.

Locher, F./Fressoz, J.-B. (2012): »Modernity's Frail Climate: A Climate History of Environmental Reflexivity«, in: Critical Inquiry 38 (3), S. 579–598.

Lovejoy, A. O. [1936] (2015): Die große Kette der Wesen, Frankfurt a. M.

Lovelock, J. E. (1979): Gaia. A new look at Life on Earth, Oxford.

Lovelock, J. E. (^{2}1992): Gaia: Die Erde ist ein Lebewesen, Bern/München/Wien.

Lovelock, J. E. (2006): The Revenge of Gaia, London.

Lovelock, J. E. (2009): The Vanishing Face of Gaia. A Final Warning, New York.

Lovelock, J. E./Margulis, L. (1974a): »Atmospheric Homeostasis by and for the Biosphere: The Gaia Hypothesis«, in: Tellus 26 (1-2), S. 2–10.

Luke, T. W. (1995): »On Environmentality: Geo-Power and Eco-Knowledge in the Discourses of Contemporary Environmentalism«, in: Cultural Critique 31, S. 57–81.

Lyell, C. [1830-33] (1997): Principles of Geology, London.

Lynas, M. (2011): The God Species. Saving the Planet in the Age of Humans, London.

Lyotard, J.-F. (1984): The Postmodern Condition, Minneapolis.

Malm, A./Hornborg, A. (2014): »The geology of mankind? A critique of the Anthropocene narrative«, in: The Anthropocene Review 1 (1), S. 62–69.

Malm, A. (2016): Fossil Capital. The Rise of Steam Power and the Roots of Global Warming, London/New York.

Malthus, T. R. (1798): Essay on the Principle of Population, London.

Margonelli, L. (2018): Underbug. An Obsessive Tale of Termites and Technology, New York.

Margulis, L./Lovelock, J. E. (1974b): »Biological Modulation of the Earth's Atmosphere«, in: Icarus 21 (4), S. 471–489.

Marris, E./Kareiva, P./Mascaro, J./Ellis, E. C. (2011): »Hope in the Age of Man«, in: The New York Times, 07.12.2011, online unter https://www.nytimes.com/2011/12/08/opinion/the-age-of-man-is-not-a-disaster.html (Letzter Zugriff: 13.02.2019).

Marsh, G. P. (1864): Man and Nature, or: Physical Geography as modified by human action, New York.

Marsh, G. P. (1874): The earth as modified by human action. A new edition of ›Man and Nature‹, New York.

Mayhew, R. J. (2016): »The Publication Bomb: the Birth of Modern Environmentalism and the Editing of Malthus's Essay«, in: New Perspectives on Malthus, hrsg. von R. J. Mayhew, Cambridge, S. 240–266.

McKibben, B. [1989] (1992): Das Ende der Natur, München.

McNeill, J. R. (2016): »Introductory Remarks: The Anthropocene and the Eighteenth Century«, in: Eighteenth-Century Studies 49 (2), S. 117–128.

McNeill, J. R./Engelke, P. (2016): The Great Acceleration. An Environmental History of the Anthropocene since 1945, Boston.

McNeill, W. (1976): Plagues and Peoples, Garden City.

Meadows, D./Meadows, D./Randers, J./Behrens III, W. W. (1972): Die Grenzen des Wachstums. Bericht des Club of Rome zur Lage der Menschheit, Stuttgart.

Medovoi, L. (2010): »The Biopolitical Unconscious«, in: Mediations 24 (2), S. 122–139.

Michelet, J. (1831): Introduction à l'histoire universelle, Paris.

Mitchell, D. (2004): Cloud Atlas, London.

Mitchell, T. (2011): Carbon Democracy, London.

Mitman, G. (1992): The State of Nature. Ecology, Community, and American Social Thought, 1900–1950, Chicago.
Montesquieu, C. L. S. de [1742] (1992): Vom Geist der Gesetze, Tübingen.
Moore, B./Underdal, A./Lemke, P./Loreau, M. (2001): »Amsterdam Declaration on Earth Systems Sciences 2001«, online unter http://www.igbp.net/about/history/2001amsterdamdeclarationonearthsystemscience.4.1b8ae20512db692f2a680001312.html (Letzter Zugriff: 13.02.2019).
Moore, J. W. (2013): »Anthropocene, Capitaloscene, and the Myth of Industrialization«, Part I-III, online unter https://jasonwmoore.wordpress.com (Letzter Zugriff: 13.02.2019).
Moore, J. W. (Hrsg.) (2016a): Anthropocene or Capitalocene? Nature, History, and the Crisis of Capitalism, Oakland.
Moore, J. W. (2016b): »Name the System! Anthropocenes & the Capitalocene Alternative«, 09.10.2016, online unter https://jasonwmoore.wordpress.com/2016/10/09/name-the-system-anthropocenes-the-capitalocene-alternative/#_ftnref1 (Letzter Zugriff: 19.03.2019).
Morris, I. (2015): Foragers, Farmers, and Fossil Fuels. How Human Values Evolve, Princeton.
Morrison, K. D. (2018): »Provincializing the Anthropocene: Eurocentrism in the Earth System«, in: At Nature's Edge. The Global Present and Long-term History, hrsg. von G. Cederlöf und M. Rangarajan, New Delhi. Kindle.
Morton, T. (2007): Ecology Without Nature. Rethinking Environmental Aesthetics, Cambridge.
Morton, T. (2013): Hyperobjects, Philosophy and Ecology after the End of the World, Minneapolis.
Morton, T. (2016): Dark Ecology. For a Logic of Future Coexistence, New York.
Nally, D. (2016): »Imagine All the People: Rockefeller Philanthropy, Malthusian Thinking and the ›Peasant Problem‹ in Asia«, in: New Perspectives on Malthus, hrsg. von R. J. Mayhew, Cambridge, S. 208–239.
Nash, R. (1967): Wilderness and the American Mind, New Haven.
National Aeronautics and Space Administration (1986): Earth System Science. Overview. A Program for Global Change, Washington, online

unter https://www.nap.edu/catalog/19210/earth-system-science-overview-a-program-for-global-change (Letzter Zugriff: 14.02.2019).
Nielsen, R. L. (2017): »Historical Corn Grain Yields for the US«, online unter https://www.agry.purdue.edu/ext/corn/news/timeless/yieldtrends.html (Letzter Zugriff: 14.02.2019).
Nixon, R. (2011): Slow violence and the environmentalism of the poor, Cambridge.
Nixon, R. (2012): »Neoliberalism, Genre, and ›the Tragedy of the Commons‹«, in: PMLA 127 (3), S. 593–599.
Nordhaus, T./Shellenberger, M. [2004] (2005): »The Death of Environmentalism: Global Warming Politics in a Post-Environmental World«, in: Grist, 14.01.2005, online unter https://grist.org/article/doe-reprint/(Letzter Zugriff: 18.03.2019).
Norgaard, R. (2015): »The Church of Economism and Its Discontents«, in: Great Transition Initiative, December 2015, online unter http://www.greattransition.org/publication/the-church-of-economism-and-its-discontents (Letzter Zugriff: 13.02.2019).
Nye, D. (1990): Electrifying America. Social Meanings of a New Technology, Cambridge.
Odum, E. P. (1953): Fundamentals of Ecology, Philadelphia.
Odum, H. T. (1971): Environment, Power, and Society, New York.
Olmstead, A. L./Rhode, P. W. (2008): Creating Abundance. Biological Innovation and American Agricultural Development, Cambridge.
Olsen, M. (1965): The Logic of Collective Action. Public Goods and the Theory of Groups, Cambridge.
Orb Media (2017): »Invisibles. The plastic inside us«, online unter https://orbmedia.org/stories/invisibles_plastics? (Letzter Zugriff: 12.03.2019).
Osborn, F. (1948): Our Plundered Planet, New York/Boston.
Ostrom, E. (1990): Governing the Commons: The Evolution of Institutions for Collective Action, Cambridge.
Ostrom, E. (2014): »A Polycentric Approach for Coping with Climate Change«, in: Annals of Economics and Finance 15 (1), S. 97–134.
Ostwald, W. (1909): Energetische Grundlagen der Kulturwissenschaft, Leipzig.

Paavola, J. (2012): »Climate Change: The Ultimate Tragedy of the Commons?«, in: Property in Land and Other Resources, hrsg. von D. H. Cole und E. Ostrom, Cambridge, S. 417–433.

Parikka, J. (2014): The Anthrobscene, Minneapolis.

Pattberg, P./Zelli, F. (2016): »Global Environmental Governance in the Anthropocene«, in: Environmental Politics and Governance in the Anthropocene. Institutions and Legitimacy in a Complex World, hrsg. von P. Pattberg und F. Zelli, London, S. 1–12.

Pearce, F. (2012): The Land Grabbers. The New Fight Over Who Owns the Earth, Boston.

Pecharroman, L. C. (2017): »Rights of Nature: Rivers That Can Stand in Court«, in: Resources 7 (1), online unter https://dx.doi.org/10.3390/resources7010013 (Letzter Zugriff: 26.02.2019).

Pew Environment Group (2011): »Big Chicken. Pollution and Industrial Poultry Production in America«, online unter https://www.pewtrusts.org/en/research-and-analysis/reports/2011/07/26/big-chicken-pollution-and-industrial-poultry-production-in-america (Letzter Zugriff: 14.02.2019).

Plessner, H. [1967] (1982): »Der Mensch als Lebewesen«, in: Mit anderen Augen. Aspekte einer philosophischen Anthropologie, Stuttgart, S. 9–62.

Plessner, H. [1928] (1975): Die Stufen des Organischen und der Mensch, Berlin/New York.

Pomeranz, K. (2000): The Great Divergence. China, Europe, and the Making of the Modern World Economy, Princeton.

Potts, R. (1997): Humanity's Descent. The Consequences of Ecological Instability, London.

Purdy, J. (2015): After Nature. A Politics for the Anthropocene, Cambridge.

Radkau, J. (2002): Natur und Macht. Eine Weltgeschichte der Umwelt, München.

Rauch, F.-A. (1818): Régénération de la nature végétale, 2 Bände, Paris.

Renn, J. (2018): »The Evolution of Knowledge. Rethinking Science in the Anthropocene«, in: Journal of History of Science and Technology 12 (1), S. 1–22.

Revkin, A. (1992): Global Warming. Understanding the Forecast, New York.

Rockström, J. et al. (2009): »Planetary Boundaries. Exploring the Safe Operating Space for Humanity«, in: Ecology and Society 14 (2), Art. 32, ohne Seiten.

Roelvink, G. (2013): »Rethinking species-being in the Anthropocene«, in: Rethinking Marxism 25 (1), S. 52–69.

Roser, M. (2017): Child Mortality. 2017. Our World in Data, online unter https://ourworldindata.org/child-mortality/ (Letzter Zugriff: 14.02.2019).

Rosol, C./Nelson, S./Renn, J. (2017): »In the machine room of the Anthropocene«, in: The Anthropocene Review 4 (1), S. 2–8.

Rothman, D. H. et al. (2014): »Methanogenic Burst in the End-Permian Carbon Cycle«, in: Proceedings of the National Academy of Sciences of the United States of America 111 (15), S. 5462–5467, https://www.pnas.org/content/pnas/111/15/5462.full.pdf (Letzter Zugriff: 14.02.2019).

Rousseau, J.-J. (1755): Discours sur l'origine et les fondements de l'inégalité parmi les hommes, Amsterdam.

Ruddiman, W. (2003): »The Anthropogenic Greenhouse Era Began Thousands of Years Ago«, in: Climatic Change 61 (3), S. 261–293.

Ruddiman, W. (2013): »The Anthropocene«, in: Annual Review of Earth and Planetary Sciences 41, S. 45–68.

Sabin, P. (2013): The Bet. Paul Ehrlich, Julian Simon, and Our Gamble over Earth's Future, New Haven.

Scheer, R./Moss, D. (2019): »Deforestation and Its Extreme Effect on Global Warming«, in: Scientific American, https://www.scientificamerican.com/article/deforestation-and-global-warming/ (Letzter Zugriff: 12.03.2019).

Schneider, B. (2018): Klimabilder. Eine Genealogie globaler Bildpolitiken von Klima und Klimawandel, Berlin.

Schrott, R. (2016): Erste Erde Epos, München.

Scott, J. C. (2017): Against the Grain. A Deep History of the Earliest States, New Haven.

Scott, Ridley (1991): Thelma & Louise, USA, Film, 129'.

Serres, M. [1990] (1994): Der Naturvertrag, Frankfurt a. M.

Sherlocks, R. L. (1922): Man as a Geological Agent. An account of his action on inanimate nature, London.

Shryrock, A./Smail, D. L. (2011): »Introduction«, in: Deep History. The Architecture of Past and Present, hrsg. von A. Shryrock, D. L. Smail und T. K. Earle, Berkeley, S. 16–49.

Sideris, L. (2016): »Anthropocene Convergences: A Report from the Field«, in: Whose Anthropocene? Revisiting Dipesh Chakrabarty's ›Four Theses‹«, hrsg. von R. Emmett und T. Lekan, RCC Perspectives 2, S. 89–96, http://www.environmentandsociety.org/sites/default/files/2016_2_sideris.pdf (Letzter Zugriff: 13.02.2019).

Sieferle, R.-P. (1997): Rückblick auf die Natur. Eine Geschichte des Menschen und seiner Umwelt, München.

Sieferle, R.-P. (2000): »Im Einklang mit der Natur«, in: 7 Hügel – Bilder und Zeichen des 21. Jahrhunderts. Dschungel, hrsg. von B.-M. Baumunk, Berlin, S. 12–16.

Sieferle, R.-P. (2010): »Lehren aus der Vergangenheit«, Berlin, online unter https://www.wbgu.de/fileadmin/user_upload/wbgu.de/templates/dateien/veroeffentlichungen/hauptgutachten/jg2011/wbgu_jg2011_Expertise_Sieferle.pdf (Letzter Zugriff: 14.02.2019).

Sieferle, R.-P./Krausmann, F./Schandl, H./Winiwarter, V. (2006): Das Ende der Fläche. Zum gesellschaftlichen Stoffwechsel der Industrialisierung, Köln.

Sloterdijk, P. (1999): Sphären II. Globen, Frankfurt a. M.

Sloterdijk, P. (2004): Sphären III. Schäume, Frankfurt a. M.

Sloterdijk, P. (2005): Im Weltinnenraum des Kapitals, Frankfurt a. M.

Sloterdijk, P. (2011): »Wie groß ist groß?«, in: Das Raumschiff Erde hat keinen Notausgang. Energie und Politik im Anthropozän, hrsg. von P. J. Crutzen, Frankfurt a. M., S. 93–110.

Smil, V. (2012): Harvesting the Biosphere. What we have taken from nature, Boston.

Smil, V. (2017a): Energy and Civilization. A History, Cambridge.

Smil, V. ([2]2017b): Energy Transitions. Global and National Perspectives, Santa Barbara.

Smith, B. D. (1995): The Emergence of Agriculture, New York.

Smith, B. D./Zeder, M. A. (2013): »The onset of the Anthropocene«, in: Anthropocene 4, S. 8–13.

Snow, C. P. [1959] ([2]1987): »Die zwei Kulturen«, in: Die zwei Kulturen, hrsg. von H. Kreuzer, München, S. 11–25.

Spencer, H. (1862): First Principles, London.

Spier, F. (1998): Big History. Was die Geschichte im Innersten zusammenhält, Darmstadt.

Stager, C. (2011): Deep Future. The Next 100,000 years of life on Earth, New York.

Steffen, W./Grinevald, J./Crutzen, P. J./McNeill, J. R. (2011): »The Anthropocene: Conceptual and Historical Perspectives«, in: Philosophical Transactions of the Royal Society A 369, S. 842–867.

Steffen, W./Broadgate, W./Deutsch, L./Gaffney, O./Ludwig, C. (2015): »The trajectory of the Anthropocene: The Great Acceleration«, in: The Anthropocene Review 2 (1), S. 81–98.

Steffen, W./Rockström, J. et al. (2015): »Sustainability. Planetary boundaries: Guiding human development on a changing planet«, in: Science 347 (6223), ohne Seiten.

Stengers, I. (2015): »In catastrophic times. Resisting the coming Barbarism«, London, online unter https://meson.press/wp-content/uploads/2015/11/978-1-78542-010-8_In-Catastrophic-Times_Stengers.pdf (Letzter Zugriff: 13.02.2019).

Stiner, M. C./Feeley-Harnick, G. (2011): »Energy and Ecosystems«, in: Deep History. The Architecture of Past and Present, hrsg. von A. Shyrock und D. L. Smail, Berkeley, S. 78–102.

Stoppani, A. (1873): Corso di geologia, Mailand.

Stuart, A. J. (2015): »Late Quaternary Megafaunal Extinctions on the Continents: A Short Review«, in: Geological Journal 50 (3), S. 338–363.

Suess, E. (1875): Entstehung der Alpen, Wien.

Suess, E. (1883–1909): Das Antlitz der Erde, 3 Bände, Wien/Leipzig/Prag.

Szerszynski, B. (2015): »Commission on Planetary Ages: Decision CC 87966424/49: The onomatophore of the Anthropocene«, in: The Anthropocene and the Global Environmental Crisis, hrsg. von C. Hamilton, F. Gemenne und C. Bonneuil, New York/London, S. 177–183.

Tainter, J. A. (1988): The Collapse of Complex Societies, Cambridge.

Teilhard de Chardin, P. (1921): La face de la terre, in: Études 169, S. 585–602.

Teilhard de Chardin, P. (1955): Œuvres 1. Le phénomène humain, Paris.

Teilhard de Chardin, P. [1946] ([2]1966): Die Zukunft des Menschen, Olten.

Tellmann, U. (2013): »Catastrophic Populations and the Fear of the Future: Malthus and the Genealogy of Liberal Economy«, in: Theory, Culture & Society 30 (2), S. 135–155.
Thomas, W. L. (1956): Man's Role in Changing the Face of the Earth, Chicago.
Tierney, T. F. (2016): »Toward an Affirmative Biopolitics«, in: Sociological Theory 34 (4), S. 358–381.
Tirole, J. (2017): Economics for the Common Good, Princeton.
Trachtenberg, Z. (2015): »Anticipating the Anthropocene«, in: Earth's Future 3 (9), S. 313–316.
Tracy, E. F./Shvarts, E. /Simonov, E./Babenko, M. (2017): »China's New Eurasian Ambitions«, in: Eurasian Geography and Economics 58 (1), S. 56–88.
Trexler, A. (2015): Anthropocene Fictions. The Novel in a Time of Climate Change, Charlottesville.
Tsing, A. L. (2012a): »Unruly Edges: Mushrooms as Companion Species«, in: Environmental Humanities 1, S. 141–154.
Tsing, A. L. (2012b): »On Nonscalability«, in: Common Knowledge 18 (3), S. 505–524.
Tsing, A. L. (2015): The Mushroom at the End of the World. On the Possibility of Life in the Capitalist Ruins, Princeton.
Tsing, A. L./Swanson, H. E./Gan, E./Bubandt, N. (Hrsg.) (2017): Arts of Living on a Damaged Planet. Ghosts and Monsters of the Anthropocene, Minneapolis.
Uexküll, Jacob Johann (1909): Umwelt und Innenwelt der Tiere, Berlin: Springer.
United Nations (1992): »United Nations Framework Convention of Climate Change«, online unter https://unfccc.int/resource/docs/convkp/conveng.pdf (Letzter Zugriff: 14.03.2019).
United Nations Department of Economic and Social Affairs (2017): »World Population Prospects«, online unter https://esa.un.org/unpd/wpp/Publications/Files/WPP2017_KeyFindings.pdf (Letzter Zugriff: 14.02.2019).
United Nations Environment Programme (2011): »Decoupling Natural Resource Use and Environmental Impacts from Economic Growth: A Report of the Working Group on Decoupling to the International Re-

source Panel«, online unter https://www.ourenergypolicy.org/wp-content/uploads/2014/07/decoupling.pdf (Letzter Zugriff: 01.03.2019).
United States Department of Defense (2014): »Quadrennial Defense Review 2014«, online unter http://archive.defense.gov/pubs/2014_quadrennial_defense_review.pdf (Letzter Zugriff: 26.02.2019).
Veland, S./Lynch, A. H. (2016): »Scaling the Anthropocene«, in: Geoforum 72, S. 1–5.
Vernadsky, V. (1924): La géochimie, Paris.
Vernadsky, V. (1929): La biosphère, Paris.
Vernadsky, V. (1945): »The Biosphere and the Noosphere«, in: American Scientist 33, S. 1–12.
Vernadsky, V. (1997): Der Mensch in der Biosphäre. Zur Naturgeschichte der Vernunft, hrsg. von W. Hofkirchner, Frankfurt a. M.
Vogt, W. (1948): The Road to Survival, New York.
Warren, B. et al. (2015): »Islands as model systems in ecology and evolution: prospects fifty years after MacArthur-Wilson«, in: Ecology Letters 18 (2), S. 200–217.
Waters, C. et al. (2016): »The Anthropocene is functionally and stratigraphically distinct from the Holocene«, in: Science 351 (6269), ohne Seiten.
Weber, M. (1909): »›Energetische‹ Kulturtheorien«, in: Archiv für Sozialwissenschaft und Sozialpolitik 29, S. 575–598, online unter http://www.zeno.org/nid/20011440236 (Letzter Zugriff: 01.03.2019).
Weigelin-Schwiedrzik, S. (2018): »Doing Things With Numbers: Chinese Approaches to the Anthropocene«, in: International Communication of Chinese Culture 5 (1), S. 17–37.
Weisz, H. (2011): »The probability of the improbable: society-nature coevolution«, in: Geografiska Annaler: Series B, Human Geography 93 (4), S. 325–336.
West, G. (2017): Scale. The Universal Laws of Life and Death in Organisms, Cities and Companies, London.
White, B./Borras Jr., S. M./Hall, R./Scoones, I./Wolford, W. (2013): The New Enclosures. Critical Perspectives on Corporate Land Deals, London.
White, L. (1943): »Energy and the Evolution of Culture«, in: The American Anthropologist 45 (3), S. 335–356.

White, R. (1996): The Organic Machine. The Remaking of the Columbia River, New York.
Wilkinson, B. H. (2005): »Humans as geologic agents«, in: Geology 33 (3), S. 161–164.
Williams, M./Zalasiewicz, J./Waters, C. N./Edgeworth, M./Bennett, C./Barnosky, A. D./Ellis, E. C./Ellis, M. A./Cearreta, A./Haff, P. K./Ivar do Sul, J. A./Leinfelder, R./ McNeill, J. R./Odada, E./Oreskes, N./Revkin, A./Richter, D. D./Steffen, W./Summerhayes, C./Syvitski, J. P./Vidas, D./Wagreich, M./Wing, S. L./Wolfe, A. P./Zhisheng, A. (2016): »The Anthropocene: a conspicuous stratigraphical signal of anthropogenic changes in production and consumption across the biosphere«, in: Earth's Future 4 (3), S. 34–53.
Williamson, H. [1770] (1769–1771): »An Attempt to Account for the Change of Climate, Which has been Observed in the Middle Colonies in North-America«, in: Transactions of the American Philosophical Society 1, S. 272–280.
Williston, B. (2016): »The Sublime Anthropocene«, in: Environmental Philosophy 13 (2), S. 155–174.
Wolfe, C. (2010): What is Posthumanism?, Minneapolis.
Wolfe, C. (2013): Before the Law. Humans and Other Animals in a Biopolitical Frame, Chicago.
Woods, D. (2014): »Scale Critique for the Anthropocene«, in: The Minnesota Review 83 (1), S. 133–142.
Woods, D. (2017): »Epistemic Things in Charles and Ray Eames' Powers of Ten«, in: Scale in Literature and Culture, hrsg. von M. T. Clarke und D. Wittenberg, London, S. 61–92.
World Commission on Environment and Development (1987): Our Common Future, Oxford.
Worster, D. (1979): Dust Bowl. The Southern Plains in the 1930s, Oxford.
Wrangham, R. (2009): Catching Fire. How Cooking Made Us Human, New York.
WWF (2016): »Living Planet Report 2016: Risk and resilience in a new era«, online unter https://wwf.panda.org/wwf_news/?282370/Living-Planet-Report-2016 (Letzter Zugriff: 12.03.2019).

Xi, J. (2017): »Report at the 19th CPC National Congress«, online unter http://www.xinhuanet.com/english/special/2017-11/03/c_136725942.htm (Letzter Zugriff: 12.03.2019).

Zalasiewicz, J. (2008): The Earth After us. What legacy will humans leave in the rocks?, Oxford.

Zalasiewicz, J. (2009): Die Erde nach uns. Der Mensch als Fossil der fernen Zukunft, Heidelberg.

Zalasiewicz, J. (2017): »The Working Group on the Anthropocene: Summary of evidence and interim recommendations«, in: Anthropocene 19, S. 55–60.

Zalasiewicz, J. (2017): »The Extraordinary Strata of the Anthropocene«, in: Environmental Humanities: Voices from the Anthropocene, hrsg. von S. Oppermann und S. Iovino, London, S. 115–132.

Zalasiewicz, J./Waters, C. N./Barnosky, A. D./Cearreta, A./Edgeworth, M./Ellis, E. C./Gałuszka, A./Gibbard, P. L./Grinevald, J./Hajdas, I./ Ivar Do Sul, J./Jeandel, C./Leinfelder, R. /Mcneill, J. R./Poirier, C./ Revkin, A./Richter, D. D./Steffen, W./Summerhayes, C./Syvitski, J. P. M./ Vidas, D./Wagreich, M./Williams, M./Wolfe, A. P. (=AWG) (2015): »Colonization of the Americas, ›Little Ice Age‹ climate, and bomb-produced carbon: Their role in defining the Anthropocene«, in: The Anthropocene Review 2 (2), S. 117–127.

Zalasiewicz, J./Williams, M./Waters, C. N./Barnosky, A. D./Palmesino, J./Rönnskog, A.-S./Edgeworth, M./Neal, C./Cearreta, A./Ellis, E. C./ Grinevald, J./Haff, P. K./Ivar Do Sul, J. A./Jeandel, C./Leinfelder, R./ Mcneill, J. R./Odada, E./Oreskes, N./Price, S. J./Revkin, A./Steffen, W./Summerhayes, C./Vidas, D./Wing, S./Wolfe, A. P. (2016): »Scale and Diversity of the Physical Technosphere: A Geological Perspective«, in: The Anthropocene Review 4 (1), S. 9–22.

Zalasiewicz, J./Kunkel, B./Gladstone, B. (2017): »We are the Meteor«, Interview in WNYC, online unter http://www.wnyc.org/story/we-are-meteor/ (Letzter Zugriff: 08.01.2019).

Zalasiewicz, J./Waters, C. N./Williams, M./Summerhayes, C. (Hrsg.) (2019): The Anthropocene as a geological time unit. A guide to the scientific evidence and current debate, Cambridge.

Personenregister

Kursiv gestellte Ziffern beziehen sich auf Nennungen in den Anmerkungen und Bildunterschriften. Buchtitel sind kursiviert.

Sachregister

Eva Horn, Dr. phil., ist Professorin für Neuere deutsche Literatur und Kulturtheorie an der Universität Wien und Gründerin des Vienna Anthropocene Network. Veröffentlichungen u.a.: *Der geheime Krieg. Verrat, Spionage und moderne Fiktion* (Fischer 2007), *Zukunft als Katastrophe* (Fischer 2014), *Air as Medium*, Grey Room 73, Fall 2018.

Hannes Bergthaller, Dr. phil., ist Professor am Department of Foreign Literatures und Languages der National Chung-Hsing University in Taichung, Taiwan. Veröffentlichungen u.a.: *Populäre Ökologie: Zu Literatur und Kulturgeschichte der modernen Umweltbewegung in den USA* (Peter Lang 2007), *Bevölkerungsproblematik*, Ecozona 9.1, 2018, *Petro-Fiction*, Green Letters, 23.3, 2019.